OUVRAGE ILLUSTRÉ AYANT OBTENU LE PREMIER PRIX ET LA MÉDAILLE D'OR
AU CONCOURS DE LA SOCIÉTÉ ACADÉMIQUE DE SAINT-QUENTIN

UN VILLAGE
de la
VALLÉE DE LA SERRE
ou
HISTOIRE DE CHALANDRY
(Aisne)

PAR

Edmond BRUCELLE et l'Abbé Jules LEFÈVRE

de la Société Archéologique de Soissons & Correspondant de la Soc. Acad. de Laon

Nosce Patriam et amabis :
Connais ton Pays et tu l'aimeras.

SOISSONS
IMPRIMERIE J. PRUDHOMME
5, RUE DU COLLÈGE, 5
1904

UN VILLAGE

DE LA

VALLÉE DE LA SERRE

OU

HISTOIRE DE CHALANDRY

(AISNE)

OUVRAGE ILLUSTRÉ AYANT OBTENU LE PREMIER PRIX ET LA MÉDAILLE D'OR
AU CONCOURS DE LA SOCIÉTÉ ACADÉMIQUE DE SAINT-QUENTIN

UN VILLAGE
de la
VALLÉE DE LA SERRE
OU
HISTOIRE DE CHALANDRY
(Aisne)

PAR

Edmond BRUCELLE   l'Abbé Jules LEFÈVRE

de la Société Archéologique de Soissons & Correspondant de la Soc. Acad. de Laon

Nosce Patriam et amabis :
Connais ton Pays et tu l'aimeras.

SOISSONS

IMPRIMERIE J. PRUDHOMME

5, RUE DU COLLÈGE, 5

1904

A LA MÉMOIRE DE MON PÈRE

EDMOND-LÉONARD BRUCELLE

DÉCÉDÉ

AGRICULTEUR ET MAIRE

A CHALANDRY LE 6 AOUT 1885

ÉPOUX DE MARIE-ANNONCIADE BRANCOURT

A TOUS MES PARENTS, AMIS ET COMPATRIOTES

E. B.

AUX AMIS DU SOL NATAL

AUX HABITANTS DE CHALANDRY

JE DÉDIE CE LIVRE

J. L.

AUX LECTEURS

A l'aurore du 20ᵉ siècle, le hasard d'une « chasse aux documents », ayant permis aux auteurs de cette Monographie de faire connaissance, ils mirent en commun le résultat de leurs recherches et devinrent collaborateurs. Cette combinaison avantageuse ne pouvait que rendre plus complète l'Etude historique à laquelle ils s'étaient adonnés séparément depuis plusieurs années déjà.

Après avoir achevé la première rédaction, ils la présentèrent au Concours d'Histoire locale de la savante Société académique de Saint-Quentin (1902), qui leur décerna sa plus insigne récompense (séance publique et annuelle du 4 juin 1903). MM. les Membres de la commission spéciale et M. le Rapporteur du Concours, après leur avoir signalé quelques légères modifications, les engagèrent vivement à publier leur œuvre.

C'est ce travail revu, corrigé, augmenté, que nous sommes heureux d'offrir à nos Compatriotes, persuadés qu'ils prendront plaisir à le lire et à le conserver. Existe-t-il, en effet, un livre plus précieux, dont la lecture soit plus attrayante, que celui qui retrace le passé de la « petite Patrie », de la « Patrie communale », c'est-à-dire du Pays où l'on est né, où l'on a vécu, aimé, travaillé, souffert, où l'on a ses parents, vivants ou défunts, sa famille, ses amis ?

Nous voudrions mériter l'éloge d'un grand Historien, M. ERNEST LAVISSE, professeur à la Sorbonne, membre de l'Académie française, enfant de l'Aisne, qui nous écrivait, il y a quelques jours, une lettre dont nous extrayons ce qui suit : « Je vous félicite d'avoir consciencieusement préparé une de ces Monographies qui sont les vrais matériaux de l'Histoire. . . . . . »,

Les villages, d'une même contrée surtout, ayant un passé quelque peu semblable, cet ouvrage pourra être lu utilement par tous les fervents de l'Histoire locale et régionale.

Nous avons puisé à toutes les sources et les indiquons scrupuleusement : Archives particulières, communales, paroissiales, départementales, nationales, etc., Tradition orale. De plus, nous avons fidèlement consigné les faits dont nous avons eu personnellement connaissance.

Nous aurions voulu remercier toutes les personnes qui, de près ou de loin, nous ont aidés ou encouragés à mener à bien l'œuvre entreprise, en citant leurs noms ici ; mais, elles sont si nombreuses que nous craindrions d'en oublier.

Cependant, nous voulons dire un merci spécial à M. POIGNANT, *Maire et à* M. TISSERANT, *Instituteur-Greffier, pour la bienveillance avec laquelle ils nous ont laissé compulser les Archives communales et communiqué quelques détails intéressants. Pour les mêmes raisons, nous remercions* M. AUMONT, *Secrétaire de la Mairie de Crécy.*

Les Archives du département de l'Aisne sont celles que nous avons mises le plus à contribution. Nous n'oublierons jamais la parfaite complaisance avec laquelle M. SOUCHON, *le distingué Chef de bureau, accueille, renseigne et encourage les chercheurs.*

Que tous veuillent bien trouver ici l'expression de notre sincère et respectueuse gratitude !

E. B.   J. L.

Chalandry, Août 1903.

TABLE DES PRINCIPALES ABRÉVIATIONS

A... Archives de...

A. A.   Archives départementales de l'Aisne classées par M. A. MATTON, dans son *Inventaire*.

A. C.   Archives communales de Chalandry.

A. P.   Archives paroissiales de Chalandry.

A. Cr. Archives communales de Crécy-sur-Serre.

A. G.   Archives du Ministère de la Guerre.

A. N.   Archives nationales.

B. N.   Bibliothèque nationale.

Ch., chap. Chapitre.

Hist.   Histoire.

Ibid., id. Au même endroit que précédemment.

Infrà. Voyez ci-dessous.

Loc. cit., Loco citato, à l'endroit cité précédemment.

P. ou p., Page.

§. Paragraphe.

Suprà. Voyez ci-dessus.

CORRIGENDA

Les principales corrections ou additions à faire au texte de cette Monographie sont soulignées.

PAGE	LIGNE	
1	5	. . . 1° 18′ 40″ . . . .
21	6	. . ., suivies d'éclatantes découvertes , de. . .
27	19	. . . . . . notre éminent compatriote, l'abbé Poquet, ...
32	27	. . . qui ressortissait à Trèves, ...
41	13	. . . une autre meule, nommée meta. . . .
58	(Note) 2	. . . la verge était tantôt de 22 pieds de 12 pouces chacun (grande verge ou grande mesure) ; tantôt de 22 pieds de 11 pouces chacun (petite verge ou petite mesure) . . .
74	41	. . . sorte d'instinct de — conservation . . . .
76	11	. . . qu'elle a dû recevoir. . . .
95	19	. . . par un chanoine du 17e siècle . . .

PAGE	LIGNE	
100	11	. . . . la Révolution :
114	7	. . . fut démolie en 1866. . .
114	24 à 26	. . . la même année. On reconstruisit l'abside et le chœur : car les gros décimateurs avaient à leur charge cette partie de l'édifice (Reg. f° 292). Le reste . . .
125	35	. . . cette page d'histoire locale n'ait pu être dessinée, . .
126	26	Erigées sous l'inspiration. . .
184	4	. . . criés, publiés et enchéris. . .
238	5	. . . Edouard Defoix. . .
247	22	. . . pas soumises à la jachère ni aux soles :
247	23-24	. . . le lin , l'œillette . . .
257	4	. . . accompagnées d'un diplôme. . . .
301	27	L'intérieur de ces habitations était . . .
306	2	. . . 2 bans, 2 s.; 2 paires de drap de chanvre, 6 l.; . . .
308	28	. . . les belles taques à feu armoriées. . . .

LIVRE PRÉLIMINAIRE

Introduction Topographique

I. — GÉOGRAPHIE

SITUATION GÉOGRAPHIQUE ET ASTRONOMIQUE DE CHALANDRY. — BORNES ET SUPERFICIE DU TERRITOIRE. — LES CHAMPS, LES BASSIÈRES, LE VILLAGE ; ALTITUDES. — LE CADASTRE ; LIEUX-DITS.

Situé sur la rive gauche de la Souche, à 3 kilomètres en amont du confluent de cette rivière avec la Serre, Chalandry est distant de 2 kilomètres et demi environ de Crécy et de 15 kilomètres de Laon. Sa latitude Nord est de 49° 40' 44" et sa longitude Est de 1° 15' 40" (méridien de Paris.)

Son territoire est borné par ceux de Mortiers au Nord-Est, de Crécy au Nord-Ouest, de Barenton-sur-Serre à l'Est, de Barenton-Cel au Sud et de Chéry-les-Pouilly au Sud-Ouest.

Il a une superficie de 765 hectares 71 ares, qui se décomposait comme suit au 5 août 1823, date de la dernière statistique :

Terres labourables	655^h	55^a
Prairies et vergers	82	20
Jardins	4	28
Bois	8	18
Chemins, rues, rivières, etc.	15	50
EGALITÉ	765^h	71^a

Les contenances afférentes à chacune de ces divisions ont un peu changé depuis.

La nature a divisé ce territoire en deux parties, limitées par les petites falaises qui s'élèvent brusquement à gauche de la Souche. La première partie, située au Midi, est désignée sous le nom de *Champs* : c'est le canton de la grande culture. La seconde, au Nord, est appelée *Bassières*, à cause de son peu d'altitude : c'est le canton des prairies naturelles.

Le village se trouve, pour ainsi dire, à cheval sur la ligne fictive de séparation, d'entre ces deux divisions territoriales ; la plus élevée porte le nom de *Par-en-Haut*, et l'autre de *Par-en-Bas*.

Un plateau peu large, se dirigeant du Nord-Est au Sud-Ouest, sépare à peu près le territoire de Chalandry de ceux de Barenton-sur-Serre et de Barenton-Cel. Il mesure, au-dessus de la Souche, une altitude de 68 mètres, s'élève au sommet du chemin de Barenton-sur-Serre à 111 mètres, pour atteindre son point culminant à la *Grande-Montagne* ou *Montagne de Saint-Aubin*, avec 130 mètres. A *Malherbe*, il n'a plus que 102 mètres pour descendre, aux *Riez*, à 93. La lisière Ouest varie entre 93 et 82 mètres. De ces divers points extrêmes, le sol descend presque continuellement, en pente douce, vers le village dont l'élévation, près de la Souche, est de 63 mètres.

La partie septentrionale offre une vaste plaine dont l'altitude varie entre 62 et 68 mètres.

Voici d'après la matrice cadastrale de la commune, arrêtée à Laon en 1819, la liste complète des lieux-dits du territoire. Il est à remarquer que beaucoup d'entre eux tirent leurs noms de leur destination, des produits qu'ils donnent ou ont donnés, de leur configuration ou situation, d'un souvenir historique, etc.

CHALANDRY

Cliché Raphaël Bouquet, phot. à St-Quentin.

VUE GÉNÉRALE DU VILLAGE (prise de la Terrière)

PLANCHE I

1º — Section A, dite du Village

Le Routil (petite route, ancien chemin de Chalandry à Crécy. — On dit aussi *Rhutil*.)

La Terrière (à cause de *la terrière communale* dont il sera parlé plus loin.)

Derrière les Hayes (derrière les jardins clos de haies, proche le village.)

La Fosse du Four (à cause de l'emplacement d'un ancien *four banal*.)

Briconville (nom qui doit remonter aux Gallo-Romains.)

Nimpré (pré maigre, petit, nain.)

La Rue du Pont (à cause de sa situation.)

Le Village.

Derrière le Moulin.

Au-delà du Pont.

Les Clos Ronds.

Les Prés Glajot (glajot ou glaïeul, nom donné à l'iris jaune.)

Les Pâturelles (petites pâtures.)

Les Prés Hugot.

Derrière les Aulnes (proche la rivière dont les rives sont plantées d'aulnes.)

La Prelle (petite prairie du bas latin *pratella, prœlla, prelle*.)

Le Sapin.

Les Champs à Cailloux.

La Veine aux Cailloux.

La Baguette à Falise (falaise.)

Cette section comprend 604 numéros d'une contenance superficielle de 179 hectares 12 ares 30 centiares, ci.   179ʰ 12ᵃ 30ᶜ

    A quoi ajoutant pour :

Rues.	1	37	60
Chemins.	3	82	30
Rivière	4	14	10
On trouve une superficie totale de.	188ʰ	46ᵃ	30ᶜ

Le revenu indiqué au cadastre est de 9,627 francs 71 centimes.

2º — Section B, dite de la Montagne Saint-Aubin

Au-dessous des Carrières.
Les Carrières.
Le Cessier (autrefois boisé.)
Le Grand-Terroir.
Le Bacquel (à cause de sa forme.)
Le Reposoir (l'ancienne *Voie de Mortiers* y passait ; la montée étant assez raide on faisait *reposer* les chevaux à cet endroit.)
Les Champs à la Glaux.
Au-dessus du Blanc-Mont.
Les Vignettes (autrefois plantées en vignes.)
Les Fers à Binois.
Au-dessous de la Petite-Montagne.
La Petite-Montagne.
Au-dessous de la Fontaine.
La Montagne Saint-Aubin.
Entre les Monts.
Derrière la Petite Montagne.
La Fosse à Chêne (autrefois boisée.)
Malherbe (mauvaise herbe.)

Cette section comprend 579 numéros d'une contenance totale
de. 253ʰ 71ᵃ 80ᶜ
A quoi ajoutant pour chemins   2   22   30
On trouve une superficie de. 255ʰ 94ᵃ 10ᶜ

pour un revenu de 6,287 francs 31 centimes.

3º — Section C, dite des chemins de Laon et de Chéry

Le Haut de Malherbe.
Les Champs Tortus (à cause de leur configuration anguleuse).
Le Fond de Malherbe.
Le Buisson de Malherbe (indique des taillis anciens.)
Le Champ à la Maie (mais; manse, métairie, jusqu'au siècle de Louis XIV, *Dictionnaire Historique de l'ancien langage françois de la Curne de Sainte-Palaye.* Il y eut là anciennement une petite ferme.)

Le Haut des Riez Bellois.

Les Riez Bellois (de *bellus locus, bello loco, belloi, belloy* : beau lieu, lieu agréable, à cause de sa situation un peu dominante.

Le Champ Paillard ou Gaillard? (Il y a des vestiges de constructions anciennes.)

Le Champ des Forts.

Le Buisson (autrefois boisé.)

Les Champs aux Lins.

Les Petites Vallées.

Le Blanc-Mont (à cause de la couleur blanche de la craie qui se trouve à la surface du sol.)

La Frèterie (frète, petit rideau de terrain.)

L'Ourlette.

La Fosse aux Crans (craie, marne.)

La Galette.

Le Chemin de Laon.

Le Chemin de Chéry.

La Grande Pièce.

Le Haut du Chemin de Chéry.

Le Comble du Sort (à cause du voisinage de *Sort*, ancien hameau de Crécy. *Comble* signifie endroit plus élevé qu'un autre qui lui est voisin.)

La Folie (de *folium*, feuille, bois, lieu anciennement boisé.)

Les Fonds de Croix (probablement à cause de l'emplacement d'un ancien calvaire.)

Au-dessus des Fonds de Croix.

Cette section comprend 591 numéros d'une contenance de. . . . . 317^h 36^a 00^c

Si on y ajoute pour rue 16 00

— pour chemins 2 79 20

On trouve une superficie totale de . . . . . . 320^h 31^a 20^c

pour un revenu de 6,396 francs 74 centimes.

Ensemble des revenus des trois sections : 22,311 fr. 76 centimes.

En dehors de ces dénominations officielles, dont chacune comprend généralement une assez grande surface de terrain, le besoin de le diviser davantage a donné naissance à beaucoup d'autres qualifications courantes.

II. — HYDROGRAPHIE

LA SOUCHE, SES ANCIENS NOMS. — LES PONTS ; ORIGINE DU PONT DES VACHES ; FRÉQUENTES RÉPARATIONS. — LE REVERS OU DÉVERSOIR DU MOULIN, LA RIVIÈRETTE, RIVELOTTE OU RUISSEAU DU CHATEAU, LE ROUTOIR.

Le territoire de Chalandry est traversé, dans la direction de l'Est à l'Ouest, par la Souche. « Cette petite rivière prend naissance à la ferme de la Viéville, située à l'Est du territoire de Sissonne, par 84 mètres d'altitude . . . . D'un parcours de 37 kilomètres, elle n'a que 20 mètres de pente ; aussi ses eaux s'écoulent-elles lentement. Pour assainir dans la mesure du possible les nombreux marais qu'elle traverse, il a été établi un canal de dessèchement le long de son cours et dans son lit même depuis Sissonne jusqu'à Froidmont. » (EMILE GAILLIARD, *Hydrographie du département de l'Aisne*.) Elle coule d'abord du Sud-Est au Nord-Ouest ; arrivée à Froidmont elle se dirige à peu près de l'Est à l'Ouest et suit le cours de la Serre, dont elle se rapproche insensiblement pour enfin se jeter dans celle-ci au Sud-Ouest de Crécy. Ni navigable, ni flottable, elle entre sur notre terroir, par 68 mètres d'altitude et en sort par 62, d'où une pente de 6 mètres seulement, pour un parcours d'environ 3,200 mètres. Sa largeur est de 5 à 6 mètres ; sa profondeur de 2 à 3.

Voici les noms anciens qu'elle a portés : « *Zorla* (1162 EMILE GAILLIARD, *loc. cit.*) » — « *Chocque* (1453 ; Titres de l'Evêque de Laon). — *Choc* (1605 ; Mêmes titres). — *Socq* (1692 ; A. N. K, 1277). — *Soq* (1701 ; Hôtel-Dieu de Laon.) » (MATTON, *Dictionnaire topographique du département de l'Aisne*). *La Soüe* (A. A. C, 626 et *Cahier des doléances de Crécy-sur-Serre en 1789.*)

A Chalandry on traverse ce cours d'eau : 1º à pied et en voiture, sur le *Pont des Vaches*, situé à l'extrémité Nord-Est du village, vers Mortiers ; 2º à pied seulement, sur la *Passerelle du Molin* (1), attenante au pont charretier qui dessert *l'Ile du Molin* ; 3º et en chemin de fer (Compagnie de la Vallée de la Serre), au lieudit *Routil*. La situation des lieux, avoisinant le premier de ces

---

(1) Pour moulin.

ponts, semble indiquer, qu'à l'origine, il ne devait y avoir là qu'un passage à gué. Toutefois, des titres indiquent qu'au 15° siècle il existait, à cet endroit, « un pont en bois, construit sur pile et culées en maçonnerie de grès. » Mais il manquait de solidité et fut notamment réparé en 1757, 1765, an 4 (1795-1796), 1806, 1807, 1814, 1825, 1841, 1872 et 1896 (A. A.). Il a une longueur de 11 mètres, entre les deux têtes, et de 10 mètres de débouché libre. L'appellation de *Pont des Vaches* lui a été donnée, parce qu'il sert de passage aux nombreux animaux de l'espèce bovine, qui vont paître dans les pâtures communales avoisinantes.

Le *Revers* ou *Déversoir du Molin* est une décharge d'eau de « 22 pieds d'ouverture » pratiquée au-dessus du moulin, derrière les bâtiments, à l'endroit d'un ancien fossé. Il tombe dans la Souche après un parcours de 200 mètres environ. Une vanne et un barrage, placés à sa naissance, servent à maintenir le niveau de la rivière de façon à ne pas dépasser le *Point d'eau* établi en conséquence d'un procès-verbal du 24 juillet 1736. On traverse le *Revers* sur une passerelle construite en vertu d'un arrêté du préfet du 18 frimaire an 11 (1802-1803), et du 24 septembre 1808. « La passe dite sur le *Déversoir* sera construite en bon bois de chêne, de largeur, épaisseur et longueur suffisantes, pour pouvoir passer à pied et à cheval ». (A. C, *Délibération du 2 mai 1809.*) Elle a été réparée en 1824 et refaite entièrement depuis.

La *Rivièrette, Rivelotte* (ou *Ruisseau du Château*) prend naissance au coude de la Souche le plus proche de la ferme du Château. Elle y fait tourner une batteuse et un tordoir. Sa longueur est d'environ 480 mètres et sa largeur moyenne de 2^{m}50. Elle rend ses eaux près du *Pont du Molin*.

L'histoire du *Routoir* figure au livre second, ch. 5, II, § 1er.

III. — GÉOLOGIE

SYSTÈME GÉNÉRAL

1° LES BASSIÈRES :

ALLUVIONS MODERNES DE LA SERRE ET DE LA SOUCHE, LE DILUVIUM CAILLOU-TEUX, ANALYSE DE LA TERRE DE RÉCOLET PAR M. GAILLOT. — PROFONDEUR DES PUITS DANS LE VILLAGE.

2° LES CHAMPS :

§ 1ᵉʳ. — LES DEUX MONTS, POINT CULMINANT DU TERRITOIRE. — FORMATION TERTIAIRE; GRÈS, SABLES ET ARGILE. — LA FONTAINE SAINT-AUBIN, SA COUPE.

§ 2. — LES VERSANTS DES DEUX MONTS, TERRAINS TERTIAIRES ET QUATERNAIRES, CRAIE SILICEUSE ET ARGILEUSE.

§ 3. — LIMITES SUD-OUEST DU TERRITOIRE; LE LIMON DES PLATEAUX, SOL SILICO-CALCAIRE OU ARGILO-CALCAIRE AVEC QUELQUES CAILLOUX, ANALYSES DE M. GAILLOT.

§ 4. — VERSANTS NORD-OUEST DES MONTAGNES; MÉLANGE DE LIMON ET DE CRAIE, PIERRE A CHAUX, CRAIE NODULEUSE A MICRASTER, PYRITES OU PIERRES DU TONNERRE.

§ 5. — PROCHE LA RIVE GAUCHE DE LA SOUCHE; ENCORE LE LIMON DES PLATEAUX, TERRE A BRIQUES, LA MARNE, DILUVIUM CAILLOUTEUX, EXTRACTION DE CAILLOUX, LA BALASTIÈRE, DÉCOUVERTES DE COQUILLES DE MOLLUSQUES, D'OSSEMENTS DE MAMMIFÈRES, DE BOIS PÉTRIFIÉ, DE SILEX TAILLÉS, ETC.

Le système général appartient aux *terrains secondaires* et *quaternaires*. Chacun des sommets des deux montagnes constitue un *îlot tertiaire* isolé, reposant sur la craie.

1° La formation géologique des *Bassières* est d'une grande simplicité; ce sont partout des **alluvions modernes reposant sur le diluvium cailllouteux**.

Le sol est composé d'un *limon* assez argileux. M. Gaillot, chimiste-expert, directeur de la station agronomique de l'Aisne, a fait l'analyse suivante de la terre de *Récolet* (**Bulletin de ladite station de 1894**). Située au terroir de Crécy, à la limite de celui

CHALANDRY

Coupe suivant une ligne droite traversant le territoire du Nord-Ouest au Sud-Est, d'après les travaux de MM. d'Archiac, A. de Lapparent, Elie de Beaumont, B. de Chancourtois et Gaillot (1865 à 1895).

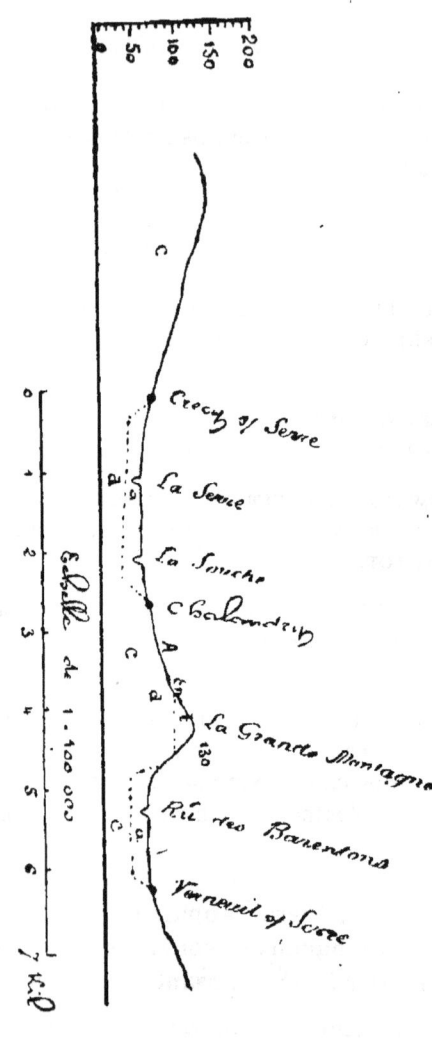

a. — Alluvions modernes.
A. — Alluvions anciennes.
t. — Terrain tertiaire.
c. — Craie.
d. — Diluvium caillouteux.
c n. — Craie noduleuse.

PLANCHE II

de Chalandry, on peut considérer, en raison du peu de différence d'élévation des divers points de la plaine, que sa composition est celle de toute la vallée : Sous-sol silico-argileux, d'une épaisseur considérable, formé par les alluvions de la Serre et de la Souche. Il repose généralement sur des cailloux siliceux appartenant au *diluvium*.

Dans la partie basse du village, édifiée sur cette formation, les puits sont peu profonds. Le niveau d'eau est constitué par une couche d'argile, existant à la hauteur du fond de la rivière.

La partie haute, légèrement accidentée, est construite à la naissance inférieure d'une couche de *limon des plateaux*, dont il sera parlé plus loin. Une bande de glaise représentant la *craie marneuse du Vervinois* et faisant *niveau d'eau*, y forme le fond des puits, dont la profondeur varie de 15 à 20 mètres.

2° Pour les *Champs*, le système géologique est plus compliqué. La coupe générale qui précède et les divisions suivantes en faciliteront l'étude.

§ 1er. — La savante *Description géologique du département de l'Aisne*, par D'ARCHIAC, contient les lignes suivantes sur la composition de ce canton :

Page 150 : « Les grès de Molinchart font partie d'une suite de *buttes tertiaires* dirigées au Nord-Est jusqu'au moulin (à vent) de Chalandry (cote 130, point culminant du territoire), et qui toutes présentent des grès à leur sommet . . . .

. . . . .Les buttes boisées de Chalandry sont recouvertes par des bancs de grès irréguliers, jaunâtres, peu solides, se réduisant facilement en sable, par le choc ou le frottement. On les exploite près de l'ancien moulin à l'extrémité Est du monticule qui domine Barenton-sur-Serre. » Le sous-sol est formé de sables jaunes et blancs, quelquefois roses, extraits pour la construction.

En résumé, chaque montagne est constituée par une éminence de craie blanche *(terrains secondaires)*, couronnée par la formation *thanétienne* ou *landénienne (terrains tertiaires.)* Cette dernière, argileuse à la base (sables verts glauconieux, communs dans toute la région), est surmontée de sables plus ou moins agglomérés en un grès quartzeux.

A mi-côte de la *Grande-Montagne* affleure la couche de sables verts argileux. Elle se prolonge à peu près horizontalement et retient les eaux pluviales qui, glissant sur sa surface supérieure, se déversent en une infiltration, claire et limpide, dans le petit bassin de la *Fontaine Saint-Aubin*. Le passage des eaux à travers les sables explique leur bonne qualité. Voici la coupe géologique de cette montagne, d'après M. Gaillot.

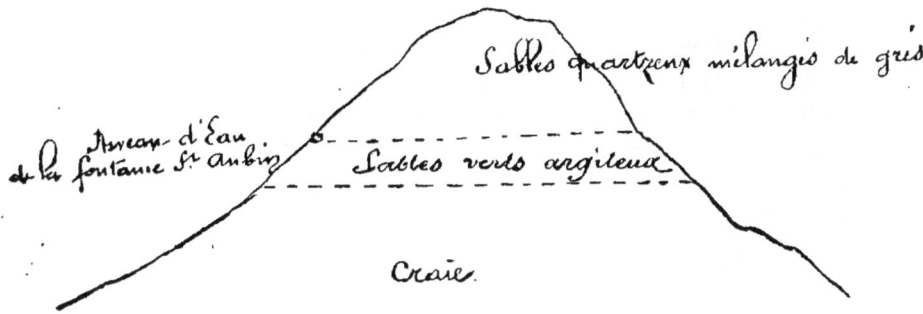

C'est à tort que les auteurs de la carte géologique de la France au 1/80,000 (feuille 22) indiquent, dans leur dernière édition, que la couche formant niveau d'eau, est constituée par de *l'argile à lignites du Soissonnais*. *(Voir la carte agronomique et géologique du département de l'Aisne, par M. GAILLOT et suprà.)*

§ 2. — La craie forme partout le sous-sol plus ou moins profond. Tantôt elle affleure, tantôt au contraire elle est recouverte par des sables ou des argiles de la *formation tertiaire*, ou encore par du *limon quaternaire*. L'altitude de ce canton (en grande partie couvert de bois) varie entre 100 et 120 mètres.

§ 3. — C'est le domaine du *limon des plateaux*, avec une couche de terre arable plus ou moins épaisse, reposant sur la craie (altitude 90 à 102 mètres). Au sujet de cette formation on lit ce qui suit, dans les *Bulletins de la station agronomique de l'Aisne*. (Notons en passant que tous les échantillons de terre analysés par M. Gaillot ont été prélevés par lui en présence de M. Armand Brazier, agriculteur, maire de Barenton-Cel, président du Conseil d'arrondissement de Laon, chevalier du Mérite agricole, et de M. E. Brancourt, agriculteur à Chalandry, chevalier du même Ordre.)

(Année 1891), *Les Riez Bellois* (terroir de Chéry, mais près des mêmes lieux-dits sur Chalandry et Barenton-Cel) : Terre silico-calcaire avec quelques cailloux et graviers. La couche arable a 0^m 20 d'épaisseur. Le sous-sol calcareo-siliceux a une profondeur variant de 0 à 0ᵐ 20. Il repose directement sur la craie.

(Année 1894), *Les Riez Bellois* (terroir de Barenton-Cel. — Ils touchent aux mêmes lieux-dits sur Chalandry) : Sol calcaire, épaisseur 0ᵐ 25, pauvre en potasse. Le sous-sol est une craie blanche dont l'épaisseur est considérable ; c'est la marne du pays.

Cette contrée est la moins fertile du territoire.

L'Epine, (terroir de Chalandry, terre silico-argileuse, un peu froide, renferme des cailloux siliceux en mélange. Bonne composition. Le sous-sol de même nature, d'une épaisseur considérable, est un dépôt meuble d'alluvions anciennes sur les pentes (*Bulletin de 1894.*)

§ 4. — La surface du sol est généralement argilo-calcaire, de couleur jaunâtre avec quelques parties dures : c'est un mélange de limon et de craie. La couche supérieure n'a guère que 0ᵐ 20 à 0ᵐ 40 d'épaisseur. Le sous-sol est formé par une craie blanche, sans silex, avec petites bélemnites. Elle a été exploitée comme pierre à chaux, au lieudit *les Carrières*, où l'on a notamment fabriqué, en 1867, la chaux nécessaire à la construction de la nouvelle église. Un peu plus haut, près du chemin de Barenton-sur-Serre, se présente, dans le sous-sol, par couches compactes, épaisses et horizontales, une craie plus dure : c'est *la craie noduleuse à micraster*. Pendant de longues années on l'a utilisée pour empierrer les chemins communaux. Le filon passe par *la Fosse à Cran* pour aboutir à *la Terrière*.

Voici ce que la *Description géologique de l'Aisne* de D'ARCHIAC précitée mentionne, au sujet de cette formation crétacée, page 187 et suivantes : « La séparation des terrains tertiaire et secondaire est, dans le département de l'Aisne, parfaitement tranchée sous le point de vue minéralogique, comme sous celui des fossiles. . . . . . . Le groupe supérieur de cette formation offre trois étages assez distincts : 1° *Craie blanche, craie jaune magnésienne et craie grise*; 2° *Craie avec silex*; 3° *Marnes*. La craie blanche, sur laquelle repose le terrain tertiaire, dans le plus grand nombre de cas, est une roche composée en général de carbonate de chaux à l'état terreux et d'un dixième environ de matière argileuse et d'oxyde de fer à l'état d'hydrate. Elle est ordinairement d'un blanc mat. . . . . Cette roche tache les doigts, son grain est très fin et sa texture homogène. La stratification est horizontale. » Les substances minérales qu'on y trouve sont : « La chaux carbonatée inverse . . . . l'oxyde de manganèse . . . . et le fer sulfuré blanc ou *pyrite blanche*. Cette dernière substance est en petites masses plus ou moins globuleuses et irrégulières, ou en rognons dont la grosseur varie, depuis celle de deux poings, jusqu'à celle d'une noix. Ces masses sont hérissées de pointes mousses ou anguleuses, qui résultent du groupement des cristaux octaèdres, plus ou moins surbaissés. Ceux-ci, gênés dans leur développement, se sont allongés excessivement et ont donné lieu à la structure radiée, qu'on remarque dans la cassure. A l'intérieur, les pyrites sont recouvertes d'une couche de fer hydraté, résultat de la décomposition du sulfure et lorsque cette altération est ancienne et complète, il ne reste plus dans la cavité de la roche, qu'une masse pulvérulente de fer hydraté jaune d'ocre. » On rencontre ici un grand nombre de ces pyrites. Les habitants les nomment *pierres du tonnerre*, croyant qu'elles sont tombées du ciel avec la foudre. « Entre Crécy et Chalandry la craie est assez dure, blanche, et présente de petites veinules d'un gris jaunâtre et compactes, caractères qui se retrouvent dans la grande carrière, sur le chemin du moulin (à vent) de Chalandry. » (D'ARCHIAC, *loc. cit.*). Le premier endroit qui vient d'être désigné est *la Terrière*, et le second *les Carrières*. (Altitude : 80 à 110 mètres).

§ 5. — Dans la direction du Sud-Est au Nord-Ouest, s'étend une couche de *limon des plateaux*. Les briques de la nouvelle église ont été faites sur ce canton, lieudit *le Calvaire*, dans une terre appartenant à la fabrique, alors détenue par M. Delhorbe. On voit encore parfaitement l'excavation qui en est résultée. Le sous-sol est souvent crayeux. A diverses reprises on en a tiré de la marne, employée ensuite sur place, comme amendement. M. Gaillot a fait l'analyse d'une terre située aux *Champs à la Glaux (Bulletin de 1894)* ; Sol et sous-sol : argilo-siliceux ; bonne terre d'alluvions anciennes, ou de limon des plateaux, qui est synonyme.

En quelques points de cette région, affleure un *diluvium cailloute*ux, renfermant des *silex roulés*. Là, le sous-sol est généralement composé d'un lit épais de cailloux mélangés à une plus ou moins grande quantité d'argile ou de calcaire. Ce dépôt a été exploité en plusieurs endroits. D'abord, dès 1860, on opéra des extractions de chaque côté du chemin de Barenton-sur-Serre et notamment à *la Veine aux Cailloux*, *les Champs à Cailloux*, *au-dessus du Bois Blin (ou Pagnier), la Nacelle ou la Carbonnière*, etc. Leurs produits furent employés, jusqu'en ces dernières années, sur les chaussées. Ensuite, en 1869, la Compagnie des chemins de fer du Nord, ayant acheté des terrains à *la Baguette à Falise*, un peu au-dessus des *Terres à Cailloux* dont il vient d'être question, en tira la plus grande partie du *ballast* qui servit à couvrir la ligne de Soissons à la frontière belge. Les travaux permirent de constater que le *diluvium* avait une épaisseur de 1 à 6 mètres. Sa stratification était ondulée et irrégulière. C'est le *dépôt de cailloux roulés* de la vallée de la Serre mentionné par D'ARCHIAC dans son ouvrage sus-indiqué (page 60 et suivantes). A Chalandry, la Souche occupe actuellement l'ancien lit de la Serre, ainsi qu'on le verra plus loin. Le dépôt en question règne au fond de la vallée et s'élève quelquefois, sur les pentes, jusqu'à une certaine hauteur. Les extractions mirent à jour beaucoup de coquilles de différents genres de mollusques, de nombreuses bélemnites, provenant de la craie, des ossements de mammifères, d'énormes morceaux de défenses ayant appartenu à l'*elephas primigenius*, des débris de bois pétrifié, quelques silex taillés ou polis, etc., qui seront décrits au chapitre suivant.

Maintenant que le lecteur connaît le théâtre, nous allons essayer de faire repasser les acteurs devant ses yeux et d'analyser leurs faits et gestes.

LIVRE PREMIER

Histoire de Chalandry

depuis les temps préhistoriques jusqu'en 1789

CHAPITRE PREMIER

Epoque Préhistorique

§ 1er. — L'AGE DE LA PIERRE: ATELIERS DE SILEX A CHALANDRY.
§ 2. — TROUVAILLES PROVENANT DES CARRIÈRES LOCALES.
§ 3. — OPINIONS DIVERSES SUR LEUR ANTIQUITÉ.
§ 4. — UNE HAUTE-BONDE OU MENHIR.
§ 5. — L'HOMME DE CETTE ÉPOQUE.

§ 1ᵉʳ. — Les silex, taillés ou polis, c'est-à-dire travaillés par les *hommes préhistoriques*, tels sont les documents antiques, irréfutables, que l'on rencontre, en grand nombre, sur différents points du territoire de Chalandry. Ils suppléent fort heureusement à l'absence complète de renseignements écrits. C'est dans les entrailles du sol, c'est plus souvent encore à sa surface, principalement dans le voisinage des buttes boisées de Saint-Aubin, qu'on découvre ces vestiges d'anciennes populations, qui ne connaissaient pas encore les métaux. Depuis un demi-siècle, que d'amateurs, connus et inconnus, sont venus chercher ici de quoi créer ou enrichir quelque collection !

On y a surtout trouvé des grattoirs et des pointes de flèche ; puis viennent les couteaux, les pierres de fronde aux arêtes vives et anguleuses, les larges têtes de lance, les disques arrondis, les petites scies, les poinçons ou perçoirs, les racloirs, les haches taillées ou polies, quelques polissoirs en grès et beaucoup de *nuclei* travaillés, c'est-à-dire de débris de blocs-matrices en silex, desquels, à l'aide du percuteur, la main habile de l'ouvrier a fait jaillir des outils de toutes formes.

En résumé, on relève ici les principaux types de silex qui, d'après divers archéologues, se rapportent à autant de périodes successives de l'*Age de la Pierre*. Telle la *hache chelléenne* ou *acheuléenne*, taillée sur chaque face (il en existe un très beau spécimen au musée scolaire). Le type du *Moustier* abonde. Les *pointes solutréennes*, si élégantes et d'une si fine retouche, ne sont pas trop rares. Toutefois les instruments en os, particuliers à *l'Epoque magdalénienne*, font complètement défaut.

Ce qui domine surtout, c'est le *moustérien*. A signaler deux endroits, où a été fabriqué sur place le silex de ce genre ; le grand nombre d'éclats, de fragments et même de pièces complètes, que l'on y a recueillis, ne laisse aucun doute sur l'existence de véritables ateliers. Le premier nous a été indiqué par M. Delvincourt, archéologue à Crécy-sur-Serre ; il est situé *au Sapin*, vers la pointe la plus septentrionale de ce lieudit ; le second se trouve *aux Falises*, dans une terre appartenant aux Hospices de Laon, à son extrémité Sud aboutissant en talus sur le chemin vert de Barenton-sur-Serre. La superficie de ces ateliers couvre environ 400 mètres carrés. On remarquera qu'ils étaient peu distants de la rivière, mais beaucoup plus élevés qu'elle.

§ 2. — Toutefois, les objets les plus précieux consistent en *silex de carrière* ou *d'alluvions*. Ils proviennent des carrières locales où ils étaient enfouis à quelques mètres de profondeur et à plusieurs hectomètres du lit actuel de la Souche.

Le fait de trouver des silex d'alluvions n'est pas nouveau, surtout depuis les passionnées recherches, suivies d'éclatantes découvertes de Boucher de Perthes, à Abbeville et à Saint-Acheul. N'importe, parlons-en ; on apprend et on comprend mieux l'histoire, surtout la préhistoire, avec des documents qu'on a sous les yeux. Au fond, ce sont de semblables trouvailles qui donnent lieu, de nos jours, à tant de fiévreuses discussions, d'inductions hardies, de théories nouvelles, puisqu'en tablant sur elles, certains savants modernes font remonter l'antiquité de la race humaine à des centaines, voire même à des milliers de siècles : à 240,000 ans au moins, nous dit l'un d'eux et non des moindres, GABRIEL DE MORTILLET (*Le Préhistorique*, 3º édition, page 664). On verra plus loin ce qu'il faut en penser.

Les carrières où gisaient les silex en question, ont été exploitées à partir de 1860, ainsi qu'on l'a dit au livre précédent ; leur emplacement est aujourd'hui cultivé, mais il est reconnaissable aux excavations et aux courbes irrégulières que garde la surface du sol. Les ouvriers attachés à l'extraction et aussi quelques archéologues furent intrigués par certaines découvertes : des os, des dents plus ou moins volumineuses d'animaux divers, d'énormes débris de défenses recourbées, telles que celles du mammouth, des morceaux de bois pétrifié, des coquilles, des bélemnites, ces chevilles de pierre qui ne sont autre chose que la partie osseuse pétrifiée d'un mollusque antédiluvien, etc. Leur attention fut surtout mise en éveil par des silex semblables, quant à la taille ou retouche, à ceux qu'on trouve fréquemment sur les hauteurs voisines, mais généralement d'une tout autre couleur ou *patine*. En effet, pour les silex trouvés à ciel ouvert, la patine était tantôt blanche ou grisâtre, tantôt bleuâtre ; pour ceux de l'intérieur des carrières, elle était parfois de couleur brun-marron ; pour ceux qui gisaient entre le fond des graviers et la craie du sous-sol, d'une teinte blanche rugueuse ; et pour ceux qui avaient séjourné dans un lit de sable, d'un blanc lustré très caractéristique.

Quelques antiquaires de la région, en tête desquels il convient de placer M. Th. Minost, de Crécy-sur-Serre, stimulèrent le zèle des ouvriers, par l'appât d'une récompense, si bien qu'un certain nombre de ces silex, travaillés de main d'homme, ont pu être sauvés. La collection de M. Th. Minost, si précieuse pour l'étude archéologique de notre région, offre une dizaine de silex provenant des carrières de Chalandry. Les plus remarquables sont : une hache du type *acheuléen*, retouchée sur les deux faces, mesurant 12 centimètres sur 8 ; quatre autres silex du type *moustérien*, de 12 et 11 centimètres sur 6 et 5 ; une pointe triangulaire à patine blanche de 6 centimètres sur 4. De plus, une défense de mammouth qui était associée à ces silex, prouve que l'homme primitif de notre territoire était contemporain de cet animal antédiluvien.

D'autres pièces fort intéressantes, provenant de la même origine, existent aussi au musée de M. Delvincourt, sus-nommé et à celui de la ville de Laon. Un ouvrier carrier, M. Hippolyte Hénon, a offert à M l'abbé Lefèvre : 1º une pointe de lance éclatée, de 8 centimètres sur 4, dont la patine couleur de rouille, le bulbe de percussion bien visible, l'affinaison émoussée par le roulis des vagues, démontrent suffisamment l'origine ; 2º un autre silex de 6 centimètres environ, ayant la forme d'une demi-lune, artistement et régulièrement dentelé ; il devait être à usage de scie ; sa patine marron, lustrée, atteste aussi que c'est bien là un silex de carrière.

Plusieurs autres objets remarquables ont été également trouvés sous des sables d'alluvions, dans des carrières ouvertes au lieudit *le Cessier*, ce sont : 1º des têtes de lance, de grandeur moyenne, à patine blanche ou grisâtre, que les ouvriers du pays appelaient, à cause de leur forme, des *as de pique*; 2º un couteau ; 3º un racloir concave long de 11 centimètres et large de 5 ; 4º des petits grains tout ronds, fossiles de certains polypiers, et qui perforés pour être réunis en collier, constituaient vraisemblablement la parure des naturels de l'époque préhistorique.

§ 3. — Quel âge peut-on assigner à ces antiquités diverses ? Loin de nous la prétention de déterminer d'une façon mathématique la chronologie réelle, absolue, des trouvailles dont s'agit. On ne peut, sur ce terrain, procéder autrement que par hypothèse. Lorsque dans une fouille archéologique, des ossements humains et des objets tels que poteries, armes, bijoux, se rencontrent associés à d'autres dont on connaît historiquement la date, à une pièce de monnaie par exemple, il est alors permis de dire que ces objets sont de telle époque et ne sont pas antérieurs ni postérieurs à telle date. On a, dans ce cas, beaucoup de chance pour ne pas s'écarter trop de la vérité. Mais, quand il s'agit du préhistorique, il n'existe pas de point de repère chronologique, bien défini et parfaitement sûr. Un mystère profond plane sur le monde primitif, sur le monde souterrain ; les sciences modernes appelées la *Géologie* et la *Paléontologie* ne l'ont pas encore éclairci complètement, bien qu'elles aient fait depuis un demi-siècle de merveilleux progrès. La seule chose acquise, évidente pour tous, c'est que l'homme a vécu pendant la période géologique dite *quaternaire* (1) ou *période des grandes alluvions quaternaires*. Mais à quelle date faut-il faire remonter ces alluvions? Combien de durée doit-on leur accorder? Sont-elles la conséquence de cataclysmes grandioses, comme le prétend Cuvier, ou bien sont-elles, comme le veut Lyell, le résultat d'une action lente et progressive des eaux fluviales, à peu près semblable à celle de nos jours? La science ne le sait pas. Alors, suivant l'opinion qui lui sourit davantage et d'après les hypothèses qu'il préfère, chacun peut vieillir ou rajeunir à sa guise notre humanité. Ceci dit pour faire sentir l'inanité des chiffres fantastiques comme ceux précédemment cités. Fermement résolus à ne recevoir, en Archéologie surtout, aucune chose pour vraie qu'on ne la démontre évidemment être telle, nous pensons que la question, soulevée ici, est encore loin d'être tranchée.

§ 4. — En dehors des silex, rien de l'époque préhistorique n'est, du moins jusqu'à ce jour, sorti du sol de Chalandry. Cependant, les anciens baux de terre et autres titres analogues, (jusqu'au 18º siècle) mentionnent un lieudit la *Haulte-Bonde* ou *Honde-Bault*, situé en deçà de la *Petite-Montagne* vers le chemin de Barenton-Cel. Pour nos aïeux les *Hautes-Bondes* (2) étaient des *Menhirs* (3) semblables à celui qui existe encore à Bois-les-Pargny. Ces mégalithes appartiennent à l'*Époque de la Pierre polie*. Lieu de sépulture ou d'assemblée, monument élevé

---

(1) La période quaternaire est la quatrième période géologique, celle qui a précédé immédiatement l'époque actuelle.

(2) *Bonde,* en Picardie et dans la Thiérache, équivalait à *Borne.*

(3) Du celte *maen, men,* pierre, et *hir,* longue.

pour perpétuer le souvenir d'un grand événement, ou idole à une divinité, qu'étaient-ils exactement ? On ne le saura probablement jamais (1). Quoiqu'il en soit, on peut admettre que le territoire de Chalandry eut jadis son Monument mégalithique, sa Pierre sacrée qui, pendant de longues années, dut inspirer des craintes vagues et superstitieuses aux passants attardés et autour de laquelle les bonnes fées d'autrefois menèrent leur ronde nocturne. Au 18° siècle, une main barbare aura probablement porté le marteau destructeur sur ce témoin symbolique et pittoresque d'un autre âge.

§ 5. — Il est maintenant acquis que les peuplades primitives de la contrée n'eurent rien de commun avec les *Celtes* qui, venus d'Asie, firent leur apparition, au plus tôt, vers le 15° siècle avant Jésus-Christ. Voilà pourquoi les historiens d'aujourd'hui leur donnent communément le nom de *Pré-Celtes* (2).

Les hauteurs, comme celles de *la Grande* et de *la Petite-Montagne de Chalandry*, offrant à ces hommes encore sauvages, une retraite assurée contre leurs semblables, contre les animaux carnassiers et les intempéries, ils s'y réfugièrent de bonne heure, dans des abris ou grottes. Les trouvailles énumérées plus haut sont en effet des témoins certains de leur antique et prolongé séjour. Elles nous renseignent un peu sur le genre de vie et la civilisation progressive de ces peuples qui ont été les premiers occupants de notre sol et dont l'Histoire écrite ne nous a même pas transmis les noms !

---

(1) Quelques auteurs ont écrit qu'à l'origine les menhirs devaient être consacrés à un dieu antique, dont ils auraient été la représentation symbolique et pour essayer de donner du poids à leur dire, ils font venir ce nom de *man*, homme, et *hir*, très grand.

(2) De *præ* : avant, Celtes ; qui ont précédé les Celtes.

CHAPITRE II

Epoque Celtique ou Gauloise

§ 1ᵉʳ. — L'AGE DES MÉTAUX. — HACHETTE EN BRONZE, POTERIES ET MONNAIE GAULOISES DÉCOUVERTES A CHALANDRY.

§ 2. — LA GRANDE-MONTAGNE AUTREFOIS LE MONT D'ÈZE OU DU DIEU ÉSUS; POSTE FORTIFIÉ ; LÉGENDE DE GARGANTUA.

§ 3. — INVASION ROMAINE.

§ 1ᵉʳ. — A l'*Age de la Pierre* a succédé l'*Age du Bronze*, l'*Age des Métaux*. « La fabrication des objets en métal fut la grande découverte de l'humanité vers 3,500 avant Jésus-Christ. » (S. REINACH, *Guide illustré du Musée de Saint-Germain*, p. 27). Toutefois, ce progrès ne s'est pas réalisé partout en même temps : l'Occident a été devancé de beaucoup par l'Orient et l'Egypte. Selon l'opinion la plus commune, cette grande découverte aurait été importée chez nous par les peuplades celtiques mentionnées au chapitre précédent.

Les objets ayant appartenu aux Celtes et aux Gaulois nous sont parvenus en moins grand nombre que ceux des populations antérieures. Cependant, parmi les silex précédemment décrits, beaucoup leur servaient encore, même après la découverte du bronze, car le progrès fut lent à se répandre dans les pays où la civilisation était peu avancée. A signaler une hachette trouvée à *Malherbe*, aujourd'hui en la possession de M. l'abbé Lefèvre. Elle mesure 8 centimètres sur 2, est en bronze coulé et à douille ; sa partie supérieure est garnie d'une petite anse où s'adaptait la ligature qui devait la fixer sur un manche. Les hachettes à douille ne sont point, paraît-il, les plus anciennes ; cependant leur antiquité est déjà respectable. « C'est seulement, dit l'auteur dernier cité, quand la métallurgie a été en mesure de produire du fer de bonne qualité que les armes et les outils de bronze sont tombés en désuétude. En Gaule, il est probable qu'on ne fabriquait déjà plus d'épées de bronze, ni de haches de bronze, vers l'an 500 avant Jésus-Christ ».

Dans une dépression existant le long d'un petit orle situé derrière les buttes de Saint-Aubin, face au village de Verneuil, il a été trouvé vers 1875, par M. Lhotte, garde-champêtre à Chalandry, une espèce de petite cave recouverte de dalles grossières en grès, contenant trois poteries gauloises en terre noire. Ces poteries, recueillies par M. Th. Minost, présentent ceci de particulier, qu'elles ont été façonnées à la main et non au tour. Sur la panse de l'une d'elles, et pour enjoliver son travail, l'ouvrier a fait, tout simplement avec l'ongle, de petites empreintes verticales très rapprochées l'une de l'autre. Ce dernier vase mesure 14 centimètres de hauteur, 14 de largeur (maximum au centre) et 8 à la base, l'épaisseur des parois est de 8 millimètres, celle du tesson de 2^{cm} 1/2. La courbe en est régulière. Il est orné en outre de deux filets en relief. Les deux autres vases sont à face lisse et présentent l'aspect d'un tronc de cône ; l'un est haut de 10 centimètres sur 16 et 7 de large ; l'autre qui ressemble à un gobelet, n'a que 7 centimètres de hauteur sur 6 1/2 et 4 1/2 de largeur. On remarque, mélangés à l'argile, des petits cailloux destinés à en faciliter la cohésion. Ces poteries, de facture primitive, marquent un progrès énorme sur celles de *l'Epoque néolithique*, reconnaissables à leur absence de forme et à leur cuisson imparfaite.

La seule monnaie qui, jusqu'à ce jour, a été trouvée à Chalandry, gisait près du moulin. C'est un petit bronze de 8 millimètres de diamètre, présentant sur chaque face la forme d'une roue à trois rayons. Ancienne monnaie des *Tricasses* (pays de Troyes), elle ne porte pas de légende. Elle est devenue la propriété de M. l'abbé Lefèvre.

§ 2. — Faut-il voir dans ce qu'on appelle un peu prétentieusement aujourd'hui la *Grande-Montagne* un endroit, un haut lieu consacré à Ésus, dieu des combats? Cette butte n'est connue dans les titres antérieurs à 1789 que sous le nom de *Mont d'Eze, Ese* ou *Aize*; on disait par exemple la *Fontaine Saint-Albin du Mont d'Eze*. Le dieu gaulois Esus y est-il pour quelque chose? N'a-t-on pas ailleurs le *Montjau* ou *Montjoye, Mons Jovis, Mont de Jupiter*; *Martimont*, c'est-à-dire *Mont de Mars*; *Lugdunum, Lyon, Laon*, c'est-à-dire *Dune* ou *Colline de Lug*, autre divinité des Gaulois? (Abbé PÉCHEUR *Annales du Diocèse de Soissons*, t. I, p. 22.) Enfin, à Bois-les-Pargny, deux triages de la forêt de Berjaumont, ne portaient-ils pas encore, il y a quelques années, les noms de la *Voie d'Odin* et de la *Fontaine d'Odin?*

Quoiqu'il en soit de l'étymologie du *Mont d'Eze*, l'attention de l'archéologue est encore attirée par le rôle qu'a pu jouer autrefois cette intéressante montagne. Voici ce qu'en dit notre éminent compatriote, dans sa *Légende des maires des trois Barenton*, villages voisins de Chalandry : « A ne consulter que sa position géographique, près de ces tourbières impraticables, on est facilement amené à voir, dans cet accident du sol, comme l'existence d'un barrage naturel, une barrière défensive derrière laquelle ont dû s'abriter les peuplades gauloises, dans les temps les plus reculés de notre histoire..... Puis, si on examine les hauts reliefs qui se rattachent à la montagne de Chalandry, comme d'importants contreforts, on n'est pas éloigné de reconnaître, dans ce mamelon isolé, un poste avancé, une de ces stations stratégiques destinées à protéger les limites d'une tribu ou les frontières d'un peuple. » Les nombreuses trouvailles ci-dessus mentionnées, faites autour de ce monticule, semblent autoriser et justifier ces conjectures.

Le même auteur, après avoir rapporté que les Romains occupèrent ensuite ce poste, ajoute : « Il ne nous étonnerait pas de voir bientôt la montagne de Chalandry reprendre son *ancien* rang dans cette zône stratégique, qu'on est en train d'établir le long de notre frontière septentrionale. Sur la ligne de Laon à Hirson, sa place est toute marquée. » Allusion à un projet de construction d'un fort, agité vers 1877, pour commander également le chemin de fer de la vallée de la Serre, dont l'établissement venait d'être décrété.

Comme plusieurs endroits du Laonnois, habités de toute ancienneté, les montagnes de Chalandry, appelées autrefois, la grande *Mont d'Eze* et la petite *Noirmont*, ont leur légende de Gargantua. Ce géant bien français, héros d'un grand nombre d'exploits extraordinaires, immortalisé par Rabelais, a dû être substitué à un Hercule antique auquel la tradition de l'époque aura attribué les mêmes hauts faits. La légende rapporte que le géant ayant vidé sa *hotte* à Molinchart (*Hottée de Gargantua* entassement chaotique et formidable de grès énormes), arriva à Chalandry en faisant des enjambées de trois lieues. Là, gêné dans sa marche par la terre qui était entrée dans ses bottes, il les retira pour les vider et forma ainsi les deux monticules en question, un par botte. Puis, saisissant une pierre mêlée à cette terre, il la lança, pour se distraire, dans la direction du Nord. Elle tomba à 6 kilomètres, à Bois-les-Pargny, où elle se ficha de plusieurs mètres dans le sol. C'est la *Pierre ou Verziau de Gargantua* (*verziau*, en picard, signifie pierre à aiguiser, ou pierre en ayant la forme), autrement dit le *menhir* de Bois-les-Pargny déjà cité. Edouard Fleury avait probablement connaissance de cette légende lorsqu'il écrivit dans son tome Ier des *Antiquités et Monuments de l'Aisne*, p. 98 : « Le grès dont se compose le menhir de Bois-les-Pargny n'appartient pas à la colline calcaire dans laquelle ce monolithe est assis. Il vient évidemment des bancs siliceux de grès ou des localités plus ou moins voisines du canton de Marle où cette roche se montre, ou de Chalandry, ou des buttes de Barenton..... »

§ 3. — Le territoire de Chalandry dépendait à l'époque gauloise de la *Cité* ou *Nation* des *Suessiones*, l'un des peuples les plus puissants de la Gaule-Belgique et dont l'*oppidum* ou capitale fortifiée était *Noviodunum Suessiónum* (*Soissons*). Cette nation était divisée en 12 *pagi* (pays, contrées) ayant aussi leur oppide ou chef-lieu fortifié. Au nombre de ces subdivisions territoriales figurait le *pagus Laudunensis* ou *pays laonnois*, avec l'oppide de *Laudunum, Lugdunum, Laon*, pour chef-lieu. Chalandry faisait partie de ce *pagus* (CÉSAR, *de Bello Gallico*, l. 2, § 4 à 12. — DORMAY, *Hist. de Soissons*. — Abbé PÉCHEUR, *Annales*, t. 1.)

Les *Suessiones* avaient pour voisins les *Rhemi* (*Rhèmes, Rémois*) qui, au moment de l'invasion étrangère, trahirent la cause commune et s'allièrent aux Romains. L'Aisne (*Axona*) séparait les deux peuples à l'endroit de la bataille dont il va être parlé.

Au printemps de l'an 57 avant Jésus-Christ, toute la Gaule-Belgique se souleva et sous le commandement de Galba, roi des *Suessiones*, se mit en marche contre le célèbre général romain Jules César qui, sortant du territoire des *Rhemi*, ses alliés, se disposait à conquérir le Soissonnais. L'armée gauloise, après avoir attaqué sans résultat l'oppide rémois de *Bibrax* (1), vint placer son camp à 2,000 pas environ, au nord, de celui de César qui la mit complètement en déroute, tant au passage de l'Aisne, entre Berry-au-Bac et Pontavert, que dans la poursuite qu'il lui donna (commencement de juillet 57 avant l'ère chrétienne).

Le vainqueur entra le lendemain sur les terres des *Suessiones* et conduisit ses légions, d'une seule traite, jusqu'au pied des murs de *Noviodunum Suessionum*, dont il s'empara après un siège en règle. Resté maître de tout le pays, il porta aussitôt ses armes contre les Bellovaques (Beauvais. — CÉSAR, *loc. cit.* l. 2, § 4 à 14.)

Cinq années plus tard, l'appel patriotique du jeune Vercingétorix, le dernier défenseur de l'indépendance gauloise, trouva encore un écho dans notre pays. On lui envoya 5,000 hommes ; on lui en promit d'autres pour le dégager d'*Alésia* (*Alise-Sainte-Reine, Côte-d'Or*) où César l'assiégeait. On sait le dernier acte de cette grandiose tragédie ; les sorties désespérées de Vercingétorix, sa glorieuse capitulation, son dévouement et enfin sa mort violente après 6 ans de captivité dans l'oubliette du Capitole. Toute résistance étant désormais inutile, les *Suessiones*

---

(1) *Bièvres*, selon les uns, entre autres Napoléon 1er ; selon d'autres, *Berrieux*, autrefois *Bébrieux*, ou plutôt le *Vieux-Laon*, où l'on remarque un ancien camp fortifié. Le Vieux-Laon est distant de Berrieux de 2 kilom. 1/2 et dépend aujourd'hui de la commune de Saint-Thomas. César était campé à Mauchamp, lieudit entre Juvincourt et Berry-au-Bac. Des fouilles faites en 1862, par ordre de Napoléon III, ont amené la découverte des fossés du camp de César. Lire *la Bataille de Berry-au-Bac,* avec carte, par M. L..., capitaine breveté, insérée dans le no 4 du *Bulletin de la Société de Géographie de l'Aisne*, de 1900, et le *Mémoire sur plusieurs enceintes antiques du département de l'Aisne*, par M. O. Vauvillé (*Bulletin de la Société archéologique de Soissons*, années 1889-1890.)

firent leur soumission complète aux Romains (57-50 avant Jésus-Christ.)

Livré à lui-même, le génie propre de nos ancêtres gaulois eut enfanté, sans aucun doute, une civilisation curieuse et originale, si la conquête de Jules César n'était pas venue en interrompre l'essor et lui imposer en échange la civilisation latine. Celle-ci, plus brillante que celle-là, ne fut cependant pas sans bienfait pour eux. Hâtons-nous de l'étudier dans les intéressants souvenirs locaux, que le sol privilégié de Chalandry a gardés enfouis pendant de longs siècles.

CHAPITRE III

Epoque Gallo-Romaine

§ 1ᵉʳ. — CIVILISATION GALLO-ROMAINE.

§ 2. — ÉTYMOLOGIES DU MOT CHALANDRY.

§ 3. — ANCIENNES VOIES.

§ 4. — LA FONTAINE DE SAINT-AUBIN A CETTE ÉPOQUE.

§ 5. — UN MOBILIER DE MÉTAIRIE GALLO-ROMAINE. — VESTIGES D'AUTRES HABITATIONS.

§ 6. — MONNAIES ET MÉDAILLES.

§ 7. — MEULES.

§ 8. — TOMBES.

§ 9. — INVASION DES BARBARES; DIFFUSION DU CHRISTIANISME, LE MOUSTIER DE CHALANDRY.

§ 1ᵉʳ. — Après la conquête, les Romains trouvant à leur convenance ces vastes et fertiles campagnes du Soissonnais (*latissimos feracissimosque agros.* — CÉSAR ; *de Bello Gallico*, l. 2, ch. 4) que les Rémois leur avaient vantées, s'y fixèrent en grand nombre. En même temps, pour s'assurer la possession définitive de la Gaule, ils eurent recours à de nouvelles divisions territoriales et établirent çà et là des postes de surveillance, des camps permanents. Tandis que des colonies romaines exploitaient le sol, les troupes réparaient les vieux chemins gaulois ou en construisaient de nouveaux. Beaucoup d'entre eux existent encore actuellement; ils se détachent au milieu des plaines en de longs rubans de verdure. Facilitant les communications, ces voies favorisèrent grandement l'agriculture, l'industrie et le commerce. La hache du colon s'attaqua alors aux deux immenses forêts qui couvraient en majeure partie le Laonnois et la Thiérache, l'*Arduenna* que cite César et le *Sylvacum*, l'une au nord, l'autre au sud de la Serre : forêts dont celles de Saint-Gobain, de Berjaumont et de Saint-Michel ne sont plus que des parcelles.

Enfin, suivant les règles d'une politique sage, Rome s'efforça de communiquer aux vaincus ses mœurs, ses usages, son culte, sa langue, en un mot sa civilisation. Elle y réussit; la fusion des Gaulois et des Romains s'accomplit assez vite et donna naissance à ces populations gallo-romaines qui ont laissé par leurs monuments, par leurs arts et leur industrie, de si fortes traces dans notre beau pays.

Auguste, premier empereur romain, neveu et héritier de Jules César, partagea la Gaule en quatre grandes provinces, au nombre desquelles était la Belgique. Ces provinces furent aussi divisées en *cités*, subdivisées elles-mêmes en *pagi*. Il attribua le *pagus Laudunensis* (*suprà*, chap. 2, § 3), à la *cité rémoise*, qui ressortissait de Trèves, métropole de la Belgique.

§ 2. — Un certain nombre d'habitations gallo-romaines ayant existé sur divers points du territoire de Chalandry, ainsi qu'on le verra dans la suite, on peut conjecturer que le nom de *Kalendreium*, *Kalendriacum*, transmis par le Moyen-Age, a été véritablement celui de la localité après la conquête.

Quelle en est l'étymologie? On sait que le suffixe latin *eium*, *iacum*, qui fait *y* en français, ajouté à un nom de lieu, lui donne ou un sens : 1° d'appartenance, de propriété, ou 2° de situation, d'état ou d'aspect particulier. Or, dans le premier cas, *Kalendreium, iacum* pourrait signifier *propriété*, *village* d'un personnage nommé *Kalender*. Les noms de famille *Calland*, *Chalandre*, *Sallandre*, connus et portés encore de nos jours, offrent beaucoup de similitude avec lui; de même celui de *Calandre* ou

Callende, que portait au 16º siècle une famille noble de Montigny-sur-Crécy. Dans le cas d'aspect des lieux, on est en droit de se demander si le mot *Kalendreium* ne renferme pas la racine celtique *Cale, endroit bas*, qui d'après le *nouveau Dictionnaire encyclopédique de* LAROUSSE, aurait donné naissance au verbe de basse latinité *Calare, descendre*. Le gérondif *calando, en descendant*, a pu produire, à l'aide d'un *r* euphonique, le mot *Calandreium* et par l'effet d'un petit accent de terroir, *Calendreium* ou *Kalendreium, Chalendry*, avant le 19º siècle, et depuis *Chalandry*.

M. l'abbé Hivet, membre de la Société archéologique de Soissons, qui s'y est créé, à bon droit, la spécialité d'étymologiste distingué, a fait à ladite Société, dans la séance du 5 janvier 1903, une lecture fort intéressante, dont nous détachons littéralement ce qui suit : « *Kalendreium, Kalendriacum* vient, très probablement comme Chauny de *Coloniacum (lieu de colonie)* transformé dans la suite des temps en *Colondiacum* par l'intercalation d'un *d*. Ce *d* épenthétique se trouve dans *tendre* de *tenerum* ; *absoudre* de *absolvere*, etc., etc. . . . . . Dans les temps postérieurs on a intercalé un *r*, comme dans *perdrix* de *perdicem, rustre* de *rusticum*, etc. : il reste donc *Kalen(dr)iacum*. Pour le sens du mot, on peut très bien affirmer que *Chalandry* signifie *ferme*; car, *colonia* n'a pas toujours eu seulement le sens de *colonie*, mais, selon Grégoire de Tours, saint Isidore de Séville, et les monuments anciens, il a eu aussi celui de *ferme rurale, ferme aux champs*. Ducange dit : « *Colonia* est *habitaculum rusticum, cum sufficienti prædio ad alendum colonum vel familiam rusticam*, c'est-à-dire : la *colonie* est une *habitation rustique* entourée d'un bien-fonds suffisant pour nourrir le colon ou une famille rurale. » Et les chartes du Moyen-Age : « In prædicto loco novem trado *colonias* seu *hobonnas*. . . . . Dans le même lieu je lègue neuf *colonies* ou *habitations rustiques*. » Les nombreuses trouvailles gallo-romaines énumérées au § 5 et suivants semblent justifier cette étymologie.

Une dernière étymologie pour finir. Le mot latin *Kalendarium* signifiant registre, livre de compte, table, catalogue, et *Kalendarii* officiers tenant ces registres, Chalandry en tirerait-il son nom? Aurait-il été, à l'origine, un centre où se seraient établies les premières archives ecclésiastiques, les premiers registres des propriétés possédées ici et dans les environs par quelque abbaye ? (Communication de M. Léon Helle, instituteur à Merval.

— A rapprocher de ce qui est dit *infrà*, § 9, à propos du *Moustier* de Chalandry.)

§ 3. — Il reste à Chalandry comme vestiges de voies antiques et gallo-romaines *le Chemin de Laon* et *la Voye de Pierre*.

Le premier part de l'extrémité Sud du village, passe à *l'Arbre du Chemin de Laon* (vieux peuplier, le seul arbre isolé du territoire, connu de tout le pays) et se dirige en ligne droite jusqu'à *Longue-Dieau*, dépendance d'Aulnois. Il coupe à cet endroit la grande chaussée romaine de Reims à Saint-Quentin, encore nommé le *Chemin des Romains*, dont il peut être considéré comme un embranchement. Ensuite il se confond avec la route vicinale de Laon à Crécy-sur-Serre. Cette voie n'est plus guère utilisée que pour les charrois de culture; sa longueur moyenne est de trois mètres. Elle n'est pas empierrée.

Un autre petit chemin, appelé anciennement *la Voye de Mortiers*, venant du côté de ce village, traversait la Souche un peu en aval des *Falises*, sur un pont qui n'existe plus aujourd'hui, passait au *Reposoir*, puis *Entre les deux Monts* et au lieudit actuel *la Voye de Mortiers* (terroir de Barenton-Cel) pour rejoindre ensuite le *Chemin de Laon*. Ce sous-embranchement n'existe plus sur Chalandry; on le retrouve en partie sur Barenton-Cel.

La Voye de Pierre est un lieudit situé à la limite extrême du terroir de Barenton-sur-Serre, derrière les buttes de Saint-Aubin. Elle rappelle l'emplacement de la grande chaussée allant autrefois de Coucy à Vervins, appelée pour cette raison *le Chemin des Sires de Coucy* (PIETTE, *Itinéraires gallo-romains*.) Sortant de Coucy par la porte de Laon, elle traversait la forêt de Saint-Gobain, passait à Crépy, Vivaise, Chéry-les-Pouilly (1), côtoyait *Noirmont* ou la *Petite-Montagne*, longeait les marais de Barenton-sur-Serre, passait à gué le Rû des Barentons (on le traverse aujourd'hui sur le *pont Alwé*, c'est-à-dire au gué), rejoignait à

---

(1) Un embranchement très important de cette chaussée s'en détachait à Chéry-les-Pouilly, pour se diriger vers Crécy-sur-Serre (c'était l'ancienne chaussée de Crécy, dont il est question dans plusieurs titres du Moyen-Age); elle allait de ce dernier bourg par *les Chaussavennes* (chaussée d'Avesnes, lieudit actuel du territoire du même bourg) vers Erlon, Marcy, Haudreville, rejoignait ensuite *ledit chemin des Sires de Coucy*, puis gagnait Vervins, La Capelle, Etrœungt et enfin Avesnes.

300 mètres de là l'ancienne voie de Laon à Marle, passait à Froidmont, gagnait Voyenne par le chemin des Vaches, puis Haudreville (Marle), Thiernu, Lugny, Gercy et Vervins.

§ 4. — Des trouvailles diverses ont été faites sur plusieurs points du territoire de Chalandry ; mais, l'endroit qui a donné le plus, sous le rapport archéologique, est certainement la *Grande-Montagne*. Riche en souvenirs préhistoriques et celtiques, ainsi qu'on l'a déjà vu, elle ne l'est pas moins en souvenirs gallo-romains.

Que de fois, en parcourant ces sites boisés et pittoresques d'où le regard rayonne à plusieurs lieues aux alentours, n'avons-nous pas foulé aux pieds de curieux vestiges de l'époque qui nous occupe ! Beaucoup de fragments rouges, noirs, de céramique romaine, parfois de débris de poterie historiée, des tessons avec des lambeaux d'inscription gravée en creux telle que celle-ci : COMINI...; des monnaies, des morceaux de marbre corrodés, de petites pierres blanches dont le poli et le tour font songer à ces statuettes antiques, en craie ou en stuc, visibles dans les musées publics ; toutes choses qui attestent un passé florissant et une occupation prolongée de la contrée.

Le temps a fait son œuvre sur toutes les constructions de cette époque. Rien n'est demeuré debout que la mystérieuse *Fontaine de Saint-Aubin* qui a dû exister dès la plus haute antiquité. Creusée dans un banc assez épais d'argile tertiaire, elle est le dérivatif naturel et nécessaire des eaux pluviales du plateau (*suprà, livre préliminaire*, III, 2° § 1er.) Il est permis de soutenir que la massive parure de pierres qui la recouvre encore, est de l'époque gallo-romaine. Le cintre de sa voûte, sa maçonnerie grossière, toute de sable, à peine dissimulée sous un enduit en ciment et brique pilée qui date de 1873 (A. P.) en sont des indices certains. On aura jugé bon d'abriter, dès cette époque, la source du *Mont d'Eze*, pour mieux garantir la limpidité de son eau et complaire ainsi à sa divinité tutélaire (MATTON, *Rapport Soc. Acad. de Laon*, 1866. — Abbé POQUET, *Légende des Fontaines*. — Abbé PALANT, *Semaine Relig. Soissons*, 18 décembre 1880. — *Infrà*, chapitre 9, II, § 2.)

Le Christianisme, après de vains efforts pour détourner les payens convertis du culte des eaux, des arbres séculaires, des forêts, des hautes bornes, fit une exception en faveur des fontaines. Ajoutons à cela que l'eau est pour le chrétien le symbole de la régénération baptismale, que les premiers missionnaires baptisèrent souvent au bord des sources, enfin que la primitive Eglise avait aussi l'eau lustrale ou bénite dont les prêtres aspergeaient les fidèles dans les cérémonies et qu'on emportait même chez soi (MARTIGNY, *Dictionn. des Antiquités chrét.* au mot *Eau*) et nous ne serons pas étonnés de cette tolérance de l'Eglise, de cette concession faite aux mœurs et aux usages du temps.

On verra au chapitre 9 que la fontaine de Saint-Aubin a été et est encore un lieu de pélerinage très fréquenté.

§ 5. — En 1865, Chalandry fut le théâtre d'une découverte qui eut alors un certain retentissement dans le monde archéologique.

Voici le rapport qu'en fit M. Matton à la Société académique de Laon (*Bulletin de 1866*) : « On ne saurait trop louer l'empressement et les soins intelligents avec lesquels M. Turquin-Brucelle, conseiller d'arrondissement et maire de Chalandry, et M. Vaillant, desservant, ont cherché à receuillir divers objets d'art de l'époque gallo-romaine, trouvés dans des fouilles faites, sous leur direction, au bas de la fontaine de Saint-Aubin. Ces objets, exactement dessinés par M. Etienne Midoux, ont été donnés par la commission des hospices de Laon (l'auteur aurait dû ajouter et par M. Turquin-Brucelle) au musée de cette ville. Ils remontent aux luttes des Trente Tyrans (260-268), dont l'Histoire ne nous a pas conservé les épisodes.

La montagne de Saint-Aubin dut être bravement défendue pour interdire le passage de la Serre au sud de laquelle elle est placée. Ce passage fut néanmoins pratiqué de vive force. Les traces nombreuses d'incendie, recueillies dans ces fouilles, en sont une preuve irrécusable. Cette montagne fut occupée au 3⁰ siècle. Les débris de construction, les objets antiques, les monnaies romaines en bronze, en billon et en argent qu'on y rencontre souvent, des Gordien, des Balbin, des Philippe l'Arabe, des Tétricus, des Posthume, des Claude le Gothique, etc., confirment cette opinion.

Un honnête ouvrier, Bénoni Lebrun, employé par M. Turquin-Brucelle à l'extraction des grès qui gênaient la bonne culture des terres de l'Hôtel-Dieu de Laon, a eu l'heureuse chance de découvrir dernièrement divers objets d'une fort belle conservation, enfouis dans les débris d'un petit autel, construit en grès non maçonnés, qui paraissait avoir été dédié au culte, soit de Vénus, soit de Latone. Cet autel était de 1^m 30 de large et d'une longueur de 2^m 56. Il avait été protégé par un toit en tuiles très épaisses, ayant chacune une longueur de 0^m 40.

Les objets trouvés au milieu d'une grande quantité de débris de poteries de toutes formes et de tuiles, consistent en 2 cuillers à parfum argentées dont une complète et de forme assez gracieuse, en 2 patères en bronze dont une argentée et de conservation parfaite ; en une patère, 2 vases et des fragments de vase en terre cuite de très petite dimension, de formes et de couleurs variées ; en une anse, le cercle et la garniture en fer d'un seau ; en une plaque ronde de bronze très mince, percée à rayons d'une grande quantité de trous ; en 5 couteaux et hachettes de forme différente, à l'usage des sacrificateurs ; en un marteau, un pène et un ressort de serrure en fer ; en une très petite épingle en bronze ; en un mors de cheval et ses accessoires destinés à un char ; le tout complet et d'une entière conservation ; en une jolie petite statuette en bronze de Vénus accroupie, ayant dix centimètres de hauteur et portant des yeux d'argent soudé où étaient probablement fixées des perles ou des pierres précieuses (elles n'ont pas été retrouvées) ; en 2 moyens bronzes de Posthume. Près de 200 monnaies spentriennes en bronze aux types de Tétricus et de Posthume étaient éparses sur un grès qui faisait saillie à l'intérieur de l'autel et à la profondeur de 1^m 25 ; elles portaient encore les traces de l'incendie et semblaient y avoir été offertes avec des moutons dont on a pu recueillir les ossements. Une grande quantité de blé brûlé couvrait le sol rougi par le feu. . . . . . . On doit attribuer la bonne conservation des objets métalliques à la capillarité du sous-sol crétacé qui a absorbé les sels pouvant produire l'oxydation. . . ».

Le rapporteur établit ensuite une corrélation entre le prétendu temple et la fontaine de la Grande-Montagne, aujourd'hui fontaine de Saint-Aubin.

Les objets trouvés et ci-dessus énumérés sont d'une réelle valeur et présentent un grand intérêt. Aussi EDOUARD FLEURY, l'historien distingué des *Antiquités et Monuments du département de l'Aisne* les a-t-il étudiés spécialement et décrits dans son premier volume, au chapitre des villas et métairies gallo-romaines. C'est plutôt à celles-ci, croyons-nous, qu'il faut rattacher la découverte qui précède. Non pas que l'idée du *sacellum* païen de M. Matton (chapelle ou petit temple où les prêtres accomplissaient leurs sacrifices sanglants) nous plaise moins que celle de la villa ou simple métairie d'Édouard Fleury ; mais, tous les objets trouvés pouvant convenir soit à un mobilier de ménage assez aisé, soit à un mobilier agricole, et plusieurs d'entre eux ne trouvant place que dans ce dernier et non dans un temple, n'est-il pas plus logique de penser qu'on se trouve en présence des ruines d'une de ces petites fermes aux champs, si nombreuses aux 3ᵉ et 4ᵉ siècles, dans toute la Gaule-Belgique? La petite divinité de bronze est de celles qui avaient leur place dans chaque foyer et qu'on appelait *dieux lares* ou *pénates*. L'endroit où gisaient les ossements d'animaux domestiques aurait été soit une dépendance des *ovilia* ou *bergeries*, une cellule où on tuait les brebis, l'écorchoir de la ferme, soit un simple caveau renfermant les provisions. Au deuxième volume de son ouvrage, page 89, l'auteur dernier cité émet aussi l'opinion qu'on peut se trouver là en présence d'un *sepulcrum familiare, lieu de sépulture de famille des propriétaires de la villa.* Quoi qu'il en soit, dans le reste de la trouvaille, reconnaissons à la suite d'Edouard Fleury, les pioches de fer, les couteaux, couperets et serpes de fer des ouvriers des champs, les mors oxydés des chevaux de culture, les ferrements destinés à un char ou *carpentrum*, enfin les vases de terre commune et autres ustensiles de ménage. « L'Archéologie se refuse à rencontrer partout des sacrifices et des sacrificateurs, elle veut voir la vraie vie et ses besoins habituels » (EDOUARD FLEURY, *loc. cit.*, t. 1, p. 243.)

En outre de la *cellule* découverte par M. Lhotte (*suprà*, ch. 2, § 1ᵉʳ) d'autres vestiges d'habitations anciennes ont été trouvés en 1856 par M. Hidé, sur le terroir de Barenton-Cel, à la limite de ceux de Barenton-sur-Serre et de Chalandry (lieudit *les Champs aux Grès*, sous la Petite-Montagne.) Ils consistaient en 3 petites « *cellules* bâties en grès et placées sur une même ligne à une quarantaine de mètres l'une de l'autre. » Enterrées de 2ᵐ 25, elles étaient dépourvues de couverture, remplies de terre depuis des siècles, avaient un fond de béton très dur, d'une épaisseur de 0ᵐ 30 et mesuraient : l'une d'elles 2ᵐ 32 × 2, et une autre 3ᵐ 10 × 2ᵐ 05. On y descendait par un escalier large d'environ 0ᵐ 80, s'ouvrant toujours au levant.

Le sol de ces habitations était recouvert d'une épaisse couche de tuiles à rebord, provenant de la toiture qui s'était effondrée. L'état de ces anciennes demeures et des objets qu'on y rencontra semble indiquer que leurs malheureux habitants furent obligés de les quitter hâtivement et qu'elles durent ensuite être pillées. M. Hidé y trouva notamment « une épingle d'ivoire, une médaille de plomb des plus rares, malheureusement incomplète, représentant Minerve armée et casquée, avec la légende MINER...E... IX, le buste intact d'une figurine d'Isis en terre blanche », une défense de sanglier, des os, un reste de flûte calciné, un amas de poteries diverses et de verre d'un travail très fin, les débris d'une belle fiole à anse en verre, une masse de cendres, de charbons, un poignard et des pointes de flèches en fer, des boutons de cuivre, un fragment de bracelet, une petite bague en bronze ornée d'une pierre d'un jaune transparent, un sifflet en os, une meule brisée en 6 morceaux mesurant 1^m 47 de tour, et à côté 3 pierres à aiguiser portant les traces d'un long usage, un anneau de bronze gravé et 17 pièces de monnaie (dont 9 grands bronzes d'Antonin, de Lucile, de Crispine et de Posthume et 8 bronzes moyens d'Adrien et de Lucile) 1 petit bronze et 1 pièce d'argent de Trajan, une entrée de serrure et 2 équerres en bronze, ayant pu appartenir à un coffre, 1 clef en fer, etc., etc.

M. Hidé pense qu'il existait dans les environs un certain nombre d'habitations gallo-romaines, plus ou moins spacieuses suivant la plus ou moins grande richesse du propriétaire (*Bulletin de la Société académique de Laon, année 1857.*)

Les anciens habitants du canton des Montagnes devaient avoir leur nécropole dans le voisinage, probablement au lieudit *l'Homme Mort*, dénomination usuelle d'une portion du territoire de Chalandry, située sur l'ancien chemin de Barenton-sur-Serre.

§ 6. — Peu de temps avant ladite trouvaille de 1865, comprenant notamment près de 200 pièces de monnaies en bronze aux types de Tétricus et de Posthume, le hasard en avait amené une autre dans les environs. Un article du *Journal de l'Aisne* du 9 octobre 1864, qui se trouve dans la collection Piette aux Archives départementales, en donne la description suivante : « Une découverte intéressante a été faite dernièrement à Chalandry, au pied de la montagne Saint-Aubin, par M. A. Blondelle; 76 monnaies de mauvais argent et de billon, d'assez belle conservation, ont été trouvées dans un vase de terre cuite, comme on en rencontre de temps en temps, dans nos contrées. Elles constituaient probablement le pécule, soit d'un soldat romain, soit d'un simple colon, lors de la sanglante lutte qui décima la Gaule sous les Trente Tyrans. Leur bas titre témoigne de l'état désastreux de la Gaule-Belgique de 238 à 268, époque où elles sont sorties des ateliers monétaires. La plus curieuse et la plus rare de la trouvaille est de Balbinus qui n'a régné que trois mois en 238 ; elle porte au revers : *Fides mutua Augustorum*, 14 à l'effigie de Gordien III ; revers : *Æternitas Augusti, Fides militum, Jovis Stator, Lætitia Augusti, Oriens Augustorum, Securitas perpetua,* Victoria æterna, *Virtuti Augusti,* P. M T. R. PP. II. COS. PP. Une femme assise tenant une palme figure sur l'une des pièces ; un personnage debout tenant une couronne à la main droite est reproduit sur l'autre. 7 à l'effigie de Philippe Ier ; revers : *Annona Augustorum, Felicitas temporum, Fides exercitus, Romæ æternitas,* Virtus Augusti. 1 de Volusien ; revers : *Virtus Augustorum.* 1 de Trajan-Dèce ; revers : *Adventus Augusti.* 3 de Trebonianus Gallus ; revers : *Liberalitas Augustorum, Libertas publica.* 8 de Valérien ; revers : *Fides militum, Oriens Augustorum, Securitas perpetua, Victoriæ Augusti, Virtus Augustorum.* 6 de Gallien ; revers : *Germanicus Augustorum, Salus Augusti, Victoriæ germanicæ.* 26 très communes de Postumius ; revers : *Fides militum, Herculi pacifero, Moneta Augusti, Victoriæ Augusti.* 9 sont aux effigies des impératrices Otacille, Etruscille et Salanine. Otacille et Etruscille ; revers : *Fecunditas Augustæ, Pudicia Augustæ.* Salanine ; revers : *Vesta, Venus felix, Venus victrix.* »

Nombreuses sont les trouvailles isolées faites par différentes personnes, sur divers points du territoire, surtout entre la montagne de Saint-Aubin et la Souche. M. Th. Minost possède plusieurs médailles ou monnaies recueillies à Chalandry ; elles se rapportent toutes aux derniers temps de l'occupation romaine.

Un collectionneur émérite, en l'espèce, fut feu l'abbé Vaillant sus-nommé. Après son décès, arrivé en 1883, on trouva chez lui une potiche pleine de monnaies romaines et de vieux sous que ses paroissiens lui avaient mis à l'offrande. On ne sait ce qu'ils sont devenus.

M. Thiéfin, ancien instituteur, a eu l'obligeance de nous communiquer une liste de monnaies recueillies par lui, alors qu'il exerçait à Chalandry. Elle se compose, à peu près, de tous les empereurs compris entre Vespasien et le second des Constantins.

§ 7. — « La vraie vie et ses besoins habituels » selon la fidèle expression d'Edouard Fleury apparaissent de nouveau, avec les meules romaines (*molæ versatiles, molæ manuariæ*, meules *tournantes, meules à bras*) exhumées du sol de Chalandry.

Vers 1870, des ouvriers exploitant une grévière au lieudit *les Champs à Cailloux*, au-dessus du *Bois Pagnier*, mirent à jour les deux disques d'une meule romaine ou moulin à bras, destiné à réduire les céréales en farine, ainsi qu'un long morceau de fer rouillé, de forme carrée, qui paraît en avoir été le pivot. Ils trouvèrent aussi une autre pièce en fer, ayant l'aspect extérieur d'une sonnette, vraisemblablement l'étui scellé dans le trou central du *catillus*, où pénétrait le goujon de la meule inférieure. Le tout fut vendu, peu après, à l'abbé Poquet.

Ces ouvriers découvrirent encore, à quelques mètres plus loin, une autre meule, nommé *meta* ou *meule gisante*; elle appartient actuellement à M. Joseph Picon, de Chalandry. Elle mesure $0^m 44$ de diamètre sur $0^m 07$ d'épaisseur. Plate d'un côté, légèrement bombée de l'autre, percée au centre d'un trou carré de $0^m 035$ destiné à recevoir un pivot, elle est en calcaire grossier (comme on en rencontre à Mons-en-Laonnois) ce qui l'a dispensée d'être rayée.

Une autre paire de meules a été trouvée *au Champ à la Maie* par M. Prosper Picon qui l'a vendue à M. Th. Minost. La matière de ces meules est une espèce de roche granitique, dite vulgairement *pierre à grains de sel*, à cause des grains de quartz mélangés au ciment siliceux; elle doit provenir des environs de Maquenoise (Belgique). Le disque supérieur, ou *catillus*, mesure $0^m 35$ sur $0^m 10$; l'inférieur, dont la surface est rayée, $0^m 37$ sur $0^m 055$.

§ 8. — Comme preuve suprême de l'occupation du territoire de Chalandry par les Gallo-Romains, on a une trentaine de tombes isolées dans un vaste cimetière franco-carolingien, qui sera étudié au chapitre suivant, § 3. Bornons-nous, pour l'instant, à dire qu'il est situé à proximité du lieudit *Briconville*, dont le nom semble évoquer l'existence d'une ancienne villa gallo-romaine, qui lui fournit probablement ses premiers hôtes.

§ 9. — Les Gallo-Romains furent les contemporains de deux faits historiques très importants : 1º l'invasion des Barbares et 2º la diffusion du Christianisme.

Répandus au-delà du Rhin et du Danube, regardés depuis des siècles comme une perpétuelle menace pour l'Empire, les

Barbares, ainsi que les appelaient par mépris les Romains, devaient finir par triompher de la Rome des Césars. Au commencement du 5° siècle, la Gaule devint le théâtre de leurs dévastations. Tour à tour les Vandales, les Alains, les Suèves, les Burgondes, franchissant le Rhin, se répandirent dans notre contrée, et la couvrirent de sang et de ruines. Les Francs, venus de Germanie, se fixèrent vers l'année 428 dans le nord de la Gaule-Belgique, aux environs de Tournai. Ils commençaient à se civiliser au contact des Gallo-Romains, quand le pays fut à nouveau envahi, en 451 par les Huns, peuple extrêmement barbare et féroce. Partis d'Asie, ils étaient arrivés jusqu'au Rhin qu'ils franchirent sous la conduite d'un chef audacieux et farouche, Attila, qui se faisait appeler le *Fléau de Dieu*. Ils s'avancèrent sur Paris dévastant tout sur leur passage. Toutefois ils ne purent s'emparer de Laon qui leur résista bravement (Dom LELONG). Enfin, les derniers Gallo-Romains, s'unissant aux Francs, aux Wisigoths, aux Burgondes, se placèrent sous le commandement du général romain Aétius; ils détruisirent complètement l'armée d'Attila dans les plaines de Châlons-sur-Marne (451). En 476, Odoacre, roi des Hérules, s'étant emparé de Rome, porta le coup mortel à l'empire d'Occident. La position isolée de Syagrius, qui commandait à Soissons, le rendit indépendant. Il continua à gouverner notre contrée pendant de longues années.

Cependant le Messie avait dit à ses apôtres : « Allez, enseignez toutes les nations » et les courageux disciples, obéissant à la parole du Maître, étaient allés jeter partout les premières semences de l'Évangile. Les pouvoirs publics, contrariés par la diffusion de la nouvelle doctrine, essayèrent en vain de la noyer dans le sang de ses propagateurs et de ses premiers adeptes. La victoire resta au Christianisme qui devint même la religion officielle, après l'édit de Milan rendu en 313 par Constantin-le-Grand.

Dès les temps apostoliques la Gaule avait reçu des missionnaires. Mais le Christianisme n'y avait fait d'abord que peu de progrès. Ce ne fut guère qu'à la fin du 3° siècle qu'il s'établit dans notre pays d'une manière définitive. Saint Quentin, dans le Vermandois, saint Crépin et saint Crépinien, dans le Soissonnais en furent les ardents prédicateurs, tandis que les vertus d'un pieux solitaire, saint Béat, contribuaient puissamment à la conversion du pays Laonnois.

Le 4e siècle marque une période de large extension pour le Christianisme : ce fut le siècle de saint Martin, l'ardent et austère missionnaire, l'intrépide apôtre des Gaules, dont tant de paroisses portent le vocable. Le 5e siècle, celui de saint Sidoine Apollinaire et de saint Remi, marque de plus une période d'influence considérable des évêques, dans la société, déjà en majeure partie chrétienne.

Dans cette évolution religieuse, quelle fut la part de nos modestes campagnes? L'Evangile y fut accueilli avec moins d'empressement que dans les villes; le nom de paganisme, ou religion des campagnes (de *pagus, village*) donné au culte des faux dieux, atteste que l'idolâtrie y trouva son dernier refuge. Cependant l'Evangile y fut annoncé, des temples construits; beaucoup de villages ont pris même leur nom des premières chapelles chrétiennes élevées sur leur territoire (Abbé PÉCHEUR, *Annales*, t. 1, p. 77.)

Il existe un souvenir local qui semble indiquer que l'Evangile a été prêché de bonne heure ici, c'est le *Moustier* de Chalandry. *Le Moustier, la Voye du Moustier, les fossés du Moustier*, sont des termes qui se rencontrent plusieurs fois dans les dénombrements seigneuriaux de 1536, 1597 et 1606 (A. A. H, 55 et B, 2880). Le *Moustier*, situé à l'Est du village, occupait, à peu près, tout le terrain compris entre la ruelle extérieure appelée de toute ancienneté *Rue de la Chapelle* et la rue de l'Eglise. Au 18e siècle à la place de l'école et des maisons adjacentes, il y avait une chènevière appartenant au chapitre cathédral de Laon; ces immeubles, y compris le *Pavillon*, formaient autrefois le *Clos du Moustier*. Dans les jardins tenus aujourd'hui par MM. Blondelle-Potart et Lebrun-Turquin, on a retrouvé plusieurs squelettes qui attestent l'existence d'un petit cimetière antique (*voir infrà*, ch. 7, § 5). Pourquoi cette dénomination de *Moustier* alors que de mémoire d'hommes, il n'y a jamais eu de monastère, ni même de prieuré à Chalandry? Il nous a semblé plausible d'en chercher l'explication dans l'existence d'un ancien oratoire qui y aurait été édifié dès les premiers temps du Christianisme. A l'appui de cette assertion citons encore le savant annaliste du Diocèse, l'abbé Pécheur : « On appelait baptismales, celles des églises rurales où l'on administrait solennellement le baptême et les autres sacrements..... On leur donnait aussi le nom de *monastère* à cause qu'il y avait un plus grand nombre ds clercs attachés à ces églises, qu'aux autres oratoires. » (*Annales*, t. 1, p. 95.)

Le *Monastère* ou *Moustier* (1) de Chalandry fut-il primitivement une de ces églises baptismales desservies par plusieurs clercs, un de ces centres d'où rayonnait aux environs la lumière de l'Evangile et où affluait, à certains jours, la population chrétienne des alentours? Il est permis de le supposer. Bien avant que la paroisse fut dédiée à saint Aubin, l'illustre évêque d'Angers, Chalandry aurait eu ainsi sa première chapelle chrétienne *(suprà*, § 2.)

---

(1) « *Moustier :* Forme française de *monasterium*. S'est employé au moyen-âge pour désigner non seulement un *monastère*, mais aussi une *église quelconque.* » (*La Grande Encyclopédie*).

CHAPITRE IV

Epoque Franco-Carolingienne

§ 1ᵉʳ. — L'INVASION FRANQUE ET LES PREMIERS ROIS.

§ 2. — POPULATION DU VILLAGE.

§ 3. — UN ANCIEN CIMETIÈRE ; NOMBRE, DATE INITIALE ET FINALE, SITUATION, PROFONDEUR, INTÉGRITÉ DES SÉPULTURES. — INVENTAIRE DES FOUILLES.

§ 4. — PETIT APERÇU HISTORIQUE.

§ 1ᵉʳ. — En 486, les Francs, établis depuis plus d'un demi-siècle dans le Tournaisis, quittèrent ce pays et, sous la conduite d'un jeune chef Klodowig ou Clovis, marchèrent résolument contre Syagrius. La victoire de Soissons leur assura la souveraineté sur toute notre contrée. D'autres succès les rendirent bientôt maîtres du reste de la Gaule.

Clovis, comme chef de la guerre, s'empara des vastes propriétés du domaine impérial et s'en servit pour les distribuer en *bénéfices* à ses compagnons d'armes ; ce fut là l'origine des *fiefs* et le principe du *régime féodal*. Les fiefs de *la Motte*, de *l'Arche* et de

Brissy, situés sur le territoire de Chalandry datent probablement de cette époque (*infrà*, ch. 6, § 1ᵒʳ.)

D'après l'historien H. Martin, l'établissement des Francs dans les cantons situés entre la Somme, l'Oise, l'Aisne et la Marne fut accompagné de violents bouleversements. Tout le pays, ville et campagne, fut pillé de fond en comble. C'était une contrée riche, fertile ; la crise de la conquête dut y être d'autant plus terrible. Contrairement à cette opinion, nous pensons que les grands propriétaires gallo-romains ne furent pas tous dépouillés de leurs domaines. C'eut été d'une mauvaise politique ; il restait bien d'ailleurs de quoi payer ou récompenser les services des envahisseurs avec le sol inoccupé. Les vaincus qui reconnurent l'autorité de Clovis, conservèrent leurs maisons et leurs terres. Elles formèrent alors ce qu'on appela *des alleux* (du germain *all, od, toute-propriété*) tandis que les domaines concédés aux Francs furent nommés *bénéfices*, et plus tard *fiefs* (du germain *fe, fidélité, od, propriété ;* — en latin *feodum ;* d'où les mots *féodal, féodalité.*) — (*Infrà*, ch. 6, § 1ᵒʳ.)

Avec le temps, Clovis encore païen, apprit à connaître et à révérer ce clergé gallo-romain que le peuple tenait en haute considération. L'archevêque de Reims, saint Remi, devint son ami et son conseiller. Il se fit baptiser en 496, et témoigna sa bienveillance aux églises, surtout à celle de Reims, en leur donnant aussi des bénéfices. Ses successeurs imitèrent son exemple.

A la différence des empereurs et des gouverneurs romains, les princes mérovingiens séjournaient, dans les loisirs de la paix, à la campagne, plutôt qu'à la ville. Ils y possédaient de vastes fermes ou villas dont les revenus servaient à leur entretien. Crécy-sur-Serre, d'après la *Notice* D'ADRIEN VALOIS et Dom LELONG, en était une. La région avoisinante, encore couverte en grande partie de forêts où abondait le gibier de toute sorte, leur procurait des chasses magnifiques. Le lieudit la *Franche-Porée*, entre Chalandry et Chéry, semble être une corruption de *Franche-Forêt* ou *Forêt-Franque* et paraît indiquer que ce canton était jadis boisé. Les lieux-dits la *Folie* ou *Feuillye, Feuillée* (de *folium, feuille*) voisin du précédent et la *Carbonnière* (endroit où l'on faisait du charbon de bois) prêtent à la même supposition. Il en est encore d'autres dans le même cas ; ils ont été indiqués au livre préliminaire, dans la liste des lieux-dits du territoire.

§ 2. — Pendant la période franque, la population du village, si faible au 4e siècle, s'accrut progressivement. Les anciennes métairies ou villas, disséminées dans la campagne, auront probablement commencé à se grouper le long de la rivière, vers l'endroit où le village existe encore actuellement. On pourra juger de sa population d'après les inhumations constatées dans un cimetière antique récemment découvert et fouillé (*infrà* § 3). Durant toute la période franco-mérovingienne, c'est-à-dire de 486 à 752 (soit en 266 ans) leur nombre s'y est élevé à onze ou douze cents, ce qui donne une moyenne annuelle d'un peu plus de 4. En supposant que la mortalité ait été environ de deux pour cent par an, cette moyenne représenterait une population de près de 250 habitants ; quelques siècles plus tard, au 18e par exemple, elle n'était pas beaucoup supérieure (*Voir infrà*, l. 2, ch. 5, I, § 1er.)

§ 3. — Le cimetière qui vient d'être mentionné était situé à un kilomètre environ au Nord-Ouest du village actuel, au point culminant du chemin allant de Chalandry à Pouilly, aux confins du territoire de Crécy-sur-Serre. Le lieudit d'après le plan cadastral est la *Terrière*.

Lorsqu'en 1841 on construisit le chemin ci-dessus mentionné, les ouvriers terrassiers mirent à jour quelques cercueils en pierre. L'attention fut éveillée et, en examinant de près les terres avoisinantes, on acquit vite la certitude de l'existence d'un ancien cimetière. Quelques débris de poteries et d'ossements soulevés çà et là par les instruments de labour, l'attestaient d'ailleurs surabondamment. La superficie de cette petite nécropole pouvait être d'environ un hectare. Sur les instances de M. Th. Minost, M. Lelaurain de Monceau-le-Neuf, archéologue bien connu dans la région, les fouilla de septembre 1892 à mars 1893. Restait un petit coin à explorer, il le fut en janvier 1900 par M. Delvincourt, de Crécy, auteur de plusieurs fouilles remarquables et collectionneur émérite ; nous avons suivi ses opérations et en connaissons le résultat *de visu* : 2 verreries, 6 poteries, quelques perles, plusieurs sarcophages, le tout de l'époque mérovingienne. Les premières fouilles, beaucoup plus sensationnelles et plus riches, nous sont connues grâce à l'extrême obligeance de M Th. Minost, acquéreur d'un certain nombre de pièces, et de M. Th. Eck, conservateur du musée de Saint-Quentin; M. Eck en dressa un rapport officiel, que nous reproduisons plus loin, en ajoutant quelques renseignements inédits, que l'aimable auteur a bien voulu nous communiquer. Enfin, M. Lelaurain lui-même a été habilement interviewé pour nous, à ce sujet, par M. Vollereaux, notre compatriote, instituteur à Monceau-le-Neuf.

L'antique cimetière de Chalandry était en majeure partie franco-mérovingien. Onze à douze cents tombes représentaient le mérovingien, une trentaine le gallo-romain, et deux ou trois cents le carolingien. Soit un total général d'environ quinze cents sépultures.

Les tombes gallo-romaines étaient creusées sur le bord du petit orle qui domine la vallée; il y en avait même jusque dans le bosquet qui s'y étage sur le versant nord. Leur orientation, pieds au nord, les poteries d'un beau rouge verni qu'elles renfermaient, ont permis de les spécifier. Leur profondeur atteignait environ 2 mètres. D'après M. Th. Eck, elles dateraient du 4° siècle.

Les sépultures mérovingiennes se suivaient par rangées régulières, avec une orientation quelque peu différente, les pieds au levant ou légèrement au nord-est. Elles avaient de plus une profondeur fort variable. Il a été rencontré des fosses profondes de 0^m 60 seulement, alors que d'autres atteignaient près de 3 mètres. De plus, on a remarqué que leur largeur était beaucoup plus grande qu'ailleurs. Simple habitude locale, paraît-il.

Les mêmes observations peuvent s'appliquer aux tombes carolingiennes. Celles-ci étaient du reste mêlées aux précédentes et n'avaient pour ainsi dire pas d'emplacement spécial.

Les conjectures sur la date finale des inhumations, faites en ce lieu, indiqueraient le 10° siècle. A cette époque s'établit, en effet, la mode de placer les cimetières autour des églises; il dut en être ici comme ailleurs. Lorsqu'en 1867 on creusa les fondations du clocher de l'église actuelle, on trouva des poteries du Moyen-Age, ce qui semble indiquer que le cimetière d'aujourd'hui aurait succédé immédiatement à celui de *la Terrière*.

Un certain nombre de ces sépultures antiques, dont plusieurs étaient très riches, ont été violées par des barbares qui enlevaient les armes, ou par des fossoyeurs, peu scrupuleux, que tentaient les objets précieux, les bijoux. Cependant les fouilles donnèrent des résultats satisfaisants.

Celles du cimetière mérovingien « touchaient à leur fin lorsqu'en décembre 1892, intimement liées avec lui, M. Lelaurain mit à jour et fouilla environ 35 tombes gallo-romaines, remontant à l'époque constantinienne, c'est-à-dire au 4° siècle de notre ère. De fort beaux verres, l'un d'eux un *præfericulum* superbe, de 0^m 30 de hauteur, des bronzes, des bijoux, une cuillère en argent, des colliers, des monnaies d'argent et de bronze, des vases en cuivre et en terre cuite noire, grise et rouge, y ont été exhumés et sont venus en partie à Saint-Quentin compléter certaines collections particulières. . . . . . . Une localité qui remonte à Constantin, c'est quelque chose. »(*Extrait d'une lettre de M. Th. Eck, du 5 décembre 1900.* »

Voilà pour le gallo-romain, et voici pour le mérovingien :

« Sans nous attacher aux menus objets, complément ordinaire des tombes du 5° et du 6° siècle, nous signalerons cependant parmi les armes trouvées : 15 francisques de la forme si connue, environ 20 lances à douilles creuses de différentes longueurs, 2 angons (cette arme est partout d'une insigne rareté), une épée et de nombreux couteaux. D'élégantes plaques de ceinture en bronze, longues et étroites, aux enroulements compliqués et se composant de 3 pièces indépendantes ; de longues épingles filiformes avec un cube facetté dans le centre ; des fibules perroquet, d'autres à cuvettes rondes en argent et bronze, pourvues de filigranes, de grenats ou de verroteries ; une croix pattée à branches égales, en argent massif, ayant tenu lieu de fibule et portant, entaillée dans le centre, la croix avec ce signe dont certains archéologues ont voulu faire les clous de la Passion ; des bagues, plusieurs colliers formés de perles d'ambre, de pâte céramique et de verre émaillé, nous indiquent maintenant les 7° et 8° siècles. Avec une trentaine de vases noirs striés de zones en relief et horizontales ou décorés de fleurons, il a été recueilli 6 verres brisés ou intacts ; 3 coupes apodes en verre incolore sont particulièrement belles. Fort habilement et avec une grande sûreté de main, le verrier de l'époque les a décorées sur la panse d'élégants festons d'une régularité parfaite et, près du bord, d'un triple filet en émail blanc laiteux. » (TH. ECK, *Bulletin archéologique du comité des travaux historiques*, 1893, n° 1.)

Cet inventaire est forcément incomplet, l'auteur n'ayant suivi que la moitié des fouilles. Heureusement que le riche musée de M. Th. Minost est là pour nous renseigner, en grande partie, sur le surplus ; il renferme notamment les objets suivants qui en proviennent : deux superbes poteries gallo-romaines, d'un beau rouge vernissé, de fabrication assez simple, mais soignée (elle contiennent encore les ossements de volailles trouvées avec elles); plusieurs verreries ou petites ampoules, dites parfois lacrymatoires ; une fibule circulaire en bronze doré ; deux fibules digitées en argent doré ; un gros bracelet en argent natif ; des bagues ornées de grenats ; des colliers de perles en verre émaillé. Un petit joyau, rarissime et peut-être unique au monde, au dire d'un savant archéologue qui a visité les plus importants musées d'Europe, a par-dessus tout captivé notre curiosité. C'est une fibule, de forme carrée, en émail incrusté ou cloisonné, mesurant trois centimètres de chaque côté. Au centre, se trouve un buste d'adolescent, vu de face; l'émail de la figure est d'un blanc d'ivoire avec un peu de rouge aux pommettes ; les yeux sont faits d'un mince filet d'or formant pupille et d'un double trait bleu foncé simulant les sourcils, les cheveux bouclés sont de même couleur, un filet de cuivre encadre toute la tête ; le reste est formé d'un émail vert foncé, piqué d'une turquoise à chacun des angles. Ce bijou, d'une très grande valeur, est probablement un de ces émaux cloisonnés, comme on en faisait vers la fin de l'époque mérovingienne, c'est-à-dire aux 7e et 8e siècles. M. Pilloy, savant archéologue, l'attribue au 12e siècle. Il n'a pas été trouvé dans une tombe, mais dans les terres remuées pour faire les fouilles. A signaler encore un magnifique fermoir de bourse, entièrement recouvert de plaques de grenats et d'émaux, ayant la forme d'un serpent.

Une cinquantaine de tombes environ renfermaient une arme quelconque ; M. Th. Minost en a composé une panoplie comprenant : la grande épée, de 1 mètre à peine ; la lance ordinaire ou framée ; la lance avec crochet, ou angon ; les armes de jet, ou haches dites franciques ; le grand couteau ou scramasax ; l'umbo ou partie en fer du centre du bouclier, en forme de champignon ; enfin d'autres menus objets complétant le mobilier portatif du soldat en campagne.

Nos aïeux inhumaient leurs morts, parfois dans un simple linceul, d'autres fois dans des cercueils façonnés de planches très épaisses, dont il ne reste plus que les gros clous d'attache. Dans le cimetière de Chalandry, il y avait aussi des cercueils en plâtre. Les plus riches étaient taillés dans une pierre calcaire très dure ne paraissant pas provenir des carrières locales. Les fouilles de 1900 en ont donné une vingtaine avec leurs dalles de recouvrement : quatre ou cinq sont devenus la propriété d'amateurs. Le surplus est resté enfoui sur place. Ils constituent un poids énorme, difficilement maniable. Sur les dalles, on observe des arabesques variées : cercles, demi-cercles, triangles, rose des vents, lignes brisées et même des dessins grossiers de serpents, de chevaux et de renards. Selon les antiquaires, ces monuments funéraires ne remonteraient pas au-delà du 7º siècle. Ils sont presque toujours vides d'objets précieux ; ayant été plus désignés que les autres à la rapacité de ces faux archéologues, les fossoyeurs du Moyen-Age.

§ 4. — Lorsque, sur les bancs de l'école, le maître apprend aux enfants l'histoire de nos ancêtres, ils ont bien de la peine à se les représenter tels qu'ils étaient ; les voici eux-mêmes ces hommes couchés dans leurs tombeaux, entourés des objets de leur époque, des vases ayant servi à leur vie de chaque jour, des bijoux dont ils se paraient, des armes avec lesquelles ils bataillaient. Tout cela laisse deviner l'affection et le respect dont les défunts étaient entourés, en même temps que la croyance à une vie meilleure, à l'immortalité de l'âme. Il fallait qu'ils se présentassent décemment dans l'autre monde. C'est pourquoi on revêtait le défunt de ses plus beaux vêtements, on lui mettait un vase plein d'aliments, une coupe pour son breuvage ; parfois, surtout si c'était un gallo-romain, on lui plaçait une pièce de monnaie dans la bouche, ou dans la main, pour payer au gardien le droit d'entrée exigé au seuil de l'au-delà. On tournait assez scrupuleusement sa dépouille mortelle vers l'Orient, pays de la lumière, symbole du renouveau et de la vie immortelle : ce qui, par la seule force de la routine, dura longtemps encore après la diffusion du Christianisme.

Nos aïeux mérovingiens aimaient déjà la parure et le luxe ; l'or, les pierres précieuses qu'ils portaient en sont une preuve évidente. L'art qu'on observe sur ces bijoux est d'un goût délicat, il a même souvent servi de modèle à nos artistes modernes.

Il faut croire que le métier de Mars était alors honorable entre tous ; car, ceux qui avaient porté les armes, les conservaient auprès d'eux, même après la mort. Il est probable que celles qu'on a exhumées du sol de Chalandry, ont été des instruments de victoire, ou tout au moins qu'elles ont participé à toutes les actions mémorables qui se sont déroulées dans la région, depuis Clovis jusqu'à Hugues Capet : d'abord à la victoire des Francs sur les Gallo-Romains (486) puis, aux luttes fratricides des fils de Clotaire (rivalité de Frédégonde et de Brunehaut); aux démêlés du farouche Ebroïn et du roi de Neustrie, Thierry, réfugié dans sa villa de Crécy-sur-Serre (675); aux guerres civiles qui marquèrent la fin du règne des Carolingiens; à la pénible guerre défensive contre les Normands, ces hardis pirates qui pillaient villages, églises, châteaux et qui inspiraient une terreur si grande que l'invocation : « De la fureur des Normands, délivrez-nous Seigneur », fut alors ajoutée aux litanies publiques (843, 883 et 925.)

CHAPITRE V

La Seigneurie de Chalandry

§ Ier. — TROIS CHARTES DE 1134 ET DE 1136. HOMMAGE AU ROI DE 1385.

§ 2. — PROPRIÉTÉS APPARTENANT A L'ABBAYE DE SAINT-JEAN DE LAON : LA TRÉSORERIE; LA PRÉVOTÉ; LA CENSE DE PIERRECOURT; LE MOULIN; LE FOUR BANAL.

§ 3. — SES AUTRES REVENUS; DROITS DE JUSTICE, DE MUTATION, DE CENS, D'AFFORAGE, DE TAILLE, ETC.; LA DIME.

§ 4. — LES AVOUÉS DES SEIGNEURIES DE SAINT-JEAN.

§ 5. — FAITS LOCAUX DIVERS : VENTES PAR HENRI IV ET PAR PLUSIEURS. — CONFLIT DE JURIDICTION ENTRE L'ABBAYE ET LE SEIGNEUR DE LA MOTTE ; UN PROCÈS QUI DURA 15 ANS.

§ Ier — La terre de Chalandry resta probablement dans le domaine royal jusqu'au 7e siècle ; un roi de la première dynastie l'aura donnée, vers cette époque, avec les droits qu'elle payait au fisc, la pêche et les moulins, à une abbaye qui devint plus tard celle de Saint-Jean de Laon (1). Trois chartes de 1134 et 1136 établissent que le « village et la seigneurie de Chalandry étaient possédés par cette abbaye depuis une longue suite de temps. »

La charte de 1134 ne comprend que les biens du monastère situés dans le diocèse de Laon où se limitait la juridiction de l'évêque Barthélemy de Vir, qui l'octroya. Quant aux autres biens, situés dans les diocèses de Reims, de Châlons et de Toul, dans le Bassigny et le Barrois (Lorraine) l'abbé Dreux ou Drogon (1128-1137) les fit confirmer conjointement avec les autres, par une charte du pape Innocent II, datée à Pise de 1136, ainsi que par une autre charte du roi Louis-le-Gros, donnée à Saint-Germain-en-Laye la même année (1136). Elles étaient conçues à peu près dans les mêmes termes, aussi reproduisons-nous seulement par extrait celle de Louis-le-Gros :

« In nomine sanctæ et individuæ Trinitatis, ego Ludovicus, Dei gratia Francorum rex, tam modernis quam posteris notum esse volumus, monasterium beatæ Mariæ et beati Joannis regalis abbatiæ, quod in civitate Laudunensi situm est, divina, ut credimus, inspiratione, bonorum illustriumque virorum consilio ac nostræ serenitatis assensu, in sacræ religionis ordine reformatum. Ejecta siquidem mulierum spurcitia, quarum vita et civitati pernicies et ipsi monasterio puteus erat interitus, fidelium nostrorum tam episcoporum quam abbatum unanimi electione, abbatem inibi ac religiosæ vitæ monachos ad honorem

« Au nom de la sainte et indivisible Trinité, moi, Louis, par la grâce de Dieu, roi des Francs, à tous présents et à venir voulons faire savoir que le monastère de l'abbaye royale de la bienheureuse Marie et du bienheureux Jean, situé en la cité de Laon (plus tard abbaye de Saint-Jean de Laon) a été par un effet de l'inspiration divine, comme nous le croyons, et d'après les conseils d'hommes vertueux et illustres, et avec l'assentiment de notre sérénité, réformé au point de vue de la discipline religieuse. Ayant congédié les femmes déréglées, dont la vie était un scandale pour la cité et un puits de mort pour le monastère lui-même, nous avons décrété, par suite du choix unanime de nos

---

(1) L'ancienne abbaye de Saint-Jean de Laon est occupée depuis 1790 par la Préfecture de l'Aisne.

Dei et coronæ nostræ gloriam sanximus institui. Quorum paci ac quieti in posterum providentes, regiæ majestatis præcepto statuimus ut in omnibus, salvo jure regio et consortis nostræ Adelaidis reginæ dotalitio, abbas et monachi quibus idem locus perpetuo deputatus est, quiete ac libere teneant quæcumque *ex antiquo*, donationibus prædecessorum nostrorum regum, pontificum, sive quorumlibet fidelium, ad ipsum beatæ Mariæ et beati Joannis monasterium collata sunt et possessa : quorum nomina placuit annotari : Ecclesiam beati Petri ipsi monasterio beati Joannis contiguam, utpote de rebus et possessionibus ejusdem monasterii fundatam, cum omnibus appenditiis suis ; villam et potestatem Cryciaci cum ecclesia et cum appenditiis suis, Montiniaco videlicet et majori parte de Cepleio cum piscatione, molendinis, aquis aquarumque discursibus ; duas villas, Parniacum scilicet et Buscum, et decimas ad casas ecclesiarum pertinentes ; *villam et potestatem Kalendreium, piscationem cum molendinis ;* duos viculos, Gunhardi insulam et Abailardum cum piscatione ; terras, culturas, prata et molendinum, perti-

fidèles évêques et abbés, d'y substituer pour l'honneur de Dieu et la gloire de notre couronne un abbé et des moines de vie religieuse. Afin de pourvoir à leur paix et tranquillité, nous avons décrété, par précepte de notre majesté royale, sans préjudicier toutefois au droit royal et aux droits dotaux de la reine Adélaïde notre épouse, que l'abbé et les moines auxquels ledit lieu a été adjugé pour toujours, détiennent tranquillement et librement tout ce qui a été conféré, *depuis les temps anciens*, par donations des rois nos prédécesseurs, des évêques ou des simples fidèles, au monastère lui-même de la bienheureuse Marie et du bienheureux Jean. Voici la désignation de ces biens : L'église du bienheureux Pierre, contigüe au monastère lui-même de Saint-Jean, comme ayant été bâtie des deniers et sur le fonds du monastère, avec toutes ses dépendances ; la terre et la seigneurie de Crécy, avec l'église et ses dépendances, savoir Montigny et la plus grande partie de Ceply avec la pêche, les moulins, les eaux et les cours d'eau de ces endroits ; les deux villages de Pargny et de Bois et les dîmes servant à entretenir les églises ; *le village et la seigneurie de Chalandry, avec la pêche et les moulins ;* les deux hameaux de l'île de Gunard (Cohartille) et d'Aboilard (lieudit entre Cohartille et Barenton-sur-Serre) avec la pêche des mêmes endroits ; les terres, coutures, prés et

nentia ad partem de Givereio; terras de Frigido Monte et de Sayrcio....., villam et potestatem Voyannam......, villam Busigneium cum molendino et furno et terram viculi quæ dicitur Kameron, et in omnibus villis supradictis mansum indominicatum cum banno et justicia, furno et tabernis.....
Hæc igitur omnia quæ præfato beatæ Mariæ et beati Joannis monasterio *longa jam temporum serie collata sunt et possessa,* ut integra in futurum illibataque permaneant, regiæ majestatis præcepto statuimus. Quod ne valeat oblivione deleri, scripto commendari præcepimus, et ne possit a posteris infirmari, sigilli nostri auctoritate et nominis nostri karactere subterfirmavimus.

« Actum publice apud Sanctum Germanum in Leya, anno Incarnati Verbi millesimo C° XXX° VI° regni nostri XX° VIIII°, annuente Ludovico filio nostro in rege sublimato anno IIII°, annuente etiam nostra Adelaide regina; astantibus in palatio nostro quorum nomina subtitulata sunt et signa : S. Radulfi, dapiferi nostri, Viromandorum comitis; S. Guillermi buticularii; Signum Hugonis, constabularii; S. Hugonis, camerarii. Data per

moulins de Giveri (aujourd'hui Juvry, lieudit entre Barenton et Cohartille; les terres de Froidmont et de Saircie......., le village et la seigneurie de Voyenne....., la terre de Busigny avec le moulin et le four et la terre du hameau appelé Cambron (dépendance de Fontaine-les-Vervins) et dans toutes ces terres ou villages l'abbaye a droit d'avoir une maison seigneuriale, d'y convoquer le ban, d'y faire rendre la justice, d'y posséder des fours banaux, d'y jouir du droit d'afforage.........
Donc, tous ces biens qui ont été conférés audit monastère de la bienheureuse Marie et du bienheureux Jean et *possédés par lui depuis une longue suite de temps,* nous avons décrété, par précepte de notre majesté royale, qu'ils lui demeurent à l'avenir intacts et inviolables. De peur qu'on ne vienne à l'oublier et qu'on n'infirme nos volontés, nous l'avons fait mettre par écrit et l'avons confirmé ci-dessous de l'autorité de notre sceau et de notre signature.

« Fait publiquement à Saint-Germain-en-Laye, l'an de l'Incarnation du Verbe 1136, la 29ᵉ année de notre règne, du consentement de Louis notre fils, roi associé depuis quatre ans, du consentement aussi de la reine Adélaïde, et en présence de ceux dont les noms et les signatures suivent : Raoul, sénéchal, comte

manum Stephani, cancellarii. » (B. N. *Cabinet des Chartes,*
carton 42, année 1136, et *Bibl. de Soissons, collect. Perin,* 3450.)

de Vermandois ; Guillaume, bouteiller ; Hugon, connétable ;
Hugon, chambellan. Donné par la main d'Etienne, chancelier. »

En 1385, l'Abbaye de Saint-Jean de Laon présentait au Roi
le dénombrement de ce qu'elle possédait à Chalandry, en ces
termes :

« . . . . . Item à Chalendry. — Nous avons une autre ville
assez près de Crécy, appellé Chalendry, en toute justice et seigneurie haute, moyenne et basse et aussi dou larron et de la
larronnesse pareillement comme il est déclaré, pour nous et
monseigneur de Coucy, cydessus pour les villes de Pargny et de
Bois. Item nous avons en icelle ville une maison, ung colombier
et tout le pourpris ainsi comme il se comporte. Item nous avons
en terres arables que bonnes que mauvaises 6 anées et 3 jalois
ou environ. Item on nous doit chacun an sur plusieurs héritages
de menus cens a paier a Saint-Remy 3 sols 4 deniers ou environ
portant amendes et justice. Item un four banault qui peut valoir,
déduit les réfections, 20 sols par an ; un molin a grains banault
et un molin a oille qui n'est mie banault qui puet valoir par an,
déduit les réfections, 6 anées de blé ou environ et demi anée
d'oille de navette. Et avons toute justice en la rivière et tel droit
que nulz n'y peut pescher se il n'a la maille du roy. . . . » (A. N.
P, 136; folio 62. *Hommage et aveu des biens et fiefs de Saint-Jean
de Laon au Roi, année 1385.*)

§ 2. — Les revenus que le monastère tirait de Chalandry
étaient de deux sortes : les uns provenaient d'immeubles qu'il
exploitait à titre de propriétaire ; les autres provenaient de ce
qu'on est convenu d'appeler *droits seigneuriaux ou domaniaux.*

Il existe encore aux archives départementales de l'Aisne
quelques titres concernant des acquisitions faites par l'abbaye
à Chalandry. Les voici d'après l'*Inventaire* de M. Matton :
Constatation par Hugues de Bizuntio, official de Laon, que
Robert, clerc à Chalandry, a donné à l'abbaye une rente de
deux deniers sur une maison sise à Chalandry (mai 1265, H, 50)
que Pierre Libaveur et Adéa, sa femme, ont constitué envers
cette abbaye, moyennant 43 sous parisis, payés comptant, un

cens de 5 sous parisis, exigible à Laon, le lendemain de la Toussaint, sur leur maison de Chalandry (mai 1265). Reconnaissance devant l'officialité de Laon, par Pierre dit l'Echevin et Adéa, sa femme, que cette maison est grevée d'une servitude de passage au profit de Robert de Chalandry, pour aller chercher de l'eau coulant derrière ladite maison (mars 1271). Bail viager fait devant l'officialité de Laon, à Perrequart, par Hersende, femme de Jean dit de Bescherel, de deux terres à Chalandry, lieudit les Perrières, moyennant un fermage annuel de trois jallois de seigle loyal et marchand, à la mesure de Laon, exigible à Richemont (*apud Rigidimontem*) le jour de la Toussaint (juillet 1275). Cession des droits desdits bailleurs à l'abbaye de Saint-Jean, moyennant cent sous parisis (1281 avril, 3° férie avant Quasimodo).

Vente sous le scel du bailliage de Vermandois par Jean le Sellier, à l'abbaye de Saint-Jean, représentée par Pierre de Derci, son prieur, moyennant 50 sous parisis, de 30 verges de bois à Chalandry, lieudit en Rustille (février 1317), etc. . . . . . .

Parmi les immeubles que l'abbaye possédait ici, il convient de noter la *Cense de la Trésorerie*, le marché de terres de la *Prévôté* et le *Moulin*.

La *Trésorerie* était une petite ferme située à l'extrémité Nord-Ouest du village, sur l'emplacement qui porte encore aujourd'hui le même nom. Elle fut détruite, vers 1785, par un violent incendie et non rebâtie. Son nom lui venait, sans doute, de ce que, dès la plus haute antiquité, ses revenus servaient à constituer ou à parfaire le traitement du trésorier du monastère. Dans le pays, on dit communément que ce nom vient de ce que la terre y est très bonne, « qu'elle vaut un trésor. »

Le marché de la Trésorerie se composait encore en 1789 de 36 jallois 31 verges de terres et de 207 verges de prés (1).

---

(1) *Tableau des mesures en usage ici avant 1789. Mesures agraires* : le jallois ou arpent était de 120 verges. La verge était tantôt de 12 pieds de 12 pouces chacun (grande verge ou grande mesure); tantôt de 11 pieds de 12 pouces chacun (petite mesure). La grande verge équivalait à 51 mètres carrés, la petite à 43. L'arpent ou jallois, à la grande mesure, équivalait donc à 61 ares 20 centiares et, à la petite mesure, à 51 ares 60 centiares. Pour les prés, on disait communément une faulx de pré; même distinction que plus haut. Cependant au 18e siècle, la mesure d'ordonnance, tendant à se généraliser, était la faulx de

Les conditions de la location étaient en 1786 outre les cens et droits seigneuriaux« de 300 livres en espèces sonnantes, un cent de gerbes de froment, 100 bottes de bon foin du poids au moins de dix livres, 4 livres de cire blanche façonnée propre au service de l'autel, et deux forts chapons vifs et en plumes, payables le 11 novembre. » (A.A. H, 52.)

Le *marché de la Prévôté* dont les revenus étaient primitivement attribués à l'office de prévôt de Saint-Jean, contenait 29 jallois et demi de terres et 19 cartels de prés, « baillés en 1786 à la redevance de dix asnées de méteil, 200 livres en argent, 100 bottes de paille, une livre de cire et deux chapons. » (A.A. H, 53.)

Outre ces deux principaux marchés de terres, l'abbaye possédait encore *la Cense de Pierrecourt* dont une partie était située sur le territoire de Chalandry et le surplus sur Crécy.

Ce monastère était en outre propriétaire du « Molin » qu'il louait en 1415, 61 livres d'argent; en 1458, 56 livres tournois plus 24 lots d'huile, 2 grosses livres de cire et 4 sols parisis. Le 3 juillet 1488, Roland Cane et Thomasse, sa femme, prenaient « à tiltre de cense, ferme ou louage de Pierre Dasmerie, seigneur de la Mothe-les-Challendry, bourgeois demourant à Paris, les maisons étables tenant icelles aux deux molins à bled et un tordoir à huille près d'iceux, pescheries, usines et autres appartenances et appendances d'iceux, nommé le molin de Challandry séant près ladite Mothe et appartenant en usufruit audit Pierre Dasmerie, bailleur, avec une faulx et 10 verges de terres séant en la prie (prairie) dudit Challandry et 60 verges de prez assys au terroir de Crécy... » Ce bail fut fait pour 9 ans, à la charge de payer « la somme de 56 livres de monnoie royal de cense, a 4 termes de payement en l'an .....; ... item un toynelet d'huille contenant 12 lotz ou environ...; item seront tenus iceux preneurs de tordre et faire tordre et mettre en huile franchement au profit d'icelui Dasmerie, chacun an 6 cacques d'huile a leur

---

100 verges pour les prés, et le jallois de 120 verges (petite mesure) pour les terres.

Mesures de capacité : le cartel ou boisseau (23 litres, 1 déc.); l'asnée ou charge d'un âne, 12 cartels; le pugnet, un quart du cartel.

Monnaies : Rappelons que la livre valait 20 sols, le sol 12 deniers, le liard 3 deniers; l'écu, au cours général, 3 livres.

despens en leur baillant et livrant par icelui Dasmerie, bailleur, la navette ou autres grains pour ce faire avec les vaisseaux pour les envaisseler ; item seront tenus de mouldre à demy mouture et mouldre avant tous autres tous les bleds et autres grains qui par ledit bailleur, les censiers de l'hostel de la Mothe et pareillement de l'hostel et maison de la demoiselle de Ciny dudit Challandry seront portés esdits molins, ainsi que lesdits sont chargés et tenus de tout temps..... Item sont et seront tenus iceux preneurs et leurs hoirs de defretter et acquitter lesdits molins envers les relligieux abbé et couvent de Saint-Jean de Laon de la quantité de 34 asnées de bled, tel bled qu'iceux moulins gaigneront chacun jour, sans y faire fraude avec 24 lots d'huille, 2 grosses livres de cire et 4 sols parisis, aux termes et en la manière accoutumé qu'icelui Dasmerie est tenu à payer auxdits relligieux..... fait le 5º jor de juillet, l'an 1488. (Signé) Delenal (notaire) ». (A. A. H, 51.)

En 1722, le moulin était loué moyennant 200 livres d'argent et 170 muids de seigle ; en 1784, il était loué à François Allart pour 500 livres d'argent, 34 pots d'huile et 4 livres de cire.

Ce moulin était banal, c'est-à-dire que les habitants de Chalandry et de Chéry-les-Pouilly devaient y faire moudre leurs grains (Charte de Roger, 3º abbé de Saint-Jean, 1152).

Une femme de Chéry ayant failli à cette servitude dut faire amende honorable. Voici, à titre de curiosité, le document qui rapporte le fait ; il est rédigé en langue vulgaire du 13º siècle :

« A tous ceulx qui ces p^{ntes} lettres liront et orront Gobert dict Sarrazin Chatelain le roi à Laon, garde de par le roi dou scel de la baillie de Vermandois à Laon estant, salut. Sachent tuit que pdevant nous vint Meharons fille Aelis dicte la bonne femme demourant a Cheri, femme de condition, si comme ele disoit et reconnñt que ele a amendé au prevost de l'église de S^{ct} Jean l'Abbie de Laon, ce que ele a alé mourre a autre molin que as molin de ladicte église a Chalendri, as que molin de Chalendri li demourant a Cheri sont tenus a aler mourre comme a molins bannés, et spéciaument ceulx qui sont de condition ; si comme tout ce qui devant est ladite Meharons reconnoit devant nous — en témoing de quez choses nous en avons ces psentes lettres scelées dou scel devant dit. Sauf le droit le roi et l'autrui. — Ce qui fut fait en l'an de grace mil deux cens quatre vins et seze au mois de septembre. » (A. A. H, 51, pièce nº1.) Cette obligation fut éteinte au 15º siècle (A. A. H, 51.)

Le four banal, également établi par l'abbé Roger, sus-nommé (1152) appartenait aussi à l'abbaye. Les habitants du village étaient tenus de venir y faire cuire le pain, moyennant redevance (TAIÉE, *l'abbaye de Saint-Jean de Laon*.) Il était situé au Nord-Ouest de Chalandry, à l'endroit encore appelé de nos jours la *Fosse du Four*, en souvenir de lui. Il n'existait plus au 17e siècle (*infrà, livre additionnel*, ch. 1, § 2.)

§ 3. — Les *droits seigneuriaux* (outre ceux de banalité ci-dessus) consistaient notamment encore dans ceux de *justice*, de *mutation*, de *cens* sur les maisons et les champs, *d'afforage* et enfin de *taille seigneuriale* (*réelle* ou *foncière*). Quant à la *dîme*, c'était un revenu d'église ; à Chalandry, elle appartenait au chapitre cathédral de Laon qui assurait le traitement du curé de la paroisse.

Les revenus de *justice* consistaient surtout en amendes contre les délinquants. L'abbaye avait ici *haute, moyenne* et *basse justice*. Le pouvoir justicier était, pour ainsi dire, inhérent au domaine seigneurial ; c'était sans doute un reste du droit presque souverain, exercé chez les Romains, par le chef de famille, aussi bien sur les enfants, que sur les esclaves, qui composaient sa maison. A l'époque féodale, les seigneurs l'exercèrent sans conteste ; ils le gardèrent jusqu'à la Révolution, mais mitigé et affaibli considérablement, une première fois, par l'institution des bailliages royaux (1190) et plus tard par celle des présidiaux (1551). L'officialité, ou tribunal de l'évêque, qui retenait tous les cas concernant la religion et le clergé, restreignait aussi les justices seigneuriales. Voici d'ailleurs ce qu'on entendait par justice haute, moyenne et basse. La première était celle dont le juge pouvait connaître de toutes les actions civiles ou criminelles, excepté des cas royaux qui étaient assez nombreux ; la deuxième, celle dont le juge connaissait de toutes les actions civiles mais ne pouvait décider au criminel que sur les délits, dont la peine n'excédait pas 75 sols d'amende ; et le troisième celle d'un seigneur dont le juge connaissait seulement des droits dûs à celui-là, des actions personnelles au civil jusqu'à 60 sols et des délits dont la peine n'excédait pas 20 sols. On l'appelait aussi quelquefois *justice foncière ;* elle était départie au maire. Dans le procès-verbal de réception du maire Albin Bazin, élu par la communauté des habitants de Chalandry en 1602, le bailli fait cette restriction :

« Néanmoins lui avons faict deffense de ne cognoistre des matières excedens la somme de 20 sols tournois ains (mais) de les renvoyer pardevant nous » (A. A. B, 2880).

Le personnel de la justice seigneuriale de l'abbaye se composait au Moyen-Age d'un prévôt laïque ou religieux et de quelques officiers. Plus tard, on y voit apparaître le même personnel que dans les bailliages royaux. Il y a alors le grand bailli de toutes les terres et seigneuries du monastère, le procureur d'office ou le procureur fiscal, le substitut du procureur et le greffier.

Le grand bailli était généralement un avocat au parlement, un conseiller du roi, ou un notaire, en résidence à Laon. Il rendait la justice en la chambre d'audience de l'abbaye à Laon et recevait les aveux et dénombrements des fiefs. Il se transportait dans les villages pour y tenir les plaids généraux ou assises annuelles. Au-dessous de lui il y avait des baillis inférieurs et des lieutenants de justice. Pour ouvrir le testament de Marie Fortier qui légua ses biens à l'église de Chalandry en 1711 (*infrà*, ch. 9, II, § 3) le personnel justicier se composait de « Jean Lhôte, garde-notes héréditaire et lieutenant en la justice, terres et seigneurie de Chalandry, appartenant à Messieurs les Abbé et Religieux de l'abbaye royale de Saint-Jean de Laon, d'Etienne Villette, son greffier, de C. Villette, substitut du procureur d'office. » (A. P.) Enfin, comme agents subalternes, il y avait le maire; le procureur d'office chargé de veiller aux intérêts du seigneur et au maintien de l'ordre; et le sergent ou garde qui faisait les procès.

Quand un immeuble changeait de possesseur, le seigneur percevait des droits de mutation, qui s'appelaient *lods* (*approbation*) lorsqu'il s'agissait d'une succession; *droits de vente*, quand c'était une cession ou une donation. Ces droits qui étaient dûs par tout vassal à son suzerain, s'appelaient encore *quint requint* ou *relief*; ils étaient supposés s'élever à la cinquième partie et au cinquième du cinquième de la valeur totale. En réalité ils équivalaient environ à la dixième partie du prix de vente.

Les titres suivants renseignent à ce sujet : « Je soussigné, religieux, prieur de l'abbaye de Saint-Jean de Laon, reconnais avoir receu d'Elisabeth Beuvelet, vefve de deffunct Mo Nicolas Cosse, vivant marchand à Laon, la somme de 120 livres dont on s'est contenté par grâce pour les droits de quint et requint et asembellage deubs à ladite Abbaye pour 15 jallois de terres labourables et 5 quartels de pré faisant partie du fief de la Motte de Chalandry, dont elle prétend estre adjudicataire. faict à Laon le 17 juillet 1691. » (Titres de M. Brucelle.)

Or le prix du jallois était alors de 70 à 80 livres, soit au total 1200 livres, ou dix fois le montant des droits de quint et requint perçus. Souvent on composait en abandonnant au seigneur une année de revenus : « Le 16 décembre 1772 reçu de M. Serveux à l'acquit de M. Darras, seigneur de Couvron et autres lieux, la somme de 157 livres, 10 sols, pour droits de relief d'une portion de fief de la Motte de Chalandry; laquelle somme a été fixée entre nous pour une année de redevance dudit fief tant sur le pied de la location que sur l'estimation des terres non louées. » (A. A. H, 55.)

Lorsqu'il s'agissait de serfs, le droit de mutation prenait le nom de *mainmorte*. Le seigneur étant censé avoir concédé ou prêté tout ou partie du domaine primitif (qu'il tenait du roi, en bénéfice ou en fief) pouvait, à son gré, donner la terre à un autre serf; il fallait, pour ainsi dire, lui en racheter la possession. En retour, le serf lui payait annuellement un *cens* ou une *rente* variant, à Chalandry, de 1 denier jusqu'à 7 sols; parfois même la rente était payable en nature, et consistait dans une paire de chapons ou de poulettes, ou dans un essaim de blé.

Il y avait encore quelques autres petits droits comme ceux de *vestes* et *dévestes* dûs pour enregistrer les acquisitions d'immeubles. Le seigneur de la *Motte* les contesta à l'abbaye en 1535 : « ...Et des quels héritaiges les vestes et dévestes appartiennent a faire aux hommes fiefnés d'icelle Motte et de ce leur appartiennent leurs droictz de justice. Et au cas que les vestes et dévestes se feraient par la justice de Chalandry, icelle justice ne peut prendre ne demander que 6 deniers tant seulement. » (A. A. H, 55.).

Jusqu'au temps où il y eut *de la vigne* sur le terroir, c'est-à-dire jusque vers le milieu du 16ᵉ siècle (*voir infrà*, livre 2, chapitre 5, II, § 1ᵉʳ) le vigneron devait au seigneur un *lot* ou *pot de vin*, sur chaque pièce de boisson qu'il faisait. C'était le droit d'*afforage*. Pour ouvrir un cabaret ou tenir une auberge, il fallait qu'il lui paye une espèce de *patente*.

A citer encore les droits de confiscation, d'aubaine, de bâtardise, etc, etc.

La *taille seigneuriale (réelle ou foncière)* était payée par tous les propriétaires d'immeubles situés dans le ressort de la seigneurie. Il en sera question au § 5 ci-après et au chapitre II, § 1er, qui traitera également de la dîme.

§ 4. — En retour de ces divers droits seigneuriaux, le monastère avait des charges qui consistaient notamment dans l'entretien de ses officiers de justice et surtout dans l'*Avouerie*.

Du 9e au 14e siècle, alors que les grands vassaux ou feudataires du royaume vivaient indépendants sur leurs terres, ne relevant en réalité que de Dieu et de leur épée, il fallait être assez fort pour se défendre seul et faire respecter ses propriétés. Sinon, on était obligé de s'entendre avec quelque puissant seigneur qui voulait bien en prendre le soin ; c'était le cas de la plupart des abbayes. Saint-Jean de Laon prenait ses avoués dans les châtelains les plus influents du voisinage, ordinairement parmi les seigneurs de la maison de Coucy. A quel prix revenait l'avouerie ? On a de la peine à se le figurer. L'abbaye abandonnait comme honoraires, à ses protecteurs, de gré ou de force, la jouissance d'une grande partie de ses propriétés, de ses revenus et même de sa justice. Encore n'arrivait-elle souvent qu'à sortir d'un mal pour tomber dans un pire. Car, les officiers des sires de Coucy ou des comtes de Marle empiétaient toujours sur les droits et sur les biens du monastère.

Une charte de 1164 concernant Nouvion-l'Abbesse, donnée par Gaultier, évêque de Laon et signée par 30 témoins, tant abbés qu'ecclésiastiques et seigneurs laïques, jette une certaine lumière sur cette époque lointaine ; elle aide à faire comprendre le rôle, les attributs et privilèges de l'avoué. La situation de Nouvion-l'Abbesse était analogue à celle de Crécy et de Chalandry, car il est dit formellement, dans cette pièce, que la justice devait y être administrée, selon la forme dont on se servait à Crécy et dans les autres dépendances du monastère. Raoul 1er de Coucy, seigneur de Marle et de la Fère, et l'abbé de Saint-Jean, Enguerrand, y avaient conclu l'accord suivant : « La haute justice, les droits de relevée et de mainmorte appartiendront à l'abbé et au monastère de Saint-Jean. Les poids et mesures seront réglés par les officiers de l'abbaye ; s'il se trouve de faux poids ou de fausses mesures, les coupables seront jugés par les officiers de l'abbaye, à qui la moitié des amendes devra appartenir et l'autre moitié à l'avoué. Si on se saisit d'un voleur dans le lieu de la seigneurie, il sera remis entre les mains des officiers de l'abbaye pour le juger : la confiscation et les émoluments seront partagés entre l'avoué et l'abbaye. Lorsque quelqu'un sera condamné à quelque peine afflictive, il sera remis entre les mains de l'avoué pour lui faire subir la peine prononcée par le jugement . . . . . Les profits qui reviendront des accommodements, des amendes pour les délits et forfaits, des gages, des duels, dans l'étendue de la seigneurie, seront partagés entre l'abbé et l'avoué. Les châteaux, maisons et fermes qui appartiennent spécialement au monastère seront exempts de toutes redevances à l'égard de l'avoué ; l'abbé pourra seul y tenir les assises et y rendre la justice. Si l'abbé appelle l'avoué pour contraindre les réfractaires qui n'auront pas comparu aux plaids et qui n'obéissent pas à ce qui leur aura été ordonné, l'amende imposée aux mutins sera partagée de manière que l'abbé en aura les deux tiers et l'autre tiers appartiendra à l'avoué.

Le seigneur avoué a droit de tenir ses assises, ou sur les lieux ou sur le territoire de la Fère, et les amendes qui en reviendront seront partagées entre l'abbé et lui.

L'avoué ne pourra avoir aucun officier dans la seigneurie de Nouvion, mais il pourra se servir des officiers établis par l'abbé.

Aucun des habitants ne sera exempt de la taille de l'avoué qui pourra se servir des habitants pour faire voiturer chez lui les tailles. Quand il aura besoin de voitures, il pourra en commander et les habitants seront obligés de les faire, surtout pour réparer son logis. Ils seront obligés pareillement d'accompagner en armes l'avoué quand il servira pour ses propres affaires. » (*Cartulaire de Saint-Jean,* n° 30, p. 68, *d'après une histoire manuscrite de ce monastère, appartenant à M. le chanoine Palant, curé de Cilly.*)

Les mêmes clauses et conditions figurent dans une autre charte (3 mars 1189) scellée et signée de Raoul de Marle, seigneur-avoué, et de Baudoin II, 9ᵉ abbé de Saint-Jean. Elle concerne les quatre seigneuries de Crécy, Bois, Cohartille, Voyenne et leurs dépendances. « Le seigneur Raoul de Marle aura le droit de pêche dans les eaux de la Serre; il aura la jouissance de la moitié du bois de Berjaumont à condition de le faire garder par ses officiers. Dans chaque lieu et dans chaque seigneurie de l'étendue de l'avouerie, nous nommerons de bonne foi un maire, un doyen et trois échevins que nous choisirons parmi les habitants de médiocre fortune, et ces officiers seront exempts de taille, de corvées et de toute autre redevance envers l'avoué ; ils prêteront serment de fidélité à nous et à l'avoué et promettront de conserver exactement nos droits et ceux de l'avoué..... Si quelqu'un est surpris chassant sur nos terres et dans les garennes situées sur l'avouerie, le gibier sera remis à notre prévôt et le délinquant payera 5 sous d'amende à moins qu'il ne jure que le pur hasard l'a fait poursuivre le gibier.

L'avoué qui s'était mis en possession de toute la chaussée de Crécy et du péage en remettra incessamment la moitié au monastère de Saint-Jean, à condition que l'abbé et les religieux mettront en bon état et auront soin de bien entretenir la moitié de ladite chaussée......... Nos vassaux qui manqueront de faire les corvées qu'ils doivent à l'avoué quand il les ordonnera, paieront 5 sous d'amende et seront obligés de faire les corvées...

Les habitants de nos seigneuries ne pourront vendre ni aliéner les biens qu'ils possèdent dans l'étendue de l'avouerie qu'à des gens établis dans les mêmes lieux.

Et attendu que le seigneur avoué a consenti volontiers à toutes les clauses et conditions exprimées dans le présent acte, nous lui avons remis et déchargé l'hommage qu'il nous doit rendre pour son fief de Marcy et tant pour lui que pour son héritier, nous lui avons accordé les profits et émoluments ci-dessus exprimés par forme d'augmentation de ses honoraires, afin qu'il nous aide de ses conseils et de sa protection dans nos besoins. » (*Cartulaire de Saint-Jean*, n° 82, p. 133.)

§ 5. — Si modeste que fût, parmi les seigneuries de Saint-Jean de Laon, le rang occupé par celle de Chalandry, il est cependant très intéressant de la suivre dans ses transformations successives. Bien que l'abbaye ait joui jusqu'en 1789 de la suzeraineté du village, elle avait aliéné, bien avant, une bonne partie des droits qu'elle y possédait. Au 13° siècle, et peut-être même antérieurement, la taille seigneuriale était passée de ses mains en celles des comtes de Marle.

Cette taille était ainsi devenue un privilège de l'*avoué* (*infrà*, ch. 11, §. 1er) qui en profitait souvent pour prendre le titre de seigneur de Crécy-sur-Serre, Chalandry, Bois, Voyenne, etc., bien qu'en réalité il n'y eût ni maison seigneuriale, ni fief. Certains auteurs d'histoire locale ne paraissent pas avoir fait cette distinction, pas plus que celui du *Dictionnaire topographique de l'Aisne* qui a écrit au mot Chalandry : « ..... Une autre seigneurie, vassale de la châtellenie de Marle, fut aliénée en. 1602 par les commissaires du roi Henri IV. Erreur : ce monarque ne possédait alors ici que le droit de taille, ainsi qu'il va être démontré.

Une transaction passée en 1246 entre l'abbé de Saint-Jean, Raoul II de Coucy et les habitants de Chalandry, Bois, Pargny, Cohartille, Froidmont et Voyenne porte que le droit de l'avoué de lever les tailles « s'assoiera sur les terres taillaules et possessions taillaules et sur les habitants taillaulx, à l'exception des terres des religieux de Saint-Jean qui en seront exemptes. » (A. A. H, 55.) Ce droit resta la propriété des comtes de Marle, même lorsque le titre d'avoué ne fut plus qu'honorifique, comme au 16º siècle, époque où la royauté supplanta la féodalité. Henri IV en hérita de son père Antoine de Bourbon, duc de Vendôme, comte de Marle et roi de Navarre. Mais, Henri IV, qui avait dépensé beaucoup pour conquérir son royaume, pressé par ses créanciers, fut bientôt obligé d'aliéner ses possessions du comté de Marle. Le 15 novembre 1602, il vendit à Magdelaine Le Charron, dame de Moulins, veuve de Claude de Berziau, moyennant 39,000 livres, les tailles des villages de Chalandry, Toulis, Mesbrecourt, Franqueville, Certeaux, Housset, Prisces et Valécourt (A. A. B, 2999.).

Ces mêmes droits furent acquis le 18 mars 1609 par François Bertrand, bourgeois de Laon, qui les céda le 29 septembre 1621 à messire Robert, marquis de Vervins. L'histoire manuscrite de Saint-Jean de Laon, sus-énoncée, mentionne qu'en 1662, ce marquis qui jouissait de quelques biens à Voyenne et à Chalandry et de la terre de Fontaine (achetée en 1661, moyennant 7000 livres, plus un surcens annuel de 50 livres) se trouva forcé de suspendre ses paiements. Les religieux de Saint-Jean se disposant alors à rentrer dans la terre de Fontaine, le propriétaire sus-nommé leur proposa d'abandonner ce qu'il tenait en qualité d'avoué à Chalandry, à Voyenne et aux environs, tel que le bois appelé *Queue de Toulis*, à condition qu'on lui laisserait Fontaine; ce qui fut enfin accepté. L'abbaye rentra ainsi en possession de la taille de Chalandry (3 février 1663.)

Elle fit quelques aliénations aux 15º et 16º siècles. Ainsi Pierre le Cirier, seigneur de la Motte, lui acheta certains droits de justice, menus cens, lods et ventes et probablement aussi plusieurs terres, au début du 16º siècle (A. A. H, 55). Le moulin fut aliéné vers la fin du 15º siècle (*Hist. manuscr. de Saint-Jean*) et la ferme de la Trésorerie louée pour 99 ans. Ces ventes, ainsi que beaucoup d'autres, faites ailleurs, correspondaient évidemment à une crise financière, ou à une mauvaise gestion, peut-être même à ces deux causes réunies.

En 1599, il fut même question de vendre la seigneurie de Chalandry. Un mémoire qui se trouve aux Archives nationales (Série Q-1, carton 9) mentionne qu'à cette époque, un partage des revenus de l'abbaye venait d'être fait, qui attribuait le premier tiers à l'abbé, le deuxième à l'économe, et le troisième aux religieux. Mais, ajoutait-on, « les seigneuries d'Hanaples (Ardennes) et de Chalandry, non comprises dans le partage précité, seront partagées, quant aux produits, en deux tiers et un tiers, à moins que quelque nouvelle imposition sur l'abbaye (sans doute par ordre du roi) n'oblige à les vendre, pour de la vente d'ycelles payer annuellement la quotité de l'abbé et le reste être partagé dans les conditions ordinaires.

Quant aux droits seigneuriaux dans les trois lots, confiscations, lods, amendes, forfaitures, profit des fiefs, aubaines, bâtardise, ils appartiendront auxdits économe et abbé, à charge de faire exercer la justice dans les trois lots, de soutenir en jugement tous leurs droits et d'en salarier les officiers. » (TAIÉE, *Histoire de Saint-Jean de Laon*).

Toutefois cette vente n'eut pas lieu et l'abbaye garda la suzeraineté de la seigneurie de Chalandry jusqu'à la Révolution.

En 1648 la direction spirituelle et temporelle du monastère fut changée avantageusement. Il rentra en possession du moulin en 1661.

L'abbaye eut de fréquents démêlés avec les seigneurs de la Motte-Chalandry.

En 1635 le seigneur de la Motte qui l'était en même temps d'une partie du village, y possédait haute, moyenne et basse justice. L'abbé de Saint-Jean l'était du surplus. Cet état de choses existant à une époque où les plaideurs ne faisaient point défaut, devait forcément amener de nombreux conflits entre les deux juridictions. Le zèle déployé par les officiers de la justice de la Motte tendait à attirer chez eux le plus de clients possible, surtout « à cause que les officiers de ladite abbaye de Saint-Jean ne devaient et n'avaient droict d'entreprendre sur place la congnoissance d'aulcune cause, soit civile, soit criminelle. » (A. A. B, 3000.) Dans ces deux cas, il fallait se rendre à Laon, en la chambre de justice de l'abbaye. On n'avait point tout ce dérangement avec les juges de la Motte. Une enquête minutieuse, nécessitée par cette situation particulière, fut menée par le bailli général des terres et seigneuries du monastère. On interrogea plusieurs habitants, surtout les mutins, comme s'il se fût agi d'un complot d'Etat. Les réponses aux interrogatoires ne furent pas chez quelques-uns dépourvues de tactique, ni de malice. Le résultat fut de proclamer que l'abbé de Saint-Jean était le premier seigneur du village, et une ordonnance du bailli général fit « deffense à toutes personnes de quelque qualité et condition que ce soit, de distraire les justiciables de la juridiction de Mgr l'abbé de Saint-Jean, à peine de 100 livres parisis d'amende, et ordonne que le jugement soit publié à la porte de l'église et à la Croix dudit village ». (A. A. B, 3020.)

Nous extrayons littéralement ce qui suit, d'une note passablement humoristique qui paraît avoir été écrite, vers 1635, par un religieux de Saint-Jean ou par le bailli de l'abbaye :

« Mémoire pour expliquer le procès des religieux de Saint-Jean contre le sieur de Couvron-Pipemont, seigneur de la Motte-Chalandry.

Ledit sieur de Couvron ayant vendu, par contrat, en forme d'échange, au sieur d'Angerville, son beau-frère, le fief de la Motte, situé à Chalandry mouvant de la maison de l'Herse, située à Crécy, appartenant aux religieux, peu de temps après on apprit que les deux beaux-frères se vantaient d'avoir traité de la sorte entre eux, par le conseil d'un avocat de Paris, leur ami commun, pour frauder les droits de quint et requint dûs auxdits religieux. Ces deux gentilshommes avaient fait une contre-lettre sous seings privés par laquelle Couvron vendait la Motte à d'Angerville pour 36000 livres, payables à des créanciers dudit Couvron, dénommés dans ce billet et que l'échange n'avait été fait que pour l'exempter des droits.

Les religieux en eurent avis par Levent à . . . . . qui leur indiqua un des premiers créanciers de Couvron, non dénommé dans ladite contre-lettre, c'est-à-dire qui ne devait pas être acquitté par d'Angerville et sous le nom de ce créancier on fit saisir réellement le fief de la Motte. Aussitôt d'Angerville agit en recours contre Couvron, pour garantir et faire cesser la poursuite disant que dans la contre-lettre il n'était pas obligé d'acquitter ce créancier poursuivant. Comme la chose devait aller à l'audience, on donna le mot à un procureur qui n'était pas celui des religieux, afin de cacher la mine, pour demander que cette contre-lettre fut mise au greffe paraphée ; ce qui fut ordonné, et que les copies collationnées par le greffier manderaient les originaux.

Aussitôt les religieux ont conclu à ce que l'échange était frauduleux : Ce faisant, Couvron condamné payer double droit féodal, suivant la coustume de Laon. Après beaucoup de procédure, sentence est intervenue qui condamnait Couvron à payer double droit dont la liquidation a été faite à 9400 livres et à l'intérêt jusques à l'actuel payement. Appel par Couvron, arrest confirmatif intervient.

En suite dudit arrest, on saisit entre les mains de Daniel Dherce, fermier de la Motte, ce qu'il doit à Couvron. Monsieur de Machault, intendant, grand ami de la dame Dharancourt, fille du sieur de Couvron, sur une requête par elle portée comme créancière de son père, par son contrat de mariage, pour une somme de 30000 livres, ordonne que le fermier payera, a cette dame, la redevance qui était de 1500 livres, nonobstant la saisie des religieux et son ordonnance exécutée, nonobstant et sans préjudice à toutes oppositions et appellations.

Les religieux demandent conseil à . . . . . qui leur dit qu'assurément ils auraient raison au parlement, s'ils y portaient leur plainte, mais que Mr de Machault était amy des supérieurs majeurs pour des services considérables rendus à leurs monastères. D'ailleurs, l'exécution de tout ce qu'ils obtiendraient serait difficile, contre un intendant qui ne possédait aucun bien, pour répondre de ses actions, mais qu'il fallait lui représenter que si on ne disait rien, le seul respect qu'on avait pour luy, en était cause, et aussi dans l'espérance d'avoir son amitié, dont il a donné dans la suite des marques très sensibles, en permettant la fermeture de la *Profonde*, nonobstant mille oppositions de la part des échevins.

Mr de Machault étant révoqué, on a renouvelé les poursuites. La terre de la Motte a été saisie réellement de nouveau par les religieux. Opposition par Couvron, sous le nom d'un tiers préteur du saisissant; derechef arrest qui déboute, et la saisie des religieux continuée ; autre opposition par un autre prétendu premier saisissant qui communique des baux judiciaires; autre arrest qui le déboute.

Sur la poursuite des religieux, bail judiciaire se fait au parlement, au profit du jardinier du monastère de Saint-Denis. En vertu de la procuration on fait un bail à Daniel Dherce, ancien fermier de la Motte. La redevance étant échue, Couvron père, et fils capitaine, avec dix cavaliers de sa compagnie et toutes les charrettes du village de Couvron attelées, vont forcer le château de la Motte, la nuict et enlèvent pour 12 à 1500 livres de grain. Les religieux se plaignent de cette violence. M^r le Vahier, intendant, en est informé. Les religieux, sous le nom du fermier, présentent placet au roy, parce que le révérend père Brachet, supérieur général, ne voulut point leur permettre. Ledit placet fut envoyé à M^r le Vahier, lequel écrivit au père procureur de Saint-Jean et au sieur de Couvron, pour aller le trouver à Soissons et y recevoir les ordres du roy. Couvron fut menacé pour sa personne et son fils d'être cassé. M^r l'intendant donna un délai de huit jours aux parties pour s'accommoder.

Feu monseigneur de Laon (c'était la première année de son épiscopat) fut fortement sollicité par Couvron et ses créanciers considérables dans le Clergé et dans la Robbe de s'entremettre parce que les religieux devaient être payés les premiers, comme droicts féodaux réels et fonciers. Ce prélat engagea le père prieur d'aller à l'évêché. Les religieux donnèrent avis de cela à . . . . . ; on convint d'y aller et de dire à ce seigneur qu'on avayt de la joie d'obéir à ses ordres ; qu'on était près de rendre compte à Sa Grandeur de toutes choses et non pas à une multitude de gens, qui étaient déjà arrivées, tous créanciers, amis de Couvron, pourquoy il était supplié de vouloir donner une audience particulière. Cela fut trouvé fort juste par monseigneur de Laon. Le père prieur et son procureur dirent, à cet évêque, mille choses, sans qu'il y connut rien, ils offrirent de remettre à Couvron 6 à 7000 livres, en donnant de l'argent au comptant, du reste que beaucoup de traités avaient été faits avec luy, fort inutilement. Mgr de Laon fit beaucoup d'honnêteté au père prieur, devant tout le monde, qui était resté dans la salle. Pendant tout ce temps, on faisait agir M^r l'intendant qui envoya un second ordre à Couvron de s'accommoder.

Aussitôt Couvron donna sa procuration pour la vente de la terre de la Motte, vendue et adjugée aux religieuses de la Congrégation pour 28200 livres (1er septembre 1684). On en fit la distraction des rotures pour un quart. Les trois autres quarts furent jugés fiefs à l'ordre.

Les religieux ont été colloqués pour 21000 livres, en ont touché 19000 ; leur procureur a touché le reste ; plus lesdits religieux ont encore touché des religieuses 1000 livres et leur ont fait une remise considérable sur les quints et requints et l'indemnité. Une fille de Couvron, morte religieuse à Saint-Nicolas de Compiègne, a touché 3000 livres qui était le produit du *bail judiciaire* fait au jardinier de Saint-Denis. » (A. A. H, 55.)

Ce procès, si mouvementé, avait duré plus de quinze années,

CHAPITRE VI

Seigneuries secondaires : la Motte, l'Arche & Brissy

§ 1ᵉʳ. — LE VILLAGE AU 9ᵉ SIÈCLE. — ORIGINE DES FIEFS, APERÇU SUR LA FÉODALITÉ.

§ 2. — LE FIEF DE LA MOTTE ; DESCRIPTION DU CHATEAU ; PARTIES CONSERVÉES DE L'ANCIEN ÉDIFICE ; MOYENS DE DÉFENSE ; FAITS DE GUERRE.

§ 3. — SUZERAIN ET VASSAUX. ; JUSTICE DE LA MOTTE.

§ 4. — AVEU ET DÉNOMBREMENT AUTHENTIQUE DE 1606 CONCERNANT CES TROIS SEIGNEURIES. — DÉSIGNATION DES BATIMENTS, TERRES, PRÉS, BOIS ET GARENNES DE LA MOTTE ; LIMITES. — DROITS DE LODS, VENTES, AMENDES, CONFISCATION, PÊCHE, AFFORAGE, ETC. — SURCENS SEIGNEURIAUX. — FIEFS DE L'ARCHE ET DE BRISSY.

§ 1ᵉʳ. — Au début de l'époque féodale, c'est-à-dire au déclin du 9ᵉ siècle, Chalandry offrait le tableau suivant : Au centre du village et bâtie sur le domaine seigneurial de Saint-Jean de Laon la *maison d'église* comme on disait alors ; autour, les habitations ou *manses* d'une population ouvrière, essentiellement agricole ; et enfin trois *fiefs*. Chacun de ces derniers avait sa *résidence* ou *maison seigneuriale*; sa population était groupée auprès. C'était par ordre d'importance : 1° *la Motte* (actuellement le Château de Chalandry), 2° *l'Arche*, et 3° *Brissy*.

Les possesseurs de ces trois seigneuries, vassales ou arrière-vassales de Saint-Jean, et dont le domaine en terres équivalait à celui d'un gros fermier de nos jours, faisaient partie de cette petite noblesse de campagne dont un historien moderne a dit qu'elle « est la plus méconnue mais non la moins intéressante à étudier. »

Par qui et en faveur de qui, ces seigneuries furent-elles créées ? Aucun document n'est venu nous l'apprendre. On ne peut que rappeler en termes généraux, ce qu'était jadis une seigneurie ou, pour employer le mot consacré par l'usage, ce qu'était un fief. On a vu au chapitre 4, § 1er, que le sol gallo-romain fut divisé en *bénéfices* et en *alleux*; rappelons ce que ces mots signifiaient : 1° Les *bénéfices*, appelés dans la suite *fiefs*, étaient des terres concédées, par le roi, à des guerriers pour rémunérer leurs services passés, dans le but aussi de recevoir leurs services futurs, en cas de guerre ; 2° Les *alleux* étaient des immeubles plus ou moins considérables, appartenant à des particuliers qui les avaient reçus par voie d'héritage, d'achat ou par tout autre mode d'acquisition légale ; soumis à l'impôt du fisc, ils étaient exempts du service militaire.

Mais au 9e siècle, sous les faibles successeurs de Charlemagne, un nouveau régime s'implanta en France. Les possesseurs de bénéfices, surtout les grands seigneurs, ducs, marquis, comtes, qui étaient à la tête des provinces, en présence de l'affaiblissement progressif du domaine royal, et sous l'empire d'autres causes, l'éternelle ambition humaine en premier lieu, l'insécurité au-dedans comme au-dehors (invasions normandes au Nord, sarrazines au Sud, etc.) se rendirent absolument indépendants vis-à-vis du roi. Ils revendiquèrent et firent sanctionner par décret royal (Capitulaire de Kierzy-sur-Oise, 877) l'hérédité de tous les bénéfices, auparavant révocables. Les petits seigneurs, c'est-à-dire les possesseurs de bénéfices de peu d'importance comme celui de la Motte, par exemple, furent de ce fait indépendants chez eux, tout comme les grands. Cependant, par une sorte d'instinct de la conservation, ils s'attachèrent au seigneur voisin le plus puissant, le plus capable de les défendre au besoin. Les propriétaires d'alleux en firent autant. Les uns et les autres se déclarèrent vassaux d'un plus fort qu'eux, qualifié de suzerain. Ils lui firent l'hommage de leur fief, en reçurent pour ainsi dire l'investiture, s'engagèrent envers lui à certaines obligations, dont la plus sérieuse était celle du *service d'ost* ou *service militaire*. Le suzerain, de son côté, devait protéger son vassal, comme sa propre personne.

§ 2. — Le *Château de Chalandry* s'appelait le *Mote* en 1385 (A. N. P, 136); la *Mote* en 1458 et la *Mothe-lez-Chalandry* en 1488 (A. A.); la *Motte* (carte de Cassini); la *Motte* ou la *Mothe* indistinctement aux 17° et 18° siècles.

Le mot *Motte* ou *Mothe* signifie en vieux français *butte, éminence, monticule*. Cette dénomination du fief principal de Chalandry doit venir ou 1° du voisinage de la montagne de Saint-Aubin; 2° ou plutôt d'une petite élévation de terre, faite de mains d'homme, devant l'ancien manoir, pour servir de tribunal au seigneur ou à son bailli. Au § 3 ci-après, on verra que le bailli de la Motte tenait encore solennellement les plaids généraux « aux lieu et place accoutumés, près le Château » au 18° siècle. Il y a dans l'Aisne exactement 40 localités appelées *la Motte*, presque toutes qualifiées fiefs dans le *Dictionnaire topographique du département de l'Aisne* de M. MATTON.

Le vieux manoir féodal a certainement subi depuis son premier établissement, bien des transformations. Ce qu'il offre de caractéristique, c'est sa construction en carré, à pans coupés. Le quartier septentrional n'existe plus, mais on en a rencontré bien des fois les fondations; il aura été supprimé au 16° siècle pour agrandir la cour intérieure et la rendre plus propre à une exploitation agricole.

Les rares débris de style ogival qui apparaissent encore en quelques parties de l'édifice actuel permettent de faire remonter sa construction au 13° siècle et peut-être au 12°. Dans le pan de l'aile gauche, s'ouvrant au midi, il existe notamment une fenêtre géminée à plusieurs colonnnettes de forme ogivale. Un décor de même style ornait, il n'y a pas bien longtemps encore, la porte principale du logis dans l'intérieur duquel se trouvaient de grandes cheminées à colonnes. Une petite chambre du premier étage desservie par l'escalier de la tourelle, est à peu près la seule portion du monument du Moyen-Age restée intacte; sa voûte régulière et ses arceaux en saillie, se croisant, lui ont conservé sa physionomie originale. Elle peut donner une vague idée de cette antique demeure féodale, aujourd'hui d'aspect rude et maussade, mais qui dut faire belle figure dans son temps, avec sa façade gothique, sa porte cintrée, son lourd pont-levis, sa rangée de fenêtres architecturales, profilant leurs lignes blanchâtres et leurs arcades légères, sur le fond gris mat des épaisses murailles de grès.

La petite tourelle, déjà mentionnée, offre une grâcieuse ornementation du *style ogival tertiaire ou flamboyant*, qu'elle a dûe recevoir en 1596, lors de la réparation du château. Le fronton est décoré d'un écu, aujourd'hui presque illisible, mais laissant cependant deviner trois fleurs de lys et deux griffons comme supports. Elle avait probablement trois sœurs, sises, comme elle, à chacun des trois autres angles de la cour.

M. Ch. Turquin, propriétaire actuel du château, nous a indiqué aussi, enchassé dans la muraille d'un des bâtiments de la ferme, un carreau vernissé de 20 cent. carrés ou environ : simple motif de décoration et qui n'a rien de commun, comme on pourrait le croire, avec les armoiries du fief. Il est chargé de deux écus accolés, comblés d'une couronne de prince du sang, Ordre : de Saint-Lazare. On y reconnaît les armes de Bourbon-Navarre, ou d'Henri IV, avant son avènement au trône ; l'un des écus, celui à dextre, est *à 3 fleurs de lys*, et l'autre porte *de gueules aux rais d'escarboucle pommelé et accolé d'or*.

S'il faut en croire une tradition que semble appuyer l'examen attentif de certains détails, la chapelle se trouvait dans le quartier méridional, celui par lequel on entre aujourd'hui dans la cour de la ferme ; toute la partie droite du premier étage possède encore une charpente reliée par des traverses cintrées, en vieux bois de chêne, d'aspect luisant qui devait supporter le plafond en plâtre de la chapelle. Cependant, celle-ci n'existait probablement plus en 1536 ; un dénombrement du fief présenté cette année-là, n'en fait pas mention (A. A. H, 55.)

Le château d'alors, composé de quatre parties formant un carré régulier, servait de résidence à la famille seigneuriale et au personnel d'intérieur. Au rez-de-chaussée logeaient les domestiques ; là se trouvait aussi l'écurie des chevaux de luxe et la salle d'armes. Les appartements supérieurs étaient réservés au seigneur et à sa famille. La ferme et tout le matériel servant à l'exploitation des terres ainsi que les *manses*, se trouvaient en

CHALANDRY

Cliché Erwin Walbaum, phot. amat.

LA TOURELLE DU CHATEAU

PLANCHE III

dehors, à l'emplacement du lieudit *la Cave* où, d'anciennes substructions ont été découvertes, à maintes reprises.

En plus de deux pont-levis (l'un au nord et l'autre au sud) il y avait comme moyens de défense : 1° la rivière et les fossés ; 2° un mur d'enceinte ; 3° et un étang.

La rivière avec les fossés isolait complètement le château. Le mur d'enceinte régnait au Nord, à l'Ouest et au Sud. Ses fondations ont été constatées à plusieurs reprises dans le parc, entre la rivière et l'étang ; elles sont encore apparentes le long du *ruisselet* ou *déversoir* de cet étang. Ledit mur, franchissant le fossé, avançait de quelques mètres sur le chemin actuel vers le Sud, de là il se dirigeait en angle droit vers l'Est, puis, par un nouvel angle droit, vers le Nord. Enfin, dans le parc, il y avait un large étang à l'Ouest et au Nord ; il fut en partie comblé vers 1830.

Malgré ces moyens de défense, ce vieux manoir ne fut pas à l'abri des sièges et des dévastations, surtout pendant les guerres de partisans, plus ruineuses et plus meurtrières que toutes les autres, comme celles des Armagnacs et des Bourguignons (15° siècle), des Huguenots et des Ligueurs (seconde moitié du 16e), etc. Mais contrairement à d'autres châteaux, la Motte fut toujours réparée de moins en moins magnifiquement. Un parti protestant l'occupait en 1590, rançonnant les fermiers des alentours, surtout ceux des abbayes de Laon (EDOUARD FLEURY, *Regist. des Délibér. du Chapitre Cathédral de Laon.*) Un titre des archives départementales (H, 55. P^{ce} 6) mentionne que la maison de la Motte était ruinée de fond en comble en 1596, et qu'elle fut rebâtie en ladite année moyennant une somme de 398 écus d'or (l'écu valait alors environ 3 livres d'argent.) Une date, 16 mai 1596, sculptée dans une pierre de la façade Sud, encore visible, indique sans doute la fin des travaux.

La Motte cessa d'être résidence seigneuriale en 1636.

§ 3. — La Motte relevait du *Clos-lez-Crécy* ou *Clos de l'Herse*, fief situé au Sud-Ouest de Crécy et tenu en foi et hommage des abbés de Saint-Jean de Laon par des seigneurs particuliers (1).

---

(1) Un dénombrement de 1458, présenté par Gille de Fay, seigneur du Clos-lez-Crécy, désigne ainsi l'emplacement de ce fief : « ...1° la maison du Clos emprès Crécy-sur-Sère et le pourpris ainsy qu'il se comporte, séant assez

Le fief de la Motte avait, d'autre part, sous sa mouvance deux autres petits fiefs : 1º celui de *l'Arche*, et 2º celui de *Brissy*.

Le seigneur y possédait droit de haute, moyenne et basse justice. Son personnel justicier était composé d'un bailli, d'un procureur fiscal, d'un substitut, d'un greffier et d'un maire. A l'époque féodale, le bailli résidait à la Motte, plus tard il résida à Crécy ou à Laon. Il cumulait ce modeste emploi avec d'autres, par exemple, celui de notaire à Crécy, ou de conseiller au bailliage et siège présidial de Laon. Néanmoins on peut voir, dans le *plumitif d'audience* de cette justice (1755) que le bailli tenait solennellement chaque année les *plaids généraux* « aux lieu et place accoutumés, près le château » et qu'il prononçait des condamnations sur l'inobservation des règlements de police (A. A. B, 3003).

Le maire était choisi parmi les habitants de Chalandry. Dans un procès-verbal d'élection du procureur-syndic de 1611, « Pierre Denis, maire en la justice de la Motte-Chalendry », est spécialement désigné à la suite des maire et échevins du village. Souvent aussi, le fermier des terres de la Motte était honoré de la fonction, soit de maire, soit de lieutenant de justice du fief.

§ 4. — Voici la copie extraite littéralement du dénombrement authentique de 1606 (A. A. H, 55). A l'aide de ce document, le lecteur pourra se faire une idée du domaine et des droits du seigneur de la Motte :

« C'est le dénombrement du *fief de la Mothe-lez-Chalandry*, que moy noble homme Salomon de Guignicourt, homme d'armes des ordonnances du roy sous la charge de Monseigneur le duc de Montmorency, pair et connestable de France, comme ayant acquis ce droict de Daniel le Cirier....., par contract de transaction en forme d'eschange, de ce faict et passé audit la Mothe,

---

près dudict Crécy en allant à Assy audessoutz de la rue de Leval, (rue d'Elva), pardevant laquelle maison la rivière de Sère queurt (court) tout au long, et au dessoutz des fossez d'ycelle maison a (il y a) une ruelle et chemin qui mayne dudict Crécy a Assy... » En 1536, le Clos n'est plus désigné que sous le nom de *Vieux Château*, ce qui fait supposer qu'il était tombé en ruines (A. A. H, 71); c'est alors que la maison de l'Herse, possédée à Crécy par l'abbaye, et que d'anciens titres placent entre « la rue des Telliers et le chemin de l'Eglise » réunit sous sa mouvance tous les fiefs et arrière-fiefs dépendant jadis du Clos.

pardevant Poncelet de la Campagne, notaire royal au bailliage de Vermandois, demeurant à Laon, le dernier jour de décembre 1596. Tiens et advoüe tenir en foy et hommage de Révérend Père en Dieu mon très cher et honnoré Seigneur Mgr l'Abbé de Saint-Jean de Laon à cause de sa terre et seigneurie du Clos-les-Crécy.....

Et premier, ma maison, lieu et pourpris qu'on dit la *Mothe de Chalandry*, l'eau et les fossés qui sont à l'entour d'icelle, grange, estables, pont-levis devant et derrière, cour, basse-cour, collombier, jardin, lieu et pourpris avec le pont de pillots estant derrière ladite maison sur la rivierre pour aller dans la prairie, appartenant audit de Guignicourt, ainsi que tout se comporte et estend de toutes parts.

Item une autre maison, manoir et pourpris..... séant à la rue du Pont.... (maison appartenant actuellement à Mr Wiart-Létrichet)..... (Suit une déclaration de prés et de terres labourables se montant à 247 jallois environ.)

Item les bois et garennes tant du *mont Daize* que de *Noirmont* contenant les deux ensemble 24 jallois environ.....

Cy-après ensuit la déclaration et séparation et distinction du fond de maditte seigneurie de la Mothe, contre icelle de mon seigneur abbé, tant audit village, que terroir de Challandry, desquels lieux, à cause de mon fief, j'ai droicts de lods et ventes, amendes et confiscation, quand le cas y eschet : Assavoir dans ledit village, la rue du pont et du moulin, commençant à la maison où se tient à présent Engrand Danie et finissant à icelle rue audessus de *la Fosse du Four* allant à Crécy, et semblablement les maisons, jardins et héritages situés esdites deux rues. Comme aussi de ladite *Fosse du Four* en allant *au Moustier* et église dudit Chalandry du costé du jardin de Monsieur de Cigny ou ses hoirs, où à présent y a maison, où se tient Benoit Beuzart, masson....., et reprenant de là le chemin de ladite rue du moulin en descendant par les deux ruelles, à icelle rue du moulin, esquelles se tiennent à présent Jean Bagager..... et de l'autre ruelle un nommé Guttin Bourré, manouvrier.

Comme en semblable, j'ay pareil droict que dessus, sur le terroir, à prendre depuis le village dudit Chalandry, allant tout le long de la *Voye de Laon*, jusques au lieudit *en Belloy, qui est de nature de fief*, faisant ladite pièce séparation du terroir de Chalandry d'avec celui de Barenton-Secq et depuis ladite pièce en montant vers les garennes dudit Noirmont et Daize, jusques au bout du terroir de Chalandry d'avec les terroirs de Barenton-le-Secq et de Barenton-sur-Serre.

Comme pareillement à prendre depuis le village dudit Chalandry, jusques au bout du terroir allant à Barenton-sur-Serre, du costé de la rivierre en remontant auxdites garennes du mont Daize et de Noirmont en descendant audit Chalandry, jusques audit chemin de Laon : comme aussi en icelle rivierre à cause de mondit fief, j'ai droict de pesche, ensemble de tendre et faire tendre en la grande prairie dudit lieu.

En laquelle prairie, j'ai aussy droict de lots et ventes tels que dessus est dict : Assavoir depuis madite maison de la Motte passant audelà de laquelle rivierre, depuis les *Pastourelles*, passant au bout du *pretz à lozierre* (osier), estant dudit fief au *pretz de puisieux*, jusques au bout du terroir, allant vers le *Molin de Mortiers* (moulin situé vers les Falises, sur la *Voye de Mortiers à Laon*, dont il a été question au chapitre 3, § 3) et revenant du costé de ladite maison derrière les Aulnes dudit la Motte au lieudit le *pretz à la Soucque* (Souche) qui est dudit fief.

Comme aussi à cause de mon fief, m'appartient le droict d'afforage qui est d'un lot (mesure qui valait 2 pots, d'après Melleville, soit un peu plus d'un litre) de chaque piesce de vin qui se pourra vendre en détail sur le fond de maditte seigneurie de la Motte, ensemble de la faire mettre par mes officiers à tel prix que le temps le requerra.

Et en tous lesquels lieux que dessus, les vestes et devestes appartiennent à faire aux francs hommes fiefnés d'icelle maison de la Motte et de ce leur appartiennent les droicts.

Ensuivent les chapons deubs à laditte maison de la Motte à cause du fief d'icelle, payables au jour et feste de Saint-Etienne, lendemain de Noël, portant ventes et amandes tels comme de cens non payés, par plusieurs maisons et héritages situés et assis audit village et terroir de Chalandry que tiennent et possèdent les personnes cy après déclarées ou leurs hoirs. Premier, Ambroise Herlain, laboureur, pour la maison et pourpris..... etc..... (suit la désignation de 26 maisons devant ensemble par an 52 chapons, 6 poulets, 16 livres parisis.)

Cens et rentes deubs à ladite maison de la Motte à cause du fief d'icelle, chacun an au jour de Saint-Remy, chef d'octobre..., étant de 7 sols, 6 deniers parisis en bonne monnoye, qui sont pris sur plusieurs héritages scitués au village et terroir de Chalandry.....

Ensuivent premier sur une maison et 5 quartels de vigne où il n'y a à présent qu'un grand chemin, tenu par Ambroise Herlain, Jean Bagager qu'autres, tenant d'un costé à la maison du curé ou presbitaire dudit Chalandry et au courtil du Moustier, 3 sols parisis. (Suit une longue énumération d'immeubles, maisons ou terres, rapportant au total 9 livres, 1 sol, 7 deniers.)

Autres cens et rentes selon les anciens dénombrements que ledit de Guignicourt pour *l'antiquité* ne peut renseigner (Suit une déclaration de quelques terres, principalement en vignes, appartenant à plusieurs particuliers et rapportant une rente de 26 sols, 4 deniers, 3 aissins de froment, plus 33 aboucqs et un demi-lannissiez — deux mesures anciennes inconnues.)

Ensuit la déclaration d'un certain fief séant en ladite ville et terroir de Chalandry, appelé de *toute ancienneté* le *fief de l'Arche*, que tient à présent de moy en foy et hommage Charles Manca, marchand bourgeois de Laon . . . . ., lequel fief je tiens et advoüe tenir comme dessus de mon Seigneur Abbé à cause de sadite terre et seigneurie du Clos-les-Crécy.

Et premier la maison, les manoir et pourpris, grange, jardin ainsi que tout se comporte et estend de toutes parts, lieudit en *l'Arche*, séant à la rue du Moulin, tenant d'une part à Nicolas Levent, et d'autre au jardin de Nicolas Danie, qu'on dit de l'Arche de par derrière à la rivierre; en laquelle maison, lieu et pourpris ledit Manca à cause de son fief a droit de tenir pour eux, leurs censiers et hostes y demourant, four et fournels, tel que bon leur semble pour cuire et faire cuire toutes sortes de pains et autres compainages, sans aucun contredit.

Et pareillement ont droit de vendre et pouvoir faire vendre pour eux et leursdits hostes et censiers d'iceulx en ladite maison et pourpris toutes manières de vin et autres breuvages à brocs et en détail, à tel prix que bon leur semble, sans pour ce payer *aucun droict d'afforage* ni aucune redevance et sans aucun contredit (Suit une déclaration de prés, bois, terres, formant un total d'environ 40 jallois, donnant 12 sols de rentes).

Ensuit la déclaration et dénombrement d'un autre certain fief, mouvant de moy, à cause de madite maison et fief de la Motte, appelé de *toute anciennneté le fief de Brissy* et appartenant aux doyen, chapitre et chanoines de Notre-Dame de Laon . . . . .

Et premier une piesce de terre labourable assize à *la Haulte-*

Bonde, etc. . . . . (Suit une déclaration de terre et prés se montant à 35 jallois environ.)

Tous lesquels héritages m'ont été baillés par déclaration et dénombrement par lesdits du chappitre le treizième novembre gbj^c cinq (1605) . . . . . duquel fief est *homme vivant et mourant*, Me Claude Dumont, prestre chanoine de ladite église, nommé de long temps par lesdits du chapitre . . . . .

Item, 3 sols de menus cens, à moy appartenant, qui sont pris en 12 sols, qu'on doit chacun an en commun et par indivis aux francs hoirs fiefnés de ladite Mothe, sur plusieurs héritages scitués et assis au village et terroir dudit Chalandry, lesquels ledit de Guignicourt ne peut présentement renseigner . . . .

Toutes lesquelles choses et droicts dessusdits et chacun d'iceux, Je, Salomon de Guignicourt, susnommé, cognois, confesse tenir, en foy et hommage, de mon cher Seigneur, devant dit, à cause de sadite terre et seigneurie du Clos et lui baille, par ces présentes lettres, par manière de dénombrement, sauf le plus et sauf le moins, et ne vouldrons perdre le plus pour le moins et le moins pour le plus. Mais si plus en sçavais, plus en dénommerais et proteste de la bailler et d'ajouter ou diminuer au plustôt qu'il viendra à ma recognoissance de ce qu'advint-il en feray.

En tesmoing de quoy, j'ay mis à ces présentes lettres de dénombrement, mes seing manuel et scel, desquels je use et ay accoutumé user.

Fait l'an de grâce gbj^c six (1606) le 23° jour du mois de novembre. »

(Sceau disparu.)   (Signé) De Guignicourt.

CHAPITRE VII

Seigneuries secondaires : la Motte, l'Arche et Brissy

(SUITE ET FIN)

§ 1er. — LES SEIGNEURS DE LA MOTTE.

§ 2. — ACQUISITION DU FIEF, EN 1684, PAR LES RELIGIEUSES DE LA CONGRÉGATION DE LAON. — FERMIERS, BAUX, ARPENTAGE.

§ 3. — PARTIES ÉCLIPSÉES DE CETTE SEIGNEURIE.

§ 4. — LE FIEF DE L'ARCHE ET SES SEIGNEURS ; CONTENANCE, DÉSIGNATION, LIMITES. — LEGS A LA FABRIQUE DE L'ÉGLISE ; PRÉSENTATION D'HOMME VIVANT ET MOURANT.

§ 5. — LES SEIGNEURS DE BRISSY ; LIMITES ; LEGS AU CHAPITRE DE LA CATHÉDRALE DE LAON ; VENTE DU SURPLUS.

§ 1er. — Le premier seigneur dont l'histoire révèle le nom est Nicolas Cattus (le Cat ou le Chat). Il figure dans une charte de

1141. Après avoir reçu l'habit religieux à Saint-Vincent de Laon, il donna à cette abbaye, pour le salut de son âme, et du consentement de sa femme et de son fils, un alleu à Chalandry et un autre à Montigny-sur-Crécy, avec leur district et leur justice (*Petit Cartulaire de Saint-Vincent*, n° 48, page 34, verso, et MELLEVILLE, *Histoire de Laon*, t. 1, p. 197). Le pape Innocent II confirma cette charte l'année suivante, 1142 (*Petit cart., id.*, n° 119, p. 74, verso).

En 1192, René de Chalendry, chevalier ; femme Agnès, enfants Simon et Raoul (MELLEVILLE, *Dict. hist.*, (1). Ce seigneur-chevalier, est la souche d'une famille noble qui portait le nom de Chalendry et dont les membres occupèrent la seigneurie de la Motte jusqu'au siècle suivant. Peut-être est-ce lui qui fit construire le château ? Jeanne de Chalendry, une descendante de cette famille, figure en 1420 comme épouse de François d'Almane, vicomte de Laval (MELLEVILLE, *loc. cit.* et A. A. G, 95). Avait probablement la même origine Jean de Chalendry, chanoine de Saint-Jean-au-Bourg en 1507 (A. A. G, 82.)

Vers 1350, Wyart de Gréhan. (A. N. P, 136)

1385, Jehan de Gréhan, fils du précédent (*Ibid.*)

Nicolas Aignel (15ᵉ siècle.)

En 1458, Jean Harduyn, à cause de sa femme, fille du précédent. Ce seigneur réunit au fief de la Motte un autre fief, dénommé *Jannery*, situé au nord du village, auprès du pont et possédé en dernier par Ysabelle de Jannery, fille d'un seigneur nommé Vuillaume. (*Dénombrement général des fiefs de la mouvance de Saint-Jean de Laon en 1458*. A. A. H, 71.)

En 1488, Pierre Dasmerie, seigneur de la Motte, bourgeois demeurant à Paris (A. A. H, 51.)

En 1512, Nicolas Dasmerie, fils du précédent (ibid.).

Vers 1523, Pierre le Cirier, seigneur de la Motte, procureur du roi au bailliage de Vermandois à Laon (A. A. H, 55, n°ˢ 1, 2 et 3 et *arch. Laon-Ville* C.C. 425 et série II, 10.) Femmes : première, Eléonore de Blois, seconde, Marguerite de Joueignes, dont Pierre et Marie : Celle-ci épouse de Louis de Mauregny, puis en secondes noces de Jean Goullart dont une fille Magdelaine. La noblesse de Pierre le Cirier lui fut contestée en 1525 par le

---

(1) Melleville cite quelques seigneurs de Chalandry ; mais d'après les sources, on relève dans sa liste plusieurs erreurs ou inexactitudes.

gouverneur et l'élu de Laon ; on l'inscrivit au rôle de la taille de cette ville. Mais il appela de cette décision et après enquête confiée à la cour de Noyon, il obtint la même année, l'entérinement de lettres royales établissant sa noblesse. Il prit aussi le titre d'écuyer qu'avaient seuls le droit de porter les membres de famille noble et de noblesse militaire. *L'Inventaire des Sceaux de l'Artois et de la Picardie*, de G. DEMAY, fait connaître celui de ce seigneur : « Sceau rond de 20 millim. ; une tête de lionne sur champs de rinceaux dans un quadrille avec ces mots en caractères gothiques S PIERRES LE CHIRIERS ; il fait partie de la collection Albert Legrand de Saint-Omer.

Un dénombrement du fief de la Motte, présenté par Pierre le Cirier le 7 octobre 1536, mentionne « certains héritages et une rente de 12 sols, qu'il ne peut présentement renseigner, pour le long temps que sondit fief a esté saisy et mis en la main du roy. » La raison de cette saisie paraît être, comme il arrivait souvent alors, l'insuffisance du dénombrement ou le refus de payer tous les droits de relief qui étaient très élevés. Un titre de 1545 rappelle un acte du bailliage de Vermandois et un arrêt du parlement qui met fin à un procès entre Pierre le Cirier et l'abbaye de Saint-Jean ; l'arrêt est rendu en faveur du premier. Pierre le Cirier mourut à Laon en juillet 1545.

1545, Pierre le Cirier, fils du précédent, seigneur de la Motte et Chalandry en partie, licencié-ès-lois, écuyer (A. A. H, 55 et *archives Laon-Ville*, C.C. 680). Femme : Loyse Noblet, de la ville de Bruyères ; enfants : 1º Daniel, 2º Suzanne, 3º Magdelaine femme de Jean Desmarets, élu de Laon (probablement souche de l'illustre famille de ce nom, sous Louis XIV) ; 4º Claude, religieuse à Saint-Etienne de Soissons (plus tard Saint-Paul de Soissons). Pierre le Cirier dut venir se fixer à Chalandry en 1567, après avoir vendu sa maison de Laon à Antoine Deharbes, garde-scel du bailliage de Vermandois, moyennant une rente annuelle de cent livres tournois, à percevoir sur les vingtièmes, autrement dit sur le vin vendu en détail dans la ville de Laon.

Vers 1575, Daniel le Cirier, fils du précédent, écuyer, seigneur de la Motte et Chalandry en partie demeurant à la Mothe (A. A. H, 55, et B, 2999.) Ce seigneur vécut pendant la période troublée de la Réforme ; il prit une part active à la Ligue. Le titre nº 6 (H, 55) *des archives de l'Aisne* indique qu'il fut fait prisonnier au siège de la Capelle (1594) ; qu'il paya pour sa rançon 40 écus que lui prêta Madame de Marfontaine, mère de

Louis de Proisy, l'un des organisateurs de la Ligue en Picardie.

En 1590, la Motte fut assiégée, puis occupée par les Huguenots. En 1596, elle était presque totalement détruite. Son possesseur, alors entièrement ruiné, accablé de dettes, céda son fief « avec tous ses biens meubles et immeubles présents et à venir » par contrat en forme d'échange, passé par-devant Poncelet de la Campagne, notaire royal à Laon, à Salomon de Guignicourt dont la femme Magdelaine Goullart, était sa cousine germaine (31 X^{bre} 1596). Les acquéreurs s'engagèrent à loger, à la Mothe, nourrir et entretenir le vendeur sa vie durant, à liquider ses dettes y compris 398 écus pour la réfection des bâtiments « ruynés en tout dans les derniers troubles », à payer annuellement le droit de gâteau ou taille, au roi, à cause de son comté de Marle. Une clause de ce curieux contrat fait connaître que Daniel le Cirier, malgré sa noblesse et son titre de seigneur, était alors « détenu prisonnier ès prison royale de Laon, sur une poursuitte criminelle contre lui faicte à la requeste de Raulin Lanoue de Chalandry, vers lequel il avoit été condamné à domaiges et intérêts qu'il n'avoit moien d'acquitter, pourquoy ledit le Cirier étoit en hazart de finir ses jours esdite prison de Laon. » Salomon de Guignicourt et sa femme s'empressèrent de payer les 50 écus dûs à Raulin Lanoue et 120 autres « à Mathieu Dedieu, geôlier desdites prisons, » pour dépenses qu'y fit le détenu pendant les cinq ou six mois qu'il y séjourna. Grâce au concours pécuniaire des nouveaux hôtes de la Motte, Daniel le Cirier put donc revenir à Chalandry. Mais l'accord ne fut pas de longue durée entre eux : c'était prévu au contrat de 1596 : « Comme ledit don estoit fait à la charge de la nourriture et entretènement voire mesme du logement dudit le Cirier, cela ne se pouvoit ny bien ny commodement faire qu'à la longue, il n'apportasse ung mécontentement à l'ung ou à l'autre d'eux et ne fut cause de trouble et debatz entre eux, etc. . . . . ». Daniel le Cirier se retira alors dans « une maison située près du pont des Vaches, tenant d'un côté à une ruelle aisance dudit Chalandry, de l'autre aux fossés de la Ville. » (Maison appartenant actuellement à M. Wiart-Létrichet de Laon.)

Outre la difficulté de vivre côte à côte, il y avait contestation au sujet du titre de seigneur de Chalandry, que Daniel le Cirier continuait à porter. Un jugement du bailliage de Vermandois rendit un arrêt en sa faveur (*Greffe du Tribunal civil de*

Laon, liasse 94.) Il vécut encore plusieurs années, cultivant quelques terres pour augmenter ses faibles revenus. Il figure plusieurs fois au registre des délibérations de la communauté, entre autres dans celle de 1612, où il est question de reconstruire le presbytère.

Salomon de Guignicourt, seigneur de la Motte et de Chalandry en partie (du 31 décembre 1596, *voir suprà*); « écuyer noble homme, homme d'armes des ordonnances du roi sous la charge de Mgr de Marivaulx, gouverneur de Laon (1596), puis sous celle de Mgr le connétable de Montmorency, duc et pair de France (1606). » (A. A. H, 55). Il résidait au château de la Motte et cultivait lui-même ses terres. Il possédait en outre à Bancigny (canton d'Aubenton) 108 jallois de terre (*Bulletin Thiérache*, tome 11.).

Le décès de Magdelaine Goullart, son épouse, arrivé en 1628, fut le point de départ d'un morcellement assez important de ce fief qui fut partagé par moitié entre le père, d'une part, et ses sept enfants, d'autre part; Cézar, Gédéon (époux de Claude Mozart, fille du sieur de la Tour), Jehan et Pierre, tous écuyers, Magdelaine, épouse de Jean de Callende, Catherine et Antoinette (Partage du 7 septembre et arpentage du 12 novembre 1629. — ibid.)

Le 31 janvier 1634, de Guignicourt vendit la moitié de sa part à Philippe de Pipemont, seigneur de Couvron y demeurant, et donna la seconde moitié à son fils aîné, Cézar. Il mourut la même année. Le fief de la Motte avait donc ainsi deux principaux seigneurs : Cézar de Guignicourt et Philippe de Pipemont, chacun environ pour 135 jallois. Cézar de Guignicourt figure avec le titre de seigneur de la Motte et de Chalandry en partie sur un rôle de gentilshommes propres au service militaire en 1635 (COMBIER, *Nomenclature des A. du Greffe de Laon*) et sur le *registre des délibérations de la communauté des habitants en 1636* (A. A. B, 2999.) Ce n'est que le 28 septembre 1645, qu'il vendit à Philippe de Pipemont ses biens moyennant une rente annuelle de 500 livres rachetable de 10000 livres (A. A. B, 3001). Celui-ci réunit, de ce fait, la seigneurie à la presque totalité du fief. De plus, en 1636, il acheta la part de Catherine de Guignicourt (A. A. H, 55). Un bail de 1648 révèle qu'il résidait au château de Couvron et qu'il loua pour 9 ans, moyennant 1800 livres, à Charles Nanet, laboureur à la Cense de Charlemont, paroisse de Monthenault, 306 jallois de terre et 50 faux de pré, y compris la maison de la Motte et ses dépendances, les droits et cens seigneuriaux, la moitié de la pêche, le droit de chasse et même celui « de faire administrer la justice aux délinquants en recevant aussi les proffictts d'ycelle, fors et excepté les cas où il y aura punition corporelle. » (A. A. H, 55). Ce contrat indique assez l'aisance de la classe bourgeoise de cette époque. On était cependant en pleine Fronde, ce dont notre contrée, plus que toute autre, ressentit les fâcheux effets. Une clause du contrat y fait une allusion indirecte : « En cas que par force majeure, comme l'assiette d'un camps, assemblée d'armée ou désastres d'ennemis en ces provinces, que Dieu ne veuille permettre, et que dans ce malheur les bleds et prez dependans du present bail ou portions d'yceulx fussent mangé ou ruyné, sera faicte déduction sur la redevance à proportion du dégast. ».

En 1659, le seigneur était François de Pipemont, fils du précédent, chevalier, haut et puissant seigneur, baron de Couvron, de Chéry-les-Pouilly, de la Motte-Chalandry et de Crécy-au-Mont. C'est contre lui et son beau-frère, Charles de l'Estandart, baron d'Angerville, époux de Claude de Pipemont, que les religieux de Saint-Jean de Laon engagèrent le fameux procès dont il a été question en fin du chapitre 5. Il passait du reste pour un prodigue puisque, en 1677, sa femme Suzanne de Longueval fut admise à prouver la dissipation de son mari, pour obtenir la séparation de biens (COMBIER, *Bailliage de Vermandois*, page 38).

§ 2. — On a vu par suite de quelles circonstances la Motte fut vendue le 1ᵉʳ septembre 1684 au couvent des Dames de la Congrégation de Laon, dont le but était l'enseignement des filles du peuple; elles avaient un établissement à Laon depuis 1622.

Ces religieuses louèrent la Motte à François Daniel, laboureur, et à Elisabeth Blanzy, sa femme (déjà fermiers depuis 1677) aux termes d'un bail reçu par les notaires et gardes-notes du Roy au Bailliage de Vermandois (de la Campagne et Fourtier) le 2 mars 1685. Elles y constituaient le preneur leur lieutenant de justice, lui donnaient pouvoir et autorité de créer un sergent, de recevoir et percevoir leur droit d'afforage, de maintenir tous leurs autres droits et prérogatives sans aucune autre réserve que les cens et surcens. Ce bail fut fait pour 19 années, moyennant une redevance annuelle de « 600 livres d'argent, 28 asnées de bled, 28 asnées de méteil, 18 asnées de seigle, mesure de

Laon, rendues au grenier des bailleresses, bon grain, sain, secq, bien vanné et nettoyé, 40 paires de pigeonneaux, 6 chapons, 1 pièce de cidre, 1 pièce de poires et autres fruits quand il y en aura, 100 garbées, payables à la Saint-Martin d'hyver. » Suivant arpentage de Jean-Jacques Crouzillac, arpenteur-juré « rézidant au bourcq de Crécy, de toutes les terres, prés et autres héritages dépendant du château de la Motte-Chalandry », en date, au commencement, du 15 juillet 1690, il résulte que en dehors des bâtiments :

« La Roye en blé était de	49 jallois	12 verges.
La Roye en mars.	67 —	14 —
La Roye en versaine.	69 —	— —
Prez	21 —	41 —
Ensemble	206 jallois	67 verges ».

Autres fermiers après François Daniel et sa femme :

3 novembre 1700, Louis Grandin et Nicolas Turquin.

11 février 1711, Nicolas Turquin, Antoine Simon et Marie Turquin : bail moyennant 530 livres en argent, 12 cochons d'un an, un cent de foin les 4 au cent, 40 paires de pigeonneaux et 12 chapons.

7 février 1720, Nicolas Turquin.

2 juin 1728, Chevallier et Nicolas Turquin.

1738, Etienne Petit-Jean et Claude Carlier.

23 mai 1756, Claude Carlier et Marie-Anne Longuet, sa femme; bail moyennant une redevance annuelle de 60 asnées de froment, 600 livres d'argent, 40 paires de pigeons, 100 bottes de paille de froment et 30 livres d'argent pour tenir lieu des grosses réparations ; 1er payement à la Saint-Jean d'hyver.

1765, les mêmes.

19 mars 1784, Henry Bonaventure Sallandre et Marie-Anne Carlier; bail moyennant 60 asnées de blé méteil, un cent de paille et un cent de foin et 1000 livres en argent (A. A. H, 55). C'est à l'expiration de ce bail, en 1793, que la Motte fut vendue comme bien national.

§ 3. — A la suite du partage de 1629 sus-énoncé, plusieurs parties du fief en furent détachées, ou, comme on disait alors, éclipsées. Parmi les nouveaux possesseurs on en remarque deux qui conservèrent le titre de seigeurs de la Motte.

C'est d'abord Gédéon de Guignicourt, second fils de Salomon de Guignicourt qui, vers 1668, vendit ses biens à Charles de l'Estandart, baron d'Angerville, tous déjà nommés. En 1717, le fils de ce dernier, Henry, aliéna ses seigneuries au profit de Nicolas Desmarest, ministre d'Etat sous Louis XIV, contrôleur général des finances, marquis de Maillebois, baron de Couvron seigneur d'Urcel (1), de Sort et de la Motte-Chalandry. Angélique-Charlotte Desmarets, sa fille, les porta en mariage au sieur de Belleguise en 1738. En 1772, Claude Darras, son héritier maternel fut seigneur de Couvron, Monceau-les-Leups, Chéry, Urcel et la Motte-Chalandry.

Une deuxième partie éclipsée du même fief, consistait en 28 jallois 100 verges de terres, 2 jallois de prés, et 2 chapons de surcens seigneurial. A la veille de la Révolution elle appartenait à damoiselle Madeleine-Josèphe-Françoise Gouge de la Motte, fille mineure de M° Etienne-François Gouge, conseiller du roi, président au Grenier à sel de Laon et arrière-petite-fille de Jean de Callende et de Magdelaine de Guignicourt (A. A. H, 55.)

Autres propriétaires : Jean Hugot, sergent royal à Laon, pour 15 jallois de terres et prés provenant d'une acquisition de Guignicourt (vers 1660); Hugot vendit à Nicolas Cosse, marchand à Laon et Elisabeth Beuvelet, sa femme (1691); en 1747, ces immeubles passèrent à Charles Longuet, laboureur à Dercy; puis à Marie-Anne Longuet, épouse de Claude Carlier, laboureur à Chalandry; ensuite à Marie-Anne Carlier, épouse de Henri-Bonaventure Sallandre (2), sus-nommés.

D'autres parties, peu importantes furent encore acquises vers 1684 par une famille Villette de Crécy-sur-Serre; par l'Eglise de Chalandry; par messire Claude de Rillart, chevalier conseiller du roi, lieutenant d'épée du bailliage de Laon et par sa fille Marie-Charlotte, épouse du sieur de Ronty (*Dénombrements et Aveux*, A. A, H, 55).

§ 4. — Ce que nous avons dit de la *seigneurie de la Motte*

---

(1) Urcel, fief situé à Crécy et qu'il ne faut pas confondre avec le village de ce nom.

(2) Ce nom est écrit de différentes façons.

peut, d'une façon générale, s'appliquer aux deux *fiefs de l'Arche et de Brissy*.

L'Arche, dont le nom fait penser au mot latin *Arx (citadelle)*, occupait un vaste emplacement dans la partie basse du village (nord-ouest); le lieudit *Loache* en perpétue le souvenir. En langue picarde, *loache* signifie *amas d'eaux stagnantes*, dénomination qui s'appliquait bien à l'état des lieux, il y a seulement quelques années encore, avant qu'on eût comblé la grande mare qui se trouvait là. Le manoir, avec toutes ses dépendances, tenait du midi à la rue du Moulin prolongée vers Rhutil (autrefois chemin de Crécy), du nord à la rivière de la Souche, de l'est à la rue d'En-Bas et de l'ouest à la rue de Crécy. On a retrouvé beaucoup de fondations au lieudit *le Paissy*, ou *Paincy* (de *pasticium, pastis, paistis*, — *pâtis, pâturage*; *Dictionnaire de la Curne de Sainte-Palaye*) où devait exister le logis principal.

Les fossés qui coupent encore aujourd'hui les jardins situés entre la rue du Presbytère et la rue du Pont, appelés dans les anciens titres tantôt les fossés de la Ville, tantôt la rivière de *Poilly* ou de *Pouilly* lui servaient de fortifications. Commençant en face du presbytère actuel, ils se continuaient au-delà du Paissy, pour rejoindre, en faisant un coude à droite, la rivière de la Souche.

Voici les noms des seigneurs connus :

15ᵉ siècle, Marie de l'Arche, fille de de Clarambault de Mayot.

1458, Jehan de Marle. Ce nom ne paraît avoir rien de commun avec les comtes de Marle (A. A. H, 71).

Vers 1500, Anthoine de Marle.

1535, Laurent de Sains.

Vers 1580, Martin Hennuyer, contrôleur au Grenier à sel de Laon (A. A. H, 55).

Vers 1600, Charles Manca, marchand à Laon. Il vendit aux Dames de la Congrégation une partie de ses biens et l'autre partie à Gédéon Aguet, contrôleur au Grenier à sel de Laon (vers 1630). Le fief de l'Arche, aux mains de ce dernier, comprenait : masure, jardin autour et 56 jallois de terres ou prés tant en fief qu'en roture, sur le terroir de Chalandry.

Gédéon Aguet, fils, président au Grenier à sel de Laon, héritier de la moitié du fief, à l'encontre d'Elisabeth Aguet, veuve de Mᵉ Charles Marquette, avocat au parlemeut, sieur de la Tombelle, et de Françoise Aguet, femme de Jean de Mersignay, commissaire des guerres, aliéna ses biens, en 1691, pour moitié à Salomon Levent, laboureur à Chalandry, et pour la seconde moitié à Jean Remy, laboureur à Pouilly, originaire de Chalandry.

Ce dernier, par testament passé pardevant M° Jean Lhôte, notaire à Crécy, le 7 décembre 1711, légua l'universalité de ses biens à la fabrique de l'église de son village natal. Il mourut à Chalandry le 12 décembre 1711 (A. C.) Ce ne fut qu'après le décès de sa femme Marie Dufaulx (1720), que la fabrique entra en possession de ce legs (*infrà*, ch. 9, II, § 3). Il fallut alors, pour se conformer aux coutumes, faire choix d'un homme qui acquittât pour l'église paroissiale les droits d'usage et fît l'hommage du fief aux propriétaires de la Motte, c'est-à-dire aux Dames de la Congrégation de Laon. Cela s'appelait la présentation « d'homme vivant et mourant ».

Voici la copie littérale d'un acte de cette nature :

« Cejourd'huy, 12° jour du mois de May 1720, les curé, marguilliers et autres paroissiens de l'église de Saint-Aubin de Chalendry dûment assemblez au son de la cloche, en la manière accoutumée, fin et issue de la messe parroissialle, dite et chantée en laditte Paroisse, a été représenté par Jacques Delours, marguillier en charge, que Jean Remy par son testament du 7° jour de décembre 1711, avait fait l'église dudit Saint-Aubin de Chalendry légataire universelle de tous ses biens et héritages, dont une partie des jardins et mazures relevait du fief de l'Arche, et qu'il était à propos pour le relief dudit fief de nommer une personne pour homme vivant et mourant : C'est pourquoy en même temps, et d'un commun consentement, lesdits curé, marguilliers et paroissiens, ont nommé pour homme mourant et vivant pour relief dudit fief, appartenant à l'église Saint-Aubin de Chalendry, François Picon, aux offres que ledit François Picon, faisait de faire les foys et hommages deubs et accoutumés et de servir suivant la nature et quantité que requerrait ledit fief, à laquelle fin on lui a donné pouvoir de se présenter pardevant qui il appartiendra. C'est de quoy a été donné le présent acte que lesdits sieurs curé, marguilliers et paroissiens ont signez les mois, jour et an que dessus ». (Signé) N. FOUCHET (curé), suivent 18 signatures dont celles de Turquin, François Lhôte, François Turquin, Louis Lefort, François Picon, Nicolas Jumaucourt (noms encore portés par des familles de la région) etc., et une marque (A. A. B, 3003 et A. P.)

§ 5. — Les dénombrements seigneuriaux de 1536 et de 1606, précédemment rapportés, indiquent la contenance des terres du *fief de Brissy*, mais ne mentionnent pas l'emplacement du manoir, qui devait être détruit depuis un certain temps déjà. Ce dernier était probablement assis à l'est du village, entre la ruelle du Moulin, la rue de l'Eglise, la ruelle Balossier et celle de la Chapelle, à la place ou près du *Moustier* décrit *suprà*, ch. 3, § 9. C'est là que les dénombrements les plus anciens placent le jardin des propriétaires et des hoirs (héritiers) de Brissy.

Seigneurs de Brissy :

Jehan de Brissy (15° ou fin du 14° siècle.)

1458, Watier de Pleine-Selve, marié à la fille du précédent.

Vers 1470, N. de Cigny-Daillenal (A. A. H, 71.)

Vers 1500, Charles de la Cour, petit-fils du précédent par sa mère Agnès de Cigny. Il mourut en 1520 après avoir vendu une partie de ses biens à Messire Bellotte, doyen du chapitre de la cathédrale de Laon et avoir légué le surplus audit chapitre. Un obituaire de la cathédrale, rédigé par un chanoine du 17° sièle, qui se trouve à la Bibliothèque de Laon, indique que ce seigneur « fonda un obit, tous les ans, au jour de son trespas, et une messe perpétuelle à l'autel de Sainte Catherine, après celle qui se dit au commencement des Matines. » Le même registre mortuaire donne le détail des legs faits par Charles de la Cour, consistant en 224 livres en argent de revenus et 33 asnées de grains (dont 12 asnées à Chalandry). En 1564, deux messes ayant été supprimées, les huissiers forcèrent le chapitre à les célébrer et à donner 12 deniers à chacun des 6 pauvres qui y assistaient. Ce fief resta la propriété du chapitre jusqu'en 1789 (A. A. H, 55 et H, 71. — *Dénombrements et Baux.*)

CHAPITRE VIII

La Communauté des habitants de Chalandry

§ 1er. — INTÉRÊT DE CETTE ÉTUDE.

§ 2. — COUP D'ŒIL SUR LA COMMUNAUTÉ A PARTIR DU MOYEN-AGE. ORGANISATION COMMUNALE D'APRÈS LES REGISTRES DES DÉLIBÉRATIONS DU 16e SIÈCLE. UN MODE INÉDIT DE SUFFRAGE UNIVERSEL. ÉLECTION ET RÉCEPTION DU MAIRE; SES PRINCIPALES ATTRIBUTIONS. LISTE DES MAIRES DE CHALANDRY JUSQU'A LA RÉVOLUTION. ÉLECTION DU PROCUREUR-SYNDIC, ETC.

§ 3. — ADMINISTRATION COMMUNALE. ROLE DU MAIRE. IMPORTANCE DES ASSEMBLÉES GÉNÉRALES. — DIFFÉRENTS PROCÈS SOUTENUS PAR LA COMMUNAUTÉ.

§ 4. — RAPPORTS DE LA COMMUNAUTÉ AVEC L'ADMINISTRATION SUPERIEURE ; CONTROLE DES INTENDANTS DÈS LE 18e SIÈCLE.

§ 1er. — L'étude documentée d'une ancienne communauté d'habitants de campagne est, pour ainsi dire, chose nouvelle, bien que fort attrayante, en même temps que très instructive. N'est-ce pas en effet le bon et brave peuple des petits villages qui, poussé vers un idéal de bien-être, est enfin arrivé, par une évolution progressive à travers les siècles, à donner aux provinces de la France leur intéressante physionomie actuelle ? Cependant, de même que les géographes ne citent que les villes ou bourgs importants, de même, les auteurs d'histoire locale ne mentionnent généralement que les faits remarquables, se rattachant plus ou moins directement à l'histoire générale : ils laissent dans l'oubli la vie ordinaire, la vie journalière des populations agrestes, faite de détails inconnus et quelque peu mystérieux ! En sorte que l'on peut dire que ce point d'histoire est encore à éclaircir. Et pourtant là, comme dans la fable de La Fontaine,

<blockquote>C'est le fonds qui manque le moins,</blockquote>

mais il faut « prendre la peine de le travailler. »

Il convient néanmoins, de rendre justice à quelques bonnes tentatives de ce genre, surtout au savant ouvrage de COMBIER sur la *Communauté des habitants de Liesse*, duquel nous nous sommes inspirés et à d'autres études partielles, insérées dans les bulletins des Sociétés académiques départementales.

§ 2. — Les rares documents ou chartes du 12ᵉ siècle concernant Chalandry ne contiennent rien sur son administration intérieure. Ce village, d'ailleurs, n'a jamais été érigé en commune : L'histoire de cette époque n'en est que plus obscure.

Toutefois, la charte de 1189, déjà citée, qui ne faisait probablement que confirmer un usage préexistant, révèle la nomination d'un maire, d'un doyen et de trois échevins en chaque seigneurie et dépendance du monastère de Saint-Jean de Laon. Ces officiers, élus par l'abbé et le seigneur-avoué, pour la sauvegarde réciproque de leurs intérêts avaient très probablement un autre rôle ; ils devaient, par exemple, présider les assemblées, administrer les biens communaux, répartir et colliger l'impôt, etc.

Ces hypothèses ne se rapportent qu'aux moindres avantages stipulés dans la *Charte de Paix* ou de *Commune*, accordée en 1190 aux habitants de Crécy-sur-Serre et Ceply, village voisin de Chalandry, appartenant au même seigneur. En effet, le maire, les jurés et échevins de ces lieux, élus par leurs concitoyens, non seulement administraient la communauté et répartissaient les impôts, mais ils avaient de plus le droit de juger les délits de police, et même certains délits civils et criminels, à l'instar des maires des principales cités de Picardie.

Le mouvement communal dut avoir sa répercussion sur les villages qui, s'ils n'eurent pas de chartes écrites, en bénéficièrent de tacites. Le seigneur y conservait cependant tous ses droits de justice, ne déléguant au maire que les moins importants, tandis que dans les villes il y avait, à proprement parler, une justice communale, indépendante de la justice seigneuriale.

La transaction de 1246, déjà énoncée au chapitre 5, § 5, passée entre l'abbé de Saint-Jean, le seigneur-avoué et les habitants de Chalandry, contient la preuve évidente que ces derniers jouissaient de certaines garanties même en plein régime féodal et qu'ils ne payaient que des taxes conventionnellement réglées.

Il faut sauter plus de trois siècles pour retrouver trois autres documents concernant les « maire, eschevins et manants du village de Chalandry » : 1º d'abord, un procès soutenu en 1562, au sujet de la taille, par la communauté des habitants, contre la reine de Navarre, veuve et héritière d'Antoine de Bourbon, duc de Vendôme et comte de Marle; 2º une réception de maire par le bailli de Saint-Jean en 1599; 3º et surtout un registre, à peu près complet, de délibérations de la communauté, qui va de 1602 à 1636 (A. A. H, 55; B, 2880 et B, 2999.)

Il en résulte notamment qu'à cette époque, la communauté avait à sa tête un maire, un lieutenant du maire, deux échevins, un greffier et un syndic ou procureur-syndic. Ces officiers, sauf le greffier, étaient nommés au suffrage universel.

Les élections avaient lieu de la manière suivante : le maire en exercice, requis au besoin par le procureur d'office (c'était un habitant du village représentant la loi et l'autorité seigneuriale) faisait annoncer les jour et heure de la réunion par son sergent ou garde. A la date fixée, généralement un dimanche, à l'issue de la messe ou des vêpres paroissiales, tous les habitants convoqués au son de la cloche se réunissaient *à la Croix du Village*. Là, chacun pouvait désigner librement le candidat de son choix. Voici comment on émettait les suffrages. En un temps où les illettrés étaient plus nombreux qu'aujourd'hui, on ne pouvait pas avoir recours au scrutin secret. Le procureur d'office, qui veillait aussi au respect des formes légales et au maintien de l'ordre, dressait la liste de tous les électeurs présents; puis, en regard du nom de chacun d'eux, il inscrivait celui du candidat désigné. Tous les suffrages étant recueillis, on récapitulait les voix ; celui qui en obtenait le plus était proclamé élu, au premier tour. Un procès-verbal d'élection de 1633, révèle que 56 votants y prirent part et qu'il y eut deux voix blanches ; François Dorigny fut élu maire par 21 voix. En 1646, Jehan Oget fut nommé par 13 voix sur 46 votants, parmi lesquels « un a fait défaut et un autre n'a pas nommé. » (A. A. B, 3000.)

L'élection ainsi faite et proclamée, le procureur d'office dressait le procès-verbal des opérations qu'il remettait au nouveau maire. Muni de cette pièce, celui-ci comparaissait devant le bailli de Saint-Jean de Laon, pour être reçu en sa charge et prêter le serment d'usage. Suit la copie littérale de l'un de ces actes : « Cejourd'huy 28° jour d'apvril 1599, pardevant nous Nicolas Martin, procureur-bailly, est comparu Albin Bazin, laboureur, demourant à Chalandry, par lequel nous a esté dit et démonstré qu'il a été esleu maire par les habitants dudit Chalandry audit village et à la croix dudit lieu, suivant laquelle élection il se présentait pour prester le serment de bien fidèlement exercer ladite charge de maire audit village et en ladite terre et seigneurie d'icelle abbaye, ce qu'il a promis faire. Suivant quoi l'avons receu et substitué en cette charge. Et néanmoins luy avons faict deffense de ne cognoistre des matières excédens la somme de 20 sols tournois ains (mais) de les renvoyer pardevant nous. (Signé) ALBIN BAZIN. » (A. A. B, 2880.)

Elu pour un an, le maire n'était pas rééligible : cette règle n'a souffert que peu d'exceptions. Comme on vient de le voir, il avait dans ses attributions le droit de rendre la justice, tout au moins la basse justice ou justice foncière ; il faisait appliquer les règlements de police en vigueur dans le ressort du bailliage du monastère. En outre, il enregistrait les baux, même les contrats de mariage, dressait les inventaires après décès, etc. Cependant un procès-verbal de réception de maire, de 1649 lui « fait deffense à l'avenir de ne connoître aucune cause tant civile que criminelle excédant 17 sols, ni faire aucun acte d'émancipation, tutelle ni inventaire ». (A. A. B, 3000.)

Il administrait les deniers de la communauté conjointement avec le syndic ; établissait ou rendait exécutoire l'assiette de l'impôt ; convoquait, pour toutes les questions intéressant le bien de la communauté, l'assemblée générale des habitants ; enfin, il authentiquait de son seing et tenait le registre public des délibérations. Quant aux registres de l'état-civil (naissances, mariages et décès) ils furent à la charge des curés jusqu'en novembre 1792.

Il n'était pas nécessaire que le **maire** sût écrire et signer : Ceux de 1605, 1606, 1619, etc., ne savaient faire que leur marque. Le greffier assermenté de cette époque, Daniel Levent, rédigeait les actes et les signait avec le lieutenant du maire et les échevins. D'ailleurs, beaucoup d'habitants avaient leur marque spéciale, ainsi qu'on le verra *infrà*, chapitre 10, § 2.

Voici les noms des maires que nous avons pu relever jusqu'à la Révolutiou :

1599, Albin Bazin ;
1600, Nicolas Moisnet ;
1602, Albin Bazin ;
1604, Guillaume Faucheux ;
1605, Nicolas Regnardieux ;
1606, Ambroise Herlain ;
1607, Guillaume Beuzart ;
1608, Nicolas Bocquet ;
1609, Nicolas Levent ;
1610, Jehan Bagaget ;
1611, Pierre Dunest ;
1612, Nicolas Denie ;
1613, Nicolas Marchand ;
1614, Guillaume Beuzart ;
1616, Antoine Denie ;
1617, Antoine Bonoz ;
1618, Maury Denisme ;
1619, Claude Bouhoury ;
1620, Jehan Maroudiaux ;
1621, Daniel Levent ;
1622, id.
1623, Simon Vitu ;
1624, Antoine Noel ;
1625, Jehan Bonoz ;
1631, Claude Remy ;
1633, François Dorigny ;
1634, Jehan Oblin ;
1635, Martin Vitu ;
1636, Nicolas Oblin ;

1637, Engrand Danye;
1638, Jehan Louys;
1639, Jehan Dumont;
1643, Crespin Villette (donna sa démission parce que étant maréchal il allait travailler au dehors);
1645, Raulin Gérard;
1646, Jehan Oger;
1649, Antoine Oger;
1650, Jehan Vitu;
1659, Charles Oger;
1660, George Levent;
1663, Jehan Beuzart;
1664, Charles Oger;
1675, Nicolas Turquin;
1711, Antoine Beuzart;
1718, Pierre Douce;
1720, Alexandre Hénon;
1741, Jean-Pierre Hénon;
1756, Alexandre Gogart;
1757, Remy Broyart;
1759, Toussaint Gautier;
1763, Claude Carlier;
1764, Nicolas Turquin;
1765, Bonaventure Salendre;
1766, Jean Reneaux;
1767, Pierre Lefèvre;
1768, François Jumaucourt;
1769, Nicolas Jumaucourt;
1786, Lambert-Lambert.

(*Voir la suite* infrà, l. II, ch. 6, § 1er.)

A remarquer que beaucoup de familles, portant ces noms, ont disparu du pays.

Le second magistrat communal était le procureur-syndic, élu comme le maire au suffrage universel. Il avait pour mission spéciale de veiller aux intérêts de la communauté des habitants, de même que le procureur d'office, nommé par le seigneur, était chargé de veiller aux intérêts seigneuriaux. Il apparaît tantôt comme un intermédiaire entre les habitants et le maire, tantôt comme un collaborateur de ce dernier, et tantôt comme le receveur ou le trésorier des deniers communaux. Voici du reste un procès-verbal d'élection qui fera connaître le rôle et les attributions de ce fonctionnaire :

« Du XXVIIII° jour d'Apvril 1611, comparurent en leur personne les habitants de Challendry, François Dunest, maire en la justice de messieurs les religieux et abbé des religieux et couvent de Saint-Jean de Laon, en terre et seigneurie dudit Challendry, Nicolas Boquet, lieutenant, Nicolas Levent et Martin Bully, eschevins, Nicolas Denis, maire en la justice de la Motte-Challendry, et plusieurs autres habitants dudit lieu tous agrégés et assemblés au lieudit *à la Croix* dudit Challendry, après assignation, à eux donné, à la requeste dudit maire et du procureur d'office dudit Challendry, ou estant tous assemblés, la plus grande et saine partie desdits habitants, pour quoi faire élire ung procureur syndicq pour régir et gouverner les affaires de Challendry, lequel a esté élu et baillé en la charge à Adrien Latruffe, habitant dudit lieu, auquel par ces présentes ont donné pouvoir d'entendre aux affaires dudit lieu ; même plaider, appeler, opposer, annoncer, vendre, aliéner, agiter et tout autre chose trouvée être bon faire, par conseil et avis desdits habitants, en luy fournissant et baillant argent, pour subvenir et entendre aux affaires dudit lieu, pour lesquels ont passé le présent audit Latruffe et en témoins de quoy avons signé les présentes, jour et an susdits. » Suivent treize signatures lisibles et quatorze marques (A. A. B, 2999.)

Après le syndic, venaient le lieutenant du maire et les échevins, élus par la communauté des habitants afin d'assister le maire de leurs conseils et soutenir avec le syndic les intérêts de leurs concitoyens ; au 18° siècle, ils furent remplacés par les notables.

Avec le greffier qui prêtait serment solennel devant le bailli-général ou son procureur, tels étaient les officiers communaux de cette époque.

La nomination des autres agents de la communauté se faisait également en assemblée générale : tels les collecteurs de la taille, les répartiteurs de sel, le sergent ou garde-messier, le maître d'école, les marguilliers, etc.

§ 3. — « Une communauté d'habitants, est le corps des habitants d'une ville, d'un bourg ou d'un village, considérés collectivement pour leurs intérêts communs. L'objet de cette communauté consiste seulement à pouvoir s'assembler pour délibérer de leurs affaires communes, et à avoir un lieu destiné à cet effet, à nommer des maires et des échevins, consuls et syndics ou autres officiers, selon l'usage du lieu, pour administrer les affaires communes, des assesseurs et collecteurs dans les lieux taillables pour l'assiette et le recouvrement de la taille, des messiers et autres préposés pour la garde des moissons, vignes et autres fruits. » (GUYOT, *Répertoire de Jurisprudence*, 1782.) La communauté possédait donc deux pouvoirs essentiels : 1° celui de délibérer elle-même, et 2°. celui de nommer ses officiers et fonctionnaires.

Pour se faire une idée aussi exacte que possible du fonctionnement de l'administration dans une communauté d'habitants, comme celle de Chalandry, il est nécessaire de la dédoubler en : 1° celle du maire ; 2° et celle de la communauté elle-même.

Le maire n'avait qu'un pouvoir restreint, celui de la communauté était illimité. Assisté de ses conseillers, de son lieutenant et de ses échevins, le maire, ainsi qu'il a été dit déjà, enregistrait les actes publics et jugeait certains différends. Ce devait être là le côté le plus honorable, le plus enviable de sa charge qui en faisait un véritable magistrat. Cependant ses pouvoirs diminuèrent vers la fin du 17° siècle. En dehors de cela, il n'était que le simple comptable des deniers de la communauté, conjointement avec le syndic. Pour tout ce qui était imprévu, extraordinaire, il devait convoquer l'assemblée générale des habitants et en prendre l'avis. Comme comptable il inscrivait les recettes et les dépenses sur un registre spécial.

Modestes étaient les ressources de la communauté de Chalandry : en 1764, les recettes s'élevaient à 282 livres 2 sols, les dépenses à 283 l. 15 s. En 1766 : recettes 154 l. 12 s. 3 d.; dépenses 117 l. 2 s. 6 d. En 1769, les recettes et les dépenses se balancent (391 l. 16 s.) Dans ces recettes, les adjudications de regains fournissaient le principal appoint.

A l'expiration de son mandat, le maire rendait compte devant le nouvel élu, en assemblée générale. Exemple : « Compte présenté par le sieur Bonaventure Salendre, ancien maire de la communauté de Chalendry, à commencer le 24 juin, pour son année d'exercice 1765 et à finir à pareil jour de 1766, en présence du sieur Jean Reneaux, maire actuel, Toussaint Gautier, syndicq et principaux habitans dudit Chalendry, après les énoncés faits à la coutume ordinaire par Jacques Serveux, sergent-messier, savoir ce qui suit : »

Premier chapitre : Recettes; produits des adjudications des

regains, reliquat du compte de l'ancien maire, produit de la vente de vieux bois, travaux de charrois faits pour les communautés voisines, etc. : 154 l. 12 s. 3 d.

Deuxième chapitre : Dépenses ; raccommoder les abreuvoirs, réparer les brèches du canal, entretenir le pont des Vaches, voyage fait pour la communauté, etc., 117 l. 2 s. 6 d.

Balance : 37 l. 9 s. 9 d.

Le compte est ensuite approuvé par le maire entrant, le syndic et les principaux habitants, puis par le subdélégué de l'Intendance et Généralité de Soissons et signé par les mêmes (A. A. C, 97.)

Jusqu'ici on n'a vu que les côtés les moins intéressants de l'administration communale. Ainsi qu'il a été dit précédemment, toutes les questions importantes, imprévues, extraordinaires, étaient tranchées par la communauté elle-même, qui se réunissait en assemblée générale « aux lieux accoustumés pour tenir les plaids généraux, pour traiter et entendre aux affaires de ladite communauté, dites *Assises de semaine* » (A. A. B, 3000. *Délibération de mars 1637.*) Le maire faisait exécuter ensuite sous la surveillance du syndic, la volonté de l'assemblée ou tout au moins, comme on disait alors, « de la plus grande et saine partie d'icelle ».

En 1606, le seigneur de Sort (fief entre Crécy et Pouilly) voulut interdire la *pâture de Sort* aux bestiaux de Chalandry, « malgré une coutume ancienne de plus de cent ans ». Aussitôt grande rumeur et assemblée générale (29 juillet 1607). Le procès-verbal mentionne que les habitants « estant assemblés à l'issue de la messe paroissiale dudit Challendry, pour quoy faire et suivant le droict qu'ils ont en la pasture de Sort d'autant que on leur veult empêcher de y aller pasturer ; pour quoy ils ont advoués leur pastre de y aller ; qu'ils y ont droict suivant les coutumes enciennes, que de faict l'adevouons et baillons povoir et lui promettons de le deffendre et soutenir, que de faict avons signez les jour et an susdits. » En conséquence de cette décision, le pâtre continua à conduire ses bêtes dans ladite pâture ; mais le procureur d'office et le sergent de Sort les capturèrent. D'où nouvelle délibération de l'assemblée générale. Le seigneur de la Motte, Salomon de Guignicourt, appuya de son témoignage le droit de ses concitoyens. La communauté gagna son procès et put, comme par le passé, jouir du droit de pâturage, après l'enlèvement des foins, 3 fois la semaine, moyennant 5 sous payables au seigneur de Sort le lendemain de Noël (A. A. B, 2999.)

Le 8 mai 1610 le presbytère de Chalandry tombait en ruines ; il n'y avait plus alors de curé résidant dans la paroisse. Assemblée générale sous la présidence du maire et en présence de Daniel le Cirier, seigneur du village. On vota 78 livres aux frais des habitants pour « faire et parfaire le presbytère. » (A. A. B, 2999.)

En 1636, ayant besoin d'argent pour réparer leur église, et sans doute aussi pour payer des frais de guerre, les habitants se réunirent et donnèrent, par acte passé par-devant Me Boutentin, notaire royal à Crécy-sur-Serre, leur procuration au maire et à son lieutenant pour aliéner 6 faux de prés communaux (*ibid.*)

Ce n'étaient pas seulement les affaires profanes que la communauté débattait; elle connaissait aussi des affaires temporelles de son église. Un rentère de 1720, existant aux archives paroissiales, est approuvé par le maire, le syndic, les marguilliers en charge et autres principaux habitants (elle porte environ 35 signatures.)

L'acceptation du testament de Marie Fortier qui légua ses biens à l'église en 1711, est approuvée par 17 signataires, habitants Chalandry (A. P.)

En résumé, rien d'important ne se faisait, sans que la communauté ne fut invitée à délibérer et à décider elle-même.

Les actes les plus curieux de l'administration de la communauté sont relatifs à ses procès au sujet de la taille. Dans l'espace de près d'un siècle (1566-1664) elle en soutint au moins sept. La tactique des habitants était d'abord de faire la sourde oreille aux réclamations seigneuriales ; puis, quand survenaient les assignations et exploits d'huissiers, ils choisissaient un avoué ou procureur pour plaider et au besoin en appeler de la justice du bailliage de Saint-Jean à celle du grand bailliage et présidial du Vermandois à Laon, et même de celle-ci au parlement de Paris.

Un jugement rendu le 7 avril 1566 par le siège présidial de Laon relate un procès fait « aux maire, manans et habitans de Chalandry, par la Reine de Navarre, veuve d'Antoine de Bourbon, duc de Vendôme et comte de Marle, ayant agi comme tutrice de Mgr le Prince, son fils » le futur Henri IV. Depuis 1556 la communauté refusait de payer toute la taille foncière; en 1562, procès, condamnation et appel; enfin jugement définitif du 7 avril 1566 condamnant « les deffendeurs à payer à la Reine et à faire livrer à Marle, au grenier d'icelle, les arréraiges assavoir : pour l'année eschue au jour de Saint-Remy, chef d'octobre 1556, 17 jallois, 1 boisseau de bon bled ; pour l'année 1557, 4 muids, 10 jallois, 2 boisseaux ; pour l'année 1558, 2 muids, 1 jallois, 1 pugnet, moyennant la diminution et modération qui leur fut faicte en ladicte année d'un tiers de la redevance ordinaire ; pour l'année 1559, 2 muids, 6 jallois et demy ; pour l'an 1560, 4 muidz, 7 jallois, 3 boisseaux ; pour l'an 1561, 7 muids d'arréraiges escheus audict jour Sainct-Remy, chef d'octobre. Sauf à déduire sur iceulx ce que lesdits monstreront avoir payé, pour lesquels payements exhiberont les receveurs de ladicte demanderesse leur compte aux registres et papiers de recepte ; et a continuer a l'adevenir par chacun an audict jour Saint-Remy, le payement et délivrance esdits greniers de la quantité de 9 muidz de bon bled et 13 livres 12 sols 10 deniers parisis d'argent de redevance..... Avons condamné et condamnons lesdits deffendeurs es despens dudict procès..... Cy donnons un mandement au premier sergent royal dudit bailliage, sur ce requis, que ces présentes il meste à exécution, dont de ce faire lui donnons povoir. » (A. A. H, 55.)

La communauté ne fut pas toujours aussi malheureuse dans ses procès. En 1612, le seigneur de la Motte, Salomon de Guignicourt, arguant de sa noblesse, refusait de payer la taille foncière ou droit de gâteau, bien que son fief y fût astreint, par son contrat d'acquisition du 31 décembre 1596. Deux sentences du bailliage de Laon des 5 mars 1612 et 13 décembre 1619, le condamnèrent « d'acquicter lesdits habitans de 32 asnées 3 quartels de bled pour raison dudit droict. »

Le même refus de payer fut renouvelé en 1662 par « le haut et puissant seigneur Charles de l'Estandart, baron d'Angerville » inscrit par le maire de Chalandry sur l'assiette de la taille. Les juges du présidial de Laon déclarèrent à la date du 28 août 1664 « lesdites sentences du 5 mars 1612 et 13 décembre 1619... exécutoires sur ledit deffendeur » et le condamnèrent « à indemniser et acquitter iceux habitans des arrérages dudict droict de gasteau du terroir de Chalandry, prétendus par le sieur marquis de Vervins ou ses héritiers, à compter depuis ledit contract d'acquisition, par luy faicte du sieur de Couvron..... et en oultre paier aux religieux, prieur et couvent de Saint-Jean de Laon l'année 1662 du même droict et iceluy continuer le tout suivant les assiettes quy en seront faictes en la manière accoustumée, sauf l'opposition dudit deffendeur en cas de surtaxe. » Le seigneur de la Motte en appela au parlement de Paris, sans résultat (A. A. H, 55).

De 1662 à 1675 la communauté soutint encore un procès contre les héritiers du marquis de Vervins qui, s'appuyant sur un contrat d'échange passé avec l'abbaye de Saint-Jean, prétendait avoir encore des droits d'avoué sur les habitants. Le procès alla au parlement et la communauté fut condamnée à payer 9 muids de froment (*Registre du parlement du 4 mars 1672.*)

§ 4. — Il est permis de se demander si ce régime de liberté sans limite et sans contrôle convenait le mieux aux intérêts généraux des habitants. Sous la tutelle de l'autorité compétente, les petites communautés eussent évité bien des procès coûteux, mais Jacques Bonhomme n'aurait pas eu la satisfaction d'être maître chez lui. Le contrôle de l'administration supérieure n'apparaît, dans nos modestes campagnes, qu'au 18e siècle. Le seigneur aurait pu l'exercer par lui-même, ou par son procureur d'office, mais c'eut été une source de froissements et de conflits ; de sorte qu'il abandonnait sans peine cet ingrat privilège.

Cependant une grande réforme s'était accomplie au 18e siècle. Les actes et délibérations des communautés furent dès lors soumis à l'approbation de l'intendant de la Généralité (Soissons) et de son subdélégué (Laon), avant de recevoir leur exécution. Les intendants, institués en 1635 par Richelieu, avaient entre autres attributions, celle de contrôler la gestion financière des gouverneurs des provinces. Dans le début, les petites communautés comme Chalandry durent à leur obscurité la conservation de leur liberté entière. La réforme de Richelieu n'eut d'effet sur elles que dans le cours du siècle suivant. L'étude de Combier sur la *Communauté des habitants de Liesse* ne cite pas d'intervention directe de l'intendant antérieure à 1700 : ce qui confirme notre opinion.

L'approbation du subdélégué de Laon est mentionnée au bas du compte de 1756, cité plus haut ; on y voit aussi que ce fonctionnaire se rendait en personne dans la communauté ; il approuvait également, s'il y avait lieu, les travaux de réparation des édifices publics, les adjudications et les réserves de regains communaux, les abattages d'arbres, etc.

En 1757, voulant réparer le pont des Vaches, les habitants de

Chalandry adressèrent une pétition à Monsieur Dogny, subdélégué à Laon, « tendant à ce que les dépenses des réparations à faire soient prises sur les deniers provenant de la vente des herbes des usages du 24 septembre 1757 et à ce qu'il plaise nommer des experts pour procéder à la visite dudit pont. » Cette requête fut accueillie favorablement le 29 novembre suivant. Les experts nommés, deux maîtres charpentiers de Mortiers, Pierre Voirvoir et Charles Fenez trouvèrent suivant procès-verbal du 1er décembre 1757, que les réparations à faire s'élèveraient à 166 livres 8 sols (A. A, C, 97). Mêmes formalités en 1765 pour une réparation semblable.

En 1636 la communauté avait pu sans autorisation aliéner six faux de prés communaux au profit de Charles de Flavigny (A. A. B, 2999 et *suprà* § 3). En 1765, voulant mettre en réserve quelques arpents de ces mêmes prés, elle en fit préalablement la demande à l'intendant de Soissons qui ordonna à son subdélégué de Laon de vérifier l'exposé des suppliants ; sur l'avis favorable de ce dernier, il accorda l'autorisation demandée (*ibid.*)

S'agissait-il d'une réparation à faire au presbytère ? Un arrêt du conseil de l'intendance en approuvait ou non l'opportunité et le devis : « Répartition de la somme de 553 livres 10 sols, savoir : 540 livres pour le montant de l'adjudication des réparations faites au presbitaire de Chalandry passé par Mr l'Eleu de la Ville-aux-Bois, subdélégué de Laon, le 8 août 1787 et 13 l. 10 s. pour les rolles au profit de Philippe Govin, adjudicataire des réparations ; ladite réparation faite savoir : 4/5 sur tous les propriétaires et forains possédant fonds sur le terroir de Chalandry et 1/5 sur les taillables, le tout porté à l'arrest du conseil a nous adressé par Mgr l'Intendant de la Généralité de Soissons, le tout au marc la livre des revenus des fonds et de la taille ainsi qu'il suit ; ledit arrêt en datte du 14 mars 1789 ; fait à Chalandry le 5 juillet 1789 (rendu exécutoire le 15 juillet même mois.) 1ent Mesdames de la Congrégation de Laon pour fonds estimés à 2100 l., payeront 76 l. 11 s. 3 d. ; Messieurs de Saint-Jean au Bourg de Laon pour fonds estimés 1200 l., 44 l. 9 s. 9 d. ; Mrs de l'Ecole royale militaire de Laon pour 450 l., 16 l. 8 s. 3 d. ; Mrs de Saint-Jean l'Abbaye 436 l., 15 l. 19 s. ; la fabrique de l'église de Chalandry pour fonds estimés 315 l. 10 s., 11 l. 10 s. ; Messieurs du Chapitre de la cathédrale de Laon 478 l. 10 s., 17 l. 1 s. 6 d. ; M. Darras, seigneur de Couvron, pour 480 l.,

17 l. 10 s. 6 d.; etc . . . . . (les autres sont des petits propriétaires (A. A. C, 168).

Inutile de multiplier les exemples de ce genre. Nous avons suffisamment démontré qu'au 18ᵉ siècle, l'Etat voulant affirmer sa prééminence sur les seigneurs avait établi les intendants et leurs subdélégués, précurseurs de nos préfets et sous-préfets modernes.

CHAPITRE IX

Biens et droits
de la Communauté des habitants

Pour faire face aux diverses charges qui lui incombaient, ou comme conséquence de son existence légale, la communauté des habitants de Chalandry possédait certains droits mobiliers, immobiliers ou autres, comprenant : 1º les Communaux proprement dits (terres généralement en prairie naturelle); 2º quelques rues, chemins ou bords de rivière, plantés d'arbres; 3º l'église; 4º le droit de choisir le maître d'école et de fixer la rétribution scolaire; 5º et la gratuité de deux lits pour ses malades à l'Hôtel-Dieu de Laon, etc.

I. — LES COMMUNAUX

ORIGINES; SUPERFICIE. — DROITS DE PARCOURS ET DE VAINE PATURE; ÉTENDUE. — TRAITÉ DE 1610 AVEC LE PATRE COMMUNAL. — VENTE D'HERBES ET D'ARBRES.

L'origine des *Communaux* se perd dans la nuit des temps.

Proviennent-ils des cités gallo-romaines ou des libéralités plus récentes des moines et des seigneurs ? On ne saurait le dire au juste. Néanmoins, il n'est pas douteux que les dites libéralités n'ont pas seules formé le domaine communal et que ce dernier vient en partie de la propriété d'abord collective, peut-être familiale. Dans les temps reculés, les bras manquaient pour cultiver le sol, dont une faible partie seulement (la meilleure) était empouillée chaque année. Le surplus demeurait en quelque sorte en commun et servait au pâturage des troupeaux des habitants. C'est ainsi qu'avant la conquête des Gaules par les Romains, sur le territoire appartenant à une tribu, à un clan, les pâturages, les eaux et les bois restèrent indivis. D'autres fonds communs furent constitués sous la législation romaine qui reconnut aux agglomérations rurales le droit d'acquérir et de posséder. Sous les conquérants barbares, ces fonds communs ne disparurent pas entièrement, puisque leur existence se trouve mentionnée aux 6e, 7e, 8e et 9e siècles. L'établissement de la féodalité entraîna sans doute la disparition d'une grande partie de ces biens indivis, mais, ainsi que le fait remarquer M. H. Beaune, *(la condition des biens; p. 64)*, à l'égard des landes, forêts, paquiers, le domaine éminent du seigneur féodal n'a pas détruit le droit de propriété collective des communautés villageoises; il s'y est seulement superposé *(la Grande Encyclopédie)*.

Henri IV et Louis XIV rendirent d'utiles ordonnances concernant les communaux. Le premier accorda aux communautés d'habitants le privilège de rentrer dans leurs propriétés aliénées, même après de longs délais ; le second liquida leurs dettes et décréta que ces immeubles seraient inaliénables.

Le premier document authentique parvenu jusqu'à nous, sur les communaux de Chalandry est de février 1609 ; c'est « la déclaration des aisances, tant pattis, voieu et routty, appartenant aux habitans de Challendry : 1° la grande pâture, 2° le routty dudit Champy, etc, arpenté par M° Cardon arpenteur-juré à Crécy, le tout de 43 faulx moins une verge. » (A. A. B, 2999.)

Le droit de *parcours* et celui de *vaine pâture* qui intéressaient surtout les propriétaires de troupeaux de moutons, ont existé ici de toute antiquité. Ils furent abolis, savoir : le premier vers le deuxième tiers du siècle dernier et le second le 24 juin 1891, date extrême fixée aux communes, par la loi du 22 juin 1890, pour réclamer ou non son maintien. A Chalandry, la vaine pâture n'ayant plus d'objet, puis qu'il n'y avait plus de moutons, on ne fit rien pour la maintenir.

Les terrains autrefois soumis à la vaine pâture couvraient à peu près tout le canton des *Bassières* ; ils s'étendaient en effet « depuis et y compris la pâture de Sort, terroir de Crécy, jusqu'à la limite du terroir de Mortiers. »

Le pâtre était élu par les habitants. Un traité de novembre 1610 porte en substance que « le pâtre recevra par mois pour chaque bête à cornes 15 deniers et pour les bêtes chevalines, tirant et labourant, un cartel de blé-méteil et une ou deux jarbes de blé. Il livrera un taureau bon et suffisant pour la nourriture duquel il recevra 200 bottes de fourrages d'avoine. » (A. A. B, 2999.)

Indépendamment de l'utilisation des communaux pour la nourriture du bétail, la communauté des habitants s'en réservait toujours une partie pour vendre le foin sur pied et se créer ainsi des ressources variant de 150 à 400 et même 500 livres, suivant les besoins du temps. (Ces ventes d'herbes se font encore aujourd'hui.) La communauté se procurait aussi quelques ressources par la vente d'arbres croissant sur ses propriétés.

II. — ANCIENNE ÉGLISE; PATRONS; PÈLERINAGE

§ 1ᵉʳ. — LA « MAISON D'ÉGLISE PRÈS LA CROIX » — LA VIEILLE ÉGLISE, DESCRIPTION, HISTOIRE SOMMAIRE ; PLUSIEURS INVENTAIRES DU MOBILIER DU CULTE.

§ 2. — LE PATRON SAINT-AUBIN. — UNE PLANCHE DE CUIVRE REPRÉSENTANT L'ANCIEN PÈLERINAGE. — POPULARITÉ ET DESCRIPTION DE CE PÈLERINAGE TEL QU'IL EST DE NOS JOURS. — LA FONTAINE ACTUELLE DE SAINT-AUBIN. — CONFRÉRIE DE SAINT-HUBERT ; SON ORIGINE ; HISTOIRE DU LOUP-CERVIER. — SOLENNITÉ DE LA FÊTE.

§ 3. — REVENUS ET PROPRIÉTÉS DE L'ÉGLISE AVANT 1789. — MANSE PRIMITIVE ; ÉVALUATION DES TERRES. — QUELQUES NOMS DE BIENFAITEURS.

§ 4. — BIENS DE CURE. — LE CURÉ DÉCIMATEUR ET CELUI A PORTION CONGRUE ; LISTE DES DESSERVANTS JUSQU'A LA RÉVOLUTION.

§ 1ᵉʳ. — On a vu précédemment (ch. 3 § 9) que le *Moustier* de Chalandry aurait bien pu être le premier foyer de vie chrétienne, qu'ait connu l'antique *Kalendreium*. La population, à partir de la fin du 5ᵉ siècle, était déjà assez nombreuse (*voir suprà* ch. 4 § 2) pour intéresser à son sort la sollicitude du premier pasteur du diocèse, l'évêque de Laon, Saint Génébaud. Le soin de desservir la paroisse fut alors confié aux clercs et plus tard aux chanoines de l'Eglise cathédrale.

Au 12ᵉ siècle on construisit une église sur l'emplacement qu'occupe celle de nos jours. Entre la date de construction de cette dernière et la disparition de la chapelle du Moustier, c'est-à-dire dans le laps de temps qui va du 6ᵒ au 12ᵉ siècle, y eut-il un autre édifice consacré au culte ? Les dénombrements seigneuriaux de 1536 et 1606 le donneraient presque à penser. En effet, citant une maison située près du lieudit *la Croix du Village* (ferme actuelle de M. Boutroy-Calland), ils la qualifient « maison d'esglise qui estoit devant la Croix» (A. A. H, 55.) S'agit-il là d'une simple propriété de l'église ou bien d'une ancienne église même ? Le texte, ni le contexte, ne sont pas suffisamment explicites pour affirmer quoi que ce soit. Cependant, si l'on admet, en principe, que les places publiques, servant aux assemblées générales, se trouvaient ordinairement auprès des temples chrétiens on reconnaîtra que la question soulevée ici, peut tout au moins se discuter : car, à Chalandry les « plaids généraux » se tenaient toujours à la *Croix du Village*.

La vieille église, dont les anciens habitants n'ont pas encore perdu le souvenir, fut démolie en 1856. Elle était surtout respectable par son antiquité : bâtie tout en grès, de la base au sommet, de construction lourde et écrasée, elle n'avait pas l'aspect monumental de celle d'aujourd'hui. Le clocher, dit *en battière*, édifié sur le portail, était peu élevé. On pénétrait dans l'édifice par un portail ou porche garni de bancs latéraux en pierre ; puis on descendait deux marches. La grande nef était surmontée d'un plancher ; seul le chœur avait une voûte ogivale en pierres blanches. A l'extrémité des deux nefs latérales se trouvait une chapelle voûtée avec des cintres en bois. Les vieux murs, cent fois peints et repeints à la chaux, étaient humides et cependant, sous l'épaisse couche de badigeonnage, on retrouvait, paraît-il, des fragments de peinture originale, fleurs et portraits de saints dans le goût du Moyen-Age (L'abbé POQUET, *infrà*).

Cette église fut pillée et brûlée plusieurs fois, notamment en 1566, par les Protestants. Des réparations y furent faites par le Chapitre de Laon la même année, car les gros décimateurs avaient à leur charge cette partie de l'édifice (*Reg. des Délib. du Chapitre*, année 1566, f° 292.) On reconstruisit l'abside et le chœur. Le reste ne fut réparé que provisoirement : des planches au lieu de voûte, une toiture de chaume au lieu de tuiles ; ce fut tout ce qu'on y fit.

Le compte-rendu de 1606 « présenté par Nicolas Thieffenne et Jehan Bagaget, marguillier en l'église de Saint-Albin de Challendry pardevant le maire, les eschevins et plusieurs habitants et du consentement de messire Jacquelet Cuisset, prestre curez du village de Mortiers et vicaire de ladite église de Challendry » mentionne des réfections importantes : ce qui fait supposer qu'on s'occupa sérieusement de la relever de ses ruines. Le presbytère, probablement détruit et abandonné pendant les guerres de Religion, ne fut reconstruit qu'en 1610 (A. A. B, 2999.) L'inventaire des objets servant au culte, qui termine ce compte-rendu, prouve combien pauvre était alors notre église : « 3 chasubles, 1 de velours rouge, 1 en camelot, et 10 de cretonne noire et leurs

CHALANDRY

L'Ancienne Eglise

d'après un dessin à la plume existant dans la *Collection Piette* aux A. A.

Planche IV

étoles; 1 tunique de velours rouge et 5 grands offroy (?) à tunique ; 1 chappe de damas rouge; 1 parment de l'othel avec 2 gourdines de camelot; 6 nappes, 1 en fine toile de chanvre; 4 autres à carriaux et 1 autre de toile de chanvre; 4 serviettes de toile de chanvre; deux galices d'estain avec les deux patcinnes; une aube et deux surply de toile de chanvre; deux corporaux de toile de lin; 1 cofre frumant à la clef et la clef pour le fremer; plus 1 cahier de papier contenant 2 feuilles pour echange de 2 terres par Salomon de Guignicourt avec ladite eglise; 1 rentère de ladite eglise contenant les rentes portant 3 feuilles. Le tout certifions et affirmons . . . . . » (A. A. B, 2999.)

En comparant cet inventaire avec ceux des années suivantes, on remarque que le confortable renaît peu à peu; la générosité des pieux fidèles n'y était pas étrangère. Dans l'inventaire de 1633, on énumère outre le mobilier ci-dessus : « 2 petites tuniques servant aux escholliers, 14 nappes tant grandes que petites de toile de lin rayé; une estolle de broderye; 1 voile de taffetas bleux doublé de rouge et 1 petite courtine de toile de chanvre servant à l'image de la Vierge; item, 1 petite chappe servant à Saint Albin; 1 drap de toille de chanvre servant d'un ciel au jour du Saint-Sacrement, » et quantité d'objets que pourraient envier certaines églises de campagne du siècle présent. En 1660, le calice, les burettes, la paix étaient d'argent.

En 1638, l'église fit l'acquisition de deux cloches pour remplacer les anciennes. Le parrain de l'une d'elles fut Monsieur de Flavigny, la marraine, Isabeau de Coucy, épouse du marquis de Vardes. Le parrain donna à cet effet 18 livres, la marraine 33, le sieur de Couvron 18 ainsi que le sieur de Guignicourt. Une quête fut faite chez tous les habitants : les uns donnèrent jusqu'à 40 sols et les autres quelques deniers.

Les recettes durant les trois années 1638, 1639, 1640 se montèrent à 1200 livres, somme très forte pour l'époque.

C'est dans le cours du 18e siècle que l'église eut sa première horloge publique (*ibid.*)

Au 19e siècle, d'importantes réparations furent faites au vieil édifice; en 1806, on refit toute la toiture. En 1846 on fut sur le point de rebâtir complètement le clocher : La commune avait voté à cet effet 3,000 fr., la fabrique paroissiale 2,000 francs. L'exécution en fut ajournée. En 1864 on fit mieux : on décida la construction d'une église neuve; c'est celle qui existe actuellement.

§ 2. — L'Eglise de Chalandry a pour patron saint Aubin. Né en 470 à Languidic (diocèse de Vannes) de famille noble, il se retira jeune encore au monastère de Cincilly. Il en devint abbé à l'âge de 35 ans. Evêque d'Angers en 529, il illustra son pontificat en déployant le plus grand zèle contre l'habitude des mariages incestueux, plaie d'une civilisation encore semi-barbare, et suscita dans ce sens le 3e concile d'Orléans. Défenseur intrépide des opprimés, il ne craignit pas d'encourir la haine ni les menaces des puissants d'alors, comme lorsqu'il fit mettre en liberté une jeune princesse, Ethéria, injustement arrêtée par les courtisans de Childebert. Néanmoins révéré de tous, même des rois, il exerça sur son siècle une influence heureuse et féconde. Il mourut le 1er mars 550 à l'âge de 80 ans. Beaucoup de monastères portaient autrefois son nom, entre autres la célèbre abbaye d'Angers où était son tombeau. Aujourd'hui 70 paroisses de France l'honorent comme patron, dont quatre de notre diocèse : Chalandry, Retheuil, Rozet-Saint-Albin et Saint-Aubin. On possède une *Vie* de saint Aubin, par Fortunat, évêque de Poitiers, presque son contemporain. (BOLLANDISTES et *Semaine Religieuse du Diocèse*, année 1900, page 168.)

La fête patronale de Chalandry a été célébrée de toute antiquité, le 1er mars de chaque année, jour de la fête de Saint-Aubin. Très populaire encore aujourd'hui, elle devait l'être bien davantage chez nos aïeux. Ce qui la rend surtout intéressante, c'est le pèlerinage qui l'accompagne.

La *Collection Pielle*, léguée par ce savant publiciste d'histoire locale aux archives de l'Aisne, fournit un document imprimé très curieux, bien qu'incomplet et anonyme. Il y est dit qu'un amateur découvrit, dans un grenier à Crécy-sur-Serre, une planche de cuivre format in-8°, représentant l'antique pèlerinage de Saint-Aubin de Chalandry. La gravure était d'un burin médiocre ; une date 1695 en indiquait l'âge. Au bas de l'image on lisait outre la date : « Saint-Aubin. Receu pour la bénédiction du linge 6 sols, pour la messe 12 sols, pour l'image 6 liards. »

Les recherches faites pour retrouver cette pièce n'ont donné aucun résultat ; on ne connaît ni le nom de l'inventeur, ni la description de la gravure.

La page suivante, écrite par un savant et judicieux antiquaire, trace le tableau et le caractère de ce pèlerinage :

« Il y a bien longtemps qu'il existe à Chalandry un pèlerinage renommé en l'honneur de Saint-Aubin. . . . . . . Les origines en sont restées inconnues : il n'y a point de tombeau, de corps saint, ni d'insignes reliques pour expliquer ce religieux rendez-vous. Quoi qu'il en soit, la foi des populations a créé de ce côté-ci un merveilleux courant : depuis des siècles, elle amène à Chalandry pendant toute l'année, et même des pays éloignés, des Ardennes et de la Champagne, des légions de pieux visiteurs, accompagnés souvent de petits enfants ; à défaut des enfants, quand le voyage leur est impossible, on apporte à bénir des linges à l'exemple de ce que faisaient les premiers fidèles, confiants aux mérites des apôtres. . . . . . .

Il est à une certaine distance du pays, au pied d'une colline appelée la *Montagne Saint-Aubin*, une fontaine abritée d'une modeste voûte, appelée, elle aussi, la *Fontaine Saint-Aubin*. Elle est isolée, mais un jour, espérons-le, elle aura sa chapelle qui l'abritera dignement.

De l'église visitée, les pieux pèlerins ne manquent pas de se rendre à la fontaine ; ils boivent de son eau, en font boire aux enfants, en puisent pour en emporter chez eux et même y font prendre aux petits enfants des *ablutions* ; il n'est point souvenance qu'elle leur ait jamais nui, et tout au contraire, leur efficacité, toute surnaturelle, est suffisamment démontrée par la confiance persévérante des âmes. En notre pays laonnois, quelle mère gémissant sur un pauvre enfant malade (*langreux* selon l'expression populaire), n'est venue à Chalandry, et ne s'en est allée plus confiante et souvent n'a été récompensée par la meilleure venue du cher petit ?. . . . . . . N'y a-t-il pas au-dessus des vaines puissances et des vains savoirs de ce monde, une puissance occulte, secourable à la souffrance ?. . . . . . .

La religion, sans doute, n'est pas responsable de certains agissements superstitieux qui se mêlent parfois à la vraie piété, mais elle approuve hautement le principe, l'idée-mère et la pratique intelligente des pèlerinages ; elle ne répudie même pas ce qui existe en certains lieux et ce que l'on peut appeler le *culte des eaux et des fontaines*. Il n'y faut attribuer après tout qu'une efficacité surnaturelle qui échappe à l'analyse et qui est due à la foi, à la prière, aux mérites des saints invoqués avec confiance. . . . . . .

Quand arrive à Chalandry la fête patronale de Saint-Aubin et pendant les jours qui la suivent, qu'il est beau le religieux concours des pèlerins ! on voit arriver et se presser dans l'église de bonnes mères portant dans leurs bras de tout petits enfants au doux ramage, aux fraîches toilettes, à l'œil éveillé ou bien au visage pâle et maladif ; parfois devant elles ou à leur suite, ils vont et ils viennent, mêlés à de plus grands, essayant leurs premiers pas........ » (Abbé PALANT, *Semaine religieuse de Soissons*, 1876, page 162.)

La fontaine est située sur le versant septentrional de la Grande-Montagne (*voir livre préliminaire* page 35) distante d'environ 2 kilomètres du village (Sud-Est). On y aboutit par un petit sentier sous bois, qui fait penser à ces vers du *Vallon* de Lamartine :

> Voici l'étroit sentier de l'obscure *montée* :
> Du flanc de ces côteaux pendent des bois épais,
> Qui, courbant sur mon front leur ombre entremêlée,
> Me couvrent tout entier de silence et de paix.

Entièrement souterraine et tout en grès maçonnés, trouvés sur place, la fontaine se compose d'un bassin présentant la forme d'un parallépipède rectangle ayant 0^m 61 de hauteur, 1^m 85 de longueur et 1^m 28 de largeur. On y pénètre par un escalier de plusieurs marches, encadré par deux rampes murales à peine visibles, recouvertes qu'elles sont de gazon et de feuillage. On fait le tour du bassin sur une marchette de 0^m 30 de largeur. Un banc règne sur les côtés sauf vers l'entrée : il a une hauteur moyenne de 0^m 37 sur une largeur de 0^m 30.

L'eau sourd du fond du bassin, où elle demeure limpide et fraîche. La source ne tarissait jamais, il y a une vingtaine d'années, dit-on ; il n'en est plus de même aujourd'hui, dans les moments de grande sécheresse.

Au-dessus du bassin existe une épaisse voûte à plein cintre n'offrant aucun caractère architectural. Profonde de 2^m 62, haute de 1^m 50, son écartement au pied mesure 2^m 56. Les grès qui la composent, grossièrement taillés, ont à peu près régulièrement 0^m 23 de hauteur sur une largeur de 0^m 14 à 0^m 20 ; leur longueur est encore plus variable. Dans l'axe de la paroi du fond, à une hauteur de 0^m 90, on a pratiqué une petite niche de 0^m 23 sur tous les côtés, destinée à l'origine à recevoir la statuette d'une divinité païenne (*supra* ch. 3 § 4). L'ensemble solidement bâti est fortement contrebutté dans le massif de terre qui l'environne. Cependant le tout mériterait actuellement une

CHALANDRY

La Fontaine de Saint-Aubin

Planche V

sérieuse réfection. Les propriétaires, (car la fontaine se trouve sur une propriété privée, grevée seulement d'une servitude de passage et de libre accès), s'honoreraient en faisant réparer et entretenir convenablement ce reste glorieux du passé, ce témoin muet de bien des événements. Pour en assurer la conservation, ils pourraient encore la donner soit à la Commune, soit à l'Eglise ou en demander le classement parmi les Monuments historiques. Les escaliers sont dégradés, la voûte est en partie effondrée et les murs profondément lézardés. Cette réparation intéresse, à la fois, et l'ouvrier des champs qui pourrait puiser là une eau toujours potable, et les pèlerins qui y viennent encore en grand nombre.

M. Onésime Placet, propriétaire à Chalandry, en témoignage de l'intérêt qu'il lui portait, avait par testament du mois d'avril 1891, légué 300 francs à la fabrique de l'église paroissiale pour « acheter et arranger l'allée qui conduit à ladite fontaine Saint-Aubin ». Mais, les propriétaires du terrain, ayant refusé de donner même une promesse de vente, le conseil se vit dans l'impossibilité d'accepter ce legs. (A. P.).

De nos jours elle est encore visitée par de nombreux pèlerins venant de tous pays, prier Saint-Aubin de rendre la santé à leurs enfants en langueur (d'où le mot *langreux*, pour langoureux usité dans le langage du pays pour les désigner). A l'origine, ceux-là avaient la hardiesse de plonger les petits malades dans l'eau merveilleuse, dans l'espoir que le saint leur rendrait plus vite la santé ou les fortifierait davantage (*Semaine religieuse du diocèse de Soissons et Laon*, 18 décembre 1880). Cette pratique a cessé ; actuellement les pèlerins emportent une bouteille d'eau, destinée à être bue par l'enfant, au moment de ses repas, pendant une neuvaine, ou plutôt trempent dans la fontaine quelques-uns de ses linges de corps après les avoir fait bénir par le prêtre. Rentrés chez eux, ils revêtent le malade de ces linges préalablement séchés, comptant bien hâter ainsi sa guérison.

On voit encore actuellement quelques pèlerins faire trois fois le tour du bassin, en récitant des prières, puis jeter dans l'eau une petite croix en bois, qu'ils ont faite dans le taillis. Ils pensent en tirer un horoscope de santé soit pour eux-mêmes, soit pour quelqu'un de leur famille ; si la croix s'enfonce, c'est signe que celui qui l'a jetée ou pour qui elle a été jetée est menacé de langueur ; si elle surnage, c'est le contraire. Superstition puérile, à laquelle l'Eglise reste étrangère, écrit M. l'abbé

Palant, dans une note sur les pèlerinages de l'Aisne (*Bulletin de la Société académique de Laon*, (année 1858).

Il y a cinquante ans à peine on voyait encore au 1er mars toute la jeunesse du pays et des environs accompagnée du pasteur de la paroisse et de leurs parents, se rendre en foule à la fontaine, après Vêpres, pour y faire leurs dévotions. Puis, les couples se formaient et dansaient, sur le plateau, conduits par un vieux *violonneux*, à la figure amie. C'était probablement un usage survivant des temps païens. La danse se faisait autour d'un ancien moulin à vent, incendié dans la nuit du 1er au 2 novembre 1828. Elle ne se terminait qu'au moment où la cloche appelait les fidèles au Salut. Alors, le pasteur et son troupeau, reprenaient le chemin de l'église, où ils terminaient en prières une journée bien remplie. (*Semaine religieuse* et Abbé POQUET, *Légende des fontaines du département de l'Aisne*).

Outre le célèbre pèlerinage de Saint-Aubin, il faut mentionner dans l'histoire paroissiale, la confrérie de Saint-Hubert. Son origine remonte à 1727. Un évènement extraordinaire la fit naître, comme le démontre le document suivant, dont l'authentique est conservé aux archives de l'église : « Monsieur Villette Grand Archidiacre et Vicaire Général de Monseigneur de Laon. Supplient très humblement Les Curé, Marguilliers et Habitants de la paroisse de Saint-Aubin de Chalendry, disants que la nuit du 29 au 30 de juin 1727, entre 11 heures et minuit, est entré dans le village un Loup Cervier, bête féroce, enragé, de 6 pieds de Longueur, avec une tête d'une extrême Grosseur et comme celle d'un moyen Cheval. Lequel a frappé et heurté de la tête à plusieurs portes qu'il a enfoncé et d'autres qu'il n'a pu ouvrir. En ayant arraché Les planches avec Les dents, est entré dans 18 à 20 Maisons et Ecuries dudit Lieu, a mordu et dévoré jusqu'au nombre de 17 personnes au Visage, Sein, Bras, Cuisses et autres saines parties du Corps, Les ayant été chercher dans Leurs Lits où ils étaient couchez et dont plusieurs sont morts de Leurs blessures, a aussy Ledit Loup mordu plusieurs Bestiaux tant vaches, poulins, porqs et autres, généralement tout ce qui s'est rencontré dans ses voyes et aurait fait plus grand désordre si la Crainte qui s'est emparré des habitants dudit Lieu, ne leur avait fait Chercher leur Conservation dans la fuite. C'est pourquoy, une partie Considérable desdits habitans, après avoir faits Le pèlerinage du Glorieux Saint-Hubert en Ardenne, ont pris La résolution d'établir une Confrérie dudit Saint-Hubert, pour demander à Dieu par son intercession, La grace d'être préservez, dans La Suitte de pareils accidents.

Ce Considéré, Monsieur il vous plaise permettre de faire tous Les ans 3⁰ Novembre, Fête dudit Saint-Hubert, un Salut solennel, sur le soir avec la Bénédiction du Saint-Sacrement, ce faisant ils prieront Dieu pour votre prospérité et santé. (signé) M. Fouchet, Curé de Chalendry.

Estienne Nicolas Villette, Prêtre, Docteur de Sorbonne, Chanoine et grand Archidiacre de l'Eglise Cathédrale de Laon, Vicaire Général et Official de Monseigneur L'Evêque Duc de Laon, Pair de France. Veu la Requête cy-dessus, y ayant égart, pour les causes énoncées en icelle, et qui sont de nôtre Connoissance, Permettons aux Supplians de célébrer tous les ans un Salut solennel dans ladite Paroisse de Saint-Aubin de Chalandry, d'y exposer le Saint-Sacrement et d'en donner la Bénédiction au Peuple le jour de la Fête de Saint-Hubert, trois⁰ jour de Novembre, avec les prières et les cérémonies ordinaires et accoutumées. Donné à Laon sous notre seing manuel, le Scel des Armes de Mondit Seigneur et le Contreseing de son Secrétaire ; Ce douz⁰ Octobre 1727 (signé) VILLETTE (Sceau effacé.) Par Monsieur le Vicaire Général (signé) BARBIER. »

La tradition rapporte que le maître d'école d'alors, François Houde fut au nombre des victimes, que ce loup cervier fit de pareils ravages dans les alentours, notamment à Toulis et Dercy, où des confréries semblables furent instituées, ainsi qu'à Montigny-sur-Crécy où il fut tué. On montre encore, a écrit l'abbé Poquet, entre ce dernier village et Crécy, un monticule où il aurait été enterré.

Dans un article paru en 1867 dans la *Foi Picarde*, p. 219, l'abbé Poquet nous apprend qu'en démolissant l'ancienne église de Chalandry, on retrouva sous le badigeon une mauvaise peinture à fresque représentant ce fameux évènement. « Il est regrettable, écrivait-il, que malgré ses défauts, cette page d'histoire locale n'ait pu être dessiné, afin de la reproduire dans la nouvelle église dans de meilleures conditions. » Le souhait de notre éminent compatriote a été réalisé en partie depuis, sur un beau vitrail neuf, placé dans la nef gauche de la nouvelle église.

Nous ne connaissons point les statuts ni les premiers registres de la Confrérie de Saint-Hubert. Il est à présumer que, dès le début, elle fut très prospère et que les cotisations des nombreux adhérents furent consacrées : 1º à faire célébrer annuellement une messe solennelle en l'honneur du saint le 3 novembre; 2º et à faire chanter un service pour chacun des confrères dans l'année de leur décès. Tels sont encore les usages existants; toutefois, la messe chantée est remplacée par une messe basse.

Les habitants âgés du pays rapportent que le 3 novembre était, il y a seulement quelque vingt ans, un jour de fête aussi solennel, aussi chômé que le jour de Saint-Aubin (1er mars). Avec les travaux agricoles actuels, très pressants à cette époque de l'année, ou plutôt avec la baisse générale du niveau religieux, les confrères de Saint-Hubert sont moins fervents et moins nombreux. Cependant, les offices à l'église, sont encore assez suivis ce jour-là et il n'y a presque point de famille, qui ne fasse inscrire ses membres sur le registre de la confrérie. Les cotisations annuelles sont de 10 centimes par tête; les étrangers peuvent en faire partie.

Echo fidèle de tout ce qui intéresse l'histoire locale, ajoutons, d'après ce qui nous a été raconté, que deux personnes dont on nous a cité les noms, ayant été mordues par le même chien enragé, l'une d'elles, membre de la confrérie, fut préservée de la rage et attribua ce fait à la protection spéciale de saint Hubert; l'autre, étrangère à l'association, ne tarda pas à succomber à sa blessure.

§ 3. — Autrefois, les églises jouissaient de propriétés et de revenus plus considérables que ceux de nos jours; l'origine en remontait souvent à l'époque de leur fondation. Erigés sous l'inspiration des premiers missionnaires, elles furent presque toutes dotées alors d'un petit patrimoine au moins suffisant pour l'entretien de l'édifice et du mobilier très modeste que nécessitait le culte. Quelques fidèles en avaient souvent constitué la petite *manse,* ou bien, les chapitres et les monastères, chargés par l'Evêque diocésain du desservice de la paroisse, avaient organisé ou concédé eux-mêmes cette *manse*, en retour de la dîme, dont un capitulaire de Charlemagne (779) faisait une obligation civile à tout fidèle.

En plus de ce patrimoine primitif il y avait les quêtes, les oblations en nature, les rentes et les donations. Voici, par exemple, ce que contient le compte de recettes de l'église de Chalandry, en 1633 (A. A. B, 3000). Les recettes se montaient à 128 livres 14 sols, 6 deniers; les quêtes à 14 l.; le tronc 6 l.; le blé, dit blé de saint Aubin, fournit 8 cartels ou boisseaux. Ces 8 boisseaux, apportés dans l'église même, sur l'autel du saint patron le jour de sa fête (comme d'usage), furent vendus après la messe à la criée par les marguilliers à raison de 24 s. 6 d. le quartel : soit 9 l. 1 6 s. Les rentes constituées sur plusieurs maisons et *héritages* à Chalandry rapportèrent 100 sols. Les grains provenant de la location des terres (tout se payait alors en nature) donnèrent à la criée 63 l., les fourrages et les gerbées de même provenance furent estimés à environ 3 l l.

Ses ressources allèrent en augmentant pendant les 17e et 18e siècles, grâce surtout à des libéralités faites à son profit. Au moment de la Révolution, la fabrique de l'église de Chalandry était propriétaire de 34 jallois et 8 verges de terres et de 5 jallois environ de pré. Cela ferait à la petite verge un total de 20 hectares environ (A. P.) Un *Pouillé* du diocèse de la fin du 19e siècle évalue ses revenus à 400 livres. En 1789, les recettes furent de 956 l. et finalement en 1793 de 757 l. Tous ces biens étaient administrés par deux marguilliers, adjoints au curé, élus en assemblée générale, pour un an seulement. Il y avait le marguillier et le sous-marguillier ou trésorier ; tous deux prêtaient serment et étaient responsables en justice de leur gestion.

En l'absence de documents antérieurs au 17e siècle, nous ne pouvons citer que les noms des donateurs postérieurs à cette époque.

Antoinette Marchand a fondé, en faveur de l'église, une rente de 6 cartels de blé méteil (*Rentère de l'église de 1720 conservé aux Archives paroissiales*). Elle était à charge d'un obit comme le mentionne un compte de 1626, présenté par Jean Hénon « marguillier de l'Eglise de Monsieur (*sic*) Saint-Albain de Chalendry » (A. A. B, 3000.)

Albin Bazin, qui fut maire en 1599 et en 1602, a fondé aussi un obit et a donné pour les pauvres une rente de 12 cartels de blé à distribuer par les marguilliers.

Ces 18 cartels étaient répartis sur 26 pièces de terre et constituaient une rente perpétuelle, non rachetable, grevant lesdits immeubles.

Relevé aussi dans le compte de 1639 : « . . . . . Avoir receu de Daniel Herse, pour un quartel de pré (soit 25 verges) donné par défunct Nicolas Danie à l'église, lequel a esté, remboursé par la veuve Herlain, au profit de ladite église, la somme de 27 livres.

Un quartel de terre donné par defunct Jehan Bagaget, lequel a esté crié et vendu pour la nécessité de l'église, 20 livres. »

Aux termes de son testament reçu par Mº de Labaude, curé de Chalandry, le 23 mars 1695 et déposé en l'étude de Mº Lhôte, notaire à Crécy, Marie Fortier, laboureuse (*sic*) à Chalandry, veuve en premières noces de Charles Vignières et en secondes noces d'Abraham Forestier, institua l'église de Chalandry sa légataire universelle ainsi que les pauvres de ladite église. Elle mourut le 3 mars 1710 (*supra*, ch. 5, § 3). Il faut croire que la testatrice avait vu sa fortune diminuer dans les dernières années de sa vie, car l'actif de sa succession ne s'éleva qu'à 2518 livres, plus une maison avec jardin, petit pré et petit bois, le tout situé près de la rivière et le lieudit l'Arche. Il resta, les dettes payées, une somme de 200 livres pour les pauvres et une autre de 161 l. 19 s. 1 d. pour l'église. La maison rétrocédée à surcens rapporta par an 9 l.; le petit bois et le petit pré, 1 l. 1 s. L'argent des pauvres leur fut distribué immédiatement « vu la misère des temps », dit le rapport de l'exécuteur testamentaire.

La plus forte donation que reçut l'église est celle de Jean Remy, sus-nommé (*supra*, ch. 7, § 4). On a vu que par son testament du 7 décembre 1711, il lui avait légué l'universalité de ses biens et qu'elle en entra en possession en 1720. Elle recueillit ainsi 12 jalois 98 verges de terre, plus la maison de l'Arche. Mais, comme ces immeubles étaient *éclipsés* du fief de l'Arche, dépendant de celui de la Motte, la fabrique avait à payer les droits de relief, se montant à 260 livres. Les dames de la Congrégation, alors seigneurs de la Motte, se contentèrent de 100 livres en considération de la pauvreté de ladite église (A. A. B, 3000.)

Toutes ces donations étaient généralement faites à charge de célébrer un obit annuel en faveur des donateurs. Le compte de 1789 mentionne 6 obits et 6 saluts, mais sans plus de détails (A. P.)

§ 4. — De même que les églises, presque toutes les cures avaient leur *manse* spéciale, avant la Révolution. Celle de Chalandry ne possédait en 1789 qu'une dizaine de jalois de terres ou prés, dont les revenus constituaient le traitement du desservant, qui les exploitait lui-même ou les mettait en location.

En 1648, la cure de Chalandry valait 400 livres (*Bénéfices de l'Évêché de Laon* par Dom DAIMIER, *Collection Perin Bibl. de Soissons* nº 4639.) D'après un *Mémoire général des Bénéfices du Diocèse de Laon* (A. A. G, 392), ses revenus étaient vers 1755 de :

« 12 asnées et 1/2 de méteil et 5 d'avoine...	200ˡ	ˢ
Le tiers de la menue disme............	45	
Terres et prés affermés par bail, devant Lhôte à Crécy (1746); 3 asnées de méteil et 2 d'avoine.	56	
8 livres et 1 paire de poulets par bail devant Dagneau, notaire à Crécy (1751) pour l'ancien presbytère vendu à surcens............	8	15
Paix................................	10	
Revenus de l'autel..................	22	10
Casuel.............................	50	
Supplément de prestation pour le chapitre de Laon..........................,......	40	
Total..........	432ˡ	5ˢ »

En 1783, un bail partiel des propriétés curiales, fait à Nicolas Jumaucourt pour 7 asnées de grains, mesure de Crécy, stipule que le preneur s'obligeait « de charroyer annuellement pendant toute la durée du bail et gratuitement sçavoir : 3 cordes de gros bois de chauffage, un cent et demi de fagots des bois de Couvron ou autres lieux à la même distance, et 4 pièces de vin de Craonne ou autres lieux à la même distance dudit Chalandry ; enfin charroyer annuellement et dans le cas seulement où ledit preneur exploiterait le pré *Derrière les Aulnes* (66 verges). Et ont été lesdicts charroys estimés 20 livres par an ». (A. A. G, 1071.)

Le desservant de Chalandry, comme ceux de la plupart des paroisses de nos campagnes, était ce qu'on appelait alors un *curé à portion congrue*. Il ne faut pas le confondre avec le *curé décimateur* ou *primitif*. Celui-ci n'était autre que le chapitre cathédral de Laon, qui joignait au privilège de percevoir la dîme, celui de présenter le curé.

« Pendant les neuf premiers siècles, les évêques confiaient souvent aux monastères et aux chapitres composés de chanoines réguliers, la charge du service paroissial ou de cure. La difficulté de concilier les obligations de la vie monastique et l'exercice du ministère paroissial fit cesser cet état de choses trop préjudiciable à l'esprit religieux. Mais, les monastères et les chapitres n'entendaient pas renoncer aux revenus, dîmes et fruits des cures qu'ils étaient obligés d'abandonner. Le curé rentrait dans

son monastère, il est vrai ; il conservait cependant son titre de curé primitif et confiait l'administration de la paroisse à un prêtre délégué qui prenait le nom de vicaire perpétuel. »
(*L'Ancien Régime et le Clergé*, par ELIE MÉRIC.)

Le cartulaire du chapitre de la cathédrale de Laon, rédigé au 13° siècle mentionne que les biens dudit chapitre (revenus en nature et en argent, dîmes, droits sur les maisons, fours, granges, moulins, etc.) étaient alors divisés en 16 prévôtés. Chalandry faisait partie de celle de Mortiers (*Les Prévôtés du Chapitre*, par l'Abbé BOUXIN).

Voici la liste des curés connus avant la Révolution :

1310, Jehan, curé de Chalandry (*Johanni, curato de Chalendry.* — *Testament d'Albert de Roye, évêque de Laon*, B. N. *fonds latin* n° 9228.)

Vers 1525, Charles Pacquot.

1606, Jacquelet Cuisset, prêtre curé de Mortiers et vicaire de Chalandry.

1614-1638, Philippe Sanson.

1638-1677, Nicolas Framboizier, né à Corbeny, décédé le 28 décembre 1677, enterré dans l'église.

1678-1679, Clément Hagudin, diacre nommé à la cure de Chalandry en janvier 1678; prêtre le 25 mars suivant, curé jusqu'en mai 1679. Un prêtre, Jean Demallenaud, dessert la paroisse au nom du précédent pendant l'année 1678 jusqu'en septembre. Les actes de l'Etat-Civil sont signés tantôt par l'un, tantôt par l'autre.

1679-1688, Claude Plongeron, devenu doyen de Crécy en 1688.

1688-1690, Nicolas Lemoyne.

1690-1694, Pierre Vuallet, mort à l'âge de 30 ans le 23 janvier.

1694-1696, Jean Macquelin de Labaude.

1696-1732, Nicolas Fouchet.

1732-1739, Nicolas Josset.

1739-1744, Quentin de Bancourt.

1744-1762, Lambert de la Chaussée.

1762-1802, Pierre Lemaire, décédé le 20 nivôse an 10, à l'âge de 77 ans, « ministre du culte » (A. C.).

CHAPITRE X

Biens et Droits de la Communauté

des Habitants

(SUITE ET FIN)

III. — ECOLE ET INSTRUCTION

§ 1ᵉʳ. — ANCIENNETÉ DE L'ÉCOLE DE CHALANDRY ; NOMS DES MAITRES CONNUS JUSQU'A LA RÉVOLUTION. — ÉLECTION, FONCTIONS, ÉMOLUMENTS ; TRAITÉ ENTRE LES HABITANTS ET JEAN-PIERRE VAILLANT. — EMPLACEMENT DE L'ANCIENNE ÉCOLE.

§ 2. — LES SIGNATAIRES DES ACTES PUBLICS ; DEGRÉ D'INSTRUCTION A DIVERSES ÉPOQUES.

§ 1ᵉʳ. — Dans les volumineux dossiers des archives départementales de l'Aisne, au milieu d'innombrables textes tantôt inutiles, tantôt méconnaissables de vétusté, l'historien, le chercheur rencontre parfois un détail de plus ou moins grande valeur : c'est le grain de mil égaré dans les décombres. C'est ainsi que nous avons été quelque peu surpris d'y découvrir qu'il devait exister, dès le 16° siècle, une école à Chalandry.

Charles Dorigny, en 1626 et en 1635, cumulait les fonctions de « mestre » et de « greffier en la justice temporelle du village de Chalandry » (A. A. B, 2999). Il n'était sans doute pas le premier. Daniel Levent, greffier lui aussi en 1602 et pendant les années suivantes, a dû également tenir l'école. Le premier registre des délibérations de la communauté (1602-1636) dont il a été question au chapitre 8, § 2, ne contient aucun *règlement* ou *traité* passé entre les habitants et le maître. Il se trouvait probablement dans l'un des précédents, car il est permis de supposer que l'école existait depuis un certain temps déjà. Le concile de Rouen (700) et celui de Latran (1184), avaient fait d'ailleurs une obligation à tous les évêques et à tous les curés d'avoir une école dans chaque paroisse.

En 1635, Quentin Dorigny remplaça Charles Dorigny. En 1657, Pierre Raucoullet était « clerc-laïc » de la paroisse (*Compte de la fabrique* et A. A. B, 3000). Il est qualifié de « magister, maistre d'école » dans une enquête ouverte sur un assassinat commis à Chalandry en 1660 (ib. B, 3001.)

Les registres de l'Etat-Civil et d'autres actes fournissent ensuite les noms suivants :

Pagnon Louis (1668-1688) ;
Pollet Nicolas (1688-1694) ;
Houde François (1694-1727) ;
Prétrot Pierre (1727-1756) ;
Dufour Jean-Pierre (1756-1806.)
(*Voir la suite infrà l. II. ch. 6. § 2.*)

Le maître d'école était élu par les habitants, dont le choix devait être ratifié par le curé et approuvé par l'évêque.

Nous aurions été curieux de savoir comment nos aïeux entendaient la question d'enseignement, quelles étaient les méthodes alors en usage, ainsi que les conditions inscrites au contrat entre la communauté et l'élu ; mais, sur ces différents points, nous n'avons presque pas de documents particuliers. Comme on l'a vu quelques lignes plus haut, les attributions du maître étaient au moins de trois sortes et se rapportaient à l'école, à l'église et au greffe de la justice seigneuriale. Apprendre aux enfants la lecture, l'écriture et le calcul n'était qu'une partie de sa tâche. Le règlement épiscopal lui enjoignait d'enseigner aussi le catéchisme et le chant, de s'attacher principalement à inspirer à ses élèves l'amour de Dieu et l'horreur du péché ; de veiller sur eux, même hors le temps de la classe et surtout à l'église.

Comme émoluments, il recevait de chaque ménage un ou deux quartels de seigle, de pamelle ou de blé-méteil. (A. A. B, 3000.) C'était ce qu'on appelait « son droit de Clergie ». En outre chaque élève lui devait une rétribution mensuelle proportionnée à la classe dans laquelle il se trouvait et à l'aisance de sa famille.

Voici d'ailleurs un document postérieur de quelques années seulement à la Révolution et qui semble être une réédition des règlements préexistants.

« Le 24 juin 1806, entre les maire, adjoints et membres du conseil municipal et autres habitants de la commune de Chalandry réunis à l'effet de faire choix d'un sujet propre à remplir les fonctions d'instituteur primaire et de clerc-laïque; Après s'être assurés que les capacités possédées par le sieur Jean-Pierre Vaillant, homme marié, âgé de 42 ans, marchand, né et domicilié » à Chalandry, lui permettaient de remplir cette fonction, l'assemblée en fit choix aux conditions suivantes :

« Article 1er. — L'instituteur se conformera, en tout ce qui regarde l'éducation des enfants, aux décisions de l'Université.

Article 2. — Il s'acquittera de ses fonctions de clerc-laïque, conformément aux règlements de Mgr l'Evêque de Soissons et de Laon.

Article 3. — Il se chargera du greffe municipal, comme aussi de la conduite de l'horloge de la commune. Et pour salaire et rétribution des charges énoncées aux trois articles ci-dessus, ledit instituteur et clerc-laïque recevra annuellement et par chaque ménage, un double décalitre et quatre litres de bled-méteil (un quartel, ancienne mesure de Crécy), qui échoira de la Saint-Jean au Noël de chaque année. Les cultivateurs le donneront en froment et à comble, *comme il a toujours été d'usage*, ainsi que les veuves et filles bourgeoises tenant ménage. Les femmes veuves et filles de moindre classe tenant ménage donneront un décalitre et deux litres de bled-méteil.

L'instituteur recevra tant pour le greffe que pour la conduite de l'horloge, les sommes allouées à cet effet sur le budget par M. le Préfet.

Ledit instituteur jouira en outre de deux pièces de terrains communaux, l'une en terre labourable de la contenance de 42 ares

91 centiares (100 verges), l'autre en pré contenant environ 15 ares, lesdites pièces de terre et pré, qui *depuis un temps immémorial*, ont été affectées pour compléter le traitement du maître d'école.

Quant au prix que devra donner chaque élève, nous l'avons réglé ainsi qu'il suit : le salaire dû à l'instituteur pour l'instruction des enfants est divisé en quatre classes. La première comprend les enfants qui apprennent l'alphabet jusqu'à ce qu'ils puissent assembler leurs syllabes ; chaque enfant donnera par mois 0 fr. 20 = 4 sols. La deuxième classe comprend ceux qui commencent à lire, chaque enfant donnera par mois 0 fr. 30 = 6 sols. La troisième comprend les enfants qui lisent, écrivent ; chaque enfant donnera par mois 0 fr. 40 = 8 sols. Enfin la quatrième classe comprend les enfants qui atteignent le degré de savoir lire et écrire correctement et qui apprennent le calcul ; chaque enfant donnera aussi par mois 0 fr. 50 = 10 sols. »

Suivent 19 signatures. (A. C.)

La jouissance des deux immeubles ci-dessus, autrefois désignés « terres de la Clergie de Chalandry » (A. A. H, 1705 ; — *Arpentage des propriétés de la Motte en 1686*) est encore laissée actuellement à l'instituteur. A remarquer que la première s'appelle vulgairement le *Pré de la Petite-Dame*, ce qui semble signifier deux choses : 1° Qu'au moment de la donation elle était en nature de pré, comme du reste tout le canton des *Bassières* et 2° que cette donation a été faite par une personne probablement surnommée « *la Petite-Dame* ».

Le maître devait fournir le mobilier de la classe et même le local. Avant 1789 l'école était située sur l'emplacement de la grange actuelle de Madame Vve Levent-Fraix, près l'Eglise. Le mur de la nouvelle construction contient encore une pierre gravée en relief portant les mots « Ecole Chrétienne » qui en provient.

§ 2. — Les signatures portées aux registres publics donnent quelques indications utiles relativement au degré d'instruction avant 1789.

Le registre des délibérations de la communauté, précédemment mentionné (1602-1636) — (A. A. B, 2999) révèle que sur le nombre d'individus qui y ont pris part, la moitié à peine savaient signer. La plus grande partie des autres avaient une marque spéciale, sorte de signature parlante, souvent plus difficile à imiter qu'un paraphe de notaire ; celui-ci dessinait un marteau, celui-là une roue, un autre un valet de charron, un autre quelque arabesque originale représentant presque toujours un objet de sa profession. On y voit aussi quelques croix.

D'après les registres de l'Etat-Civil, sur 11 baptêmes ou mariages faits en 1668 (année prise au hasard), le parrain ou le marié a signé 6 fois, la marraine ou la mariée une fois seulement l'année 1688 également prise au hasard, contient 14 actes, sur lesquels existent 9 signatures de parrain ou de marié, et seulement 2 de marraine ou de mariée. Ces chiffres démontrent que le sexe féminin était moins lettré que l'autre. Cela tenait à ce que les jeunes filles ne fréquentaient presque pas la classe, dans les petites campagnes où il n'y avait pas d'institutrice.

Au cours du 18e siècle, les actes publics témoignent d'une proportion plus élevée de signataires ; le nombre des non signataires ne dépasse pas le cinquième.

Suit la copie d'une enquête faite par M. Thiéfin, ancien instituteur, qui a eu l'amabilité de nous la communiquer :

Mariages de 1686 à 1690 : 16 ; époux ayant signé 12, épouses 5, ne sachant pas écrire 15.

De 1786 à 1790 : 23 ; époux ayant signé 16, épouses 14, ne sachant pas écrire 16.

De 1816 à 1820 : 17 ; époux ayant signé 11, épouses 6, ne sachant pas écrire 17.

De 1872 à 1876 : 24 ; époux ayant signé 22, épouses 23, ne sachant pas écrire 3.

Cet état, tout à l'avantage de la période contemporaine, montre cependant que nos aïeux portaient aussi beaucoup d'intérêt à l'instruction de leurs enfants. Ils ont d'ailleurs été les créateurs d'un mouvement, qui se perfectionne encore chaque jour, en organisant l'enseignement et en cherchant à populariser l'instruction. Il faut le dire à leur honneur et leur en savoir gré.

IV. — HOTEL-DIEU

Jouissance gratuite de 2 lits a l'hotel-dieu de Laon pour les malades de Chalandry ; origines supposées de ce droit. — Énumération des immeubles possédés par l'hotel-dieu sur le terroir ; suppression dudit droit en 1855.

En 1855 et depuis un temps immémorial, les habitants de Chalandry jouissaient de la gratuité de deux lits, pour leurs malades, à l'Hôtel-Dieu de Laon ; ressource très précieuse, comme bien on pense. Au dire de quelques personnes, ce droit reposait sur d'anciennes donations de terres, faites par des bienfaiteurs ignorés ou oubliés, en faveur des pauvres de la paroisse ; d'après d'autres, il n'était qu'une concession volontaire et révocable, une mesure de bienveillance ou de charité chrétienne à l'égard des indigents de plusieurs villages du Laonnois. Les uns et les autres avaient également beau jeu par suite de l'absence de titres authentiques. Voici, à ce sujet, le résultat d'une enquête, faite par nous aux archives mêmes de l'Hôtel-Dieu de Laon, grâce à l'exquise complaisance du distingué directeur de l'établissement, M. Luzurier.

Le dossier B 12/9 contient une pièce du 18e siècle ou de la fin du 17e qui, sous forme de déclaration des biens possédés ici par l'Hôtel-Dieu, les classe en deux catégories. Il en résulte que le marché de Chalandry consistait alors en 1300 verges de prés et 12800 verges de terres labourables, le tout provenant, partie de l'ancien domaine et partie des héritiers de Saint-Martin (acquisition du 1er janvier 1680.) La première partie parait être d'une contenance de 400 verges de prés et de 3500 verges de terres ; celle de la seconde partie, d'après un arpentage de 1680, de 500 verges de prés et de 8010 verges de terres ; leur réunion donnerait en terre 11510 verges et en pré 900. En sorte qu'il y a un excédent de 400 verges pour les prés et de 1290 verges pour les terres. Actuellement ce marché est de 64 hectares 17 ares, 71 centiares.

La commune n'a évidemment rien à prétendre sur les immeubles achetés aux héritiers de Saint-Martin, lesquels forment les 2/3 du marché. Les titres de propriété ne contiennent d'ailleurs aucune clause favorisant Chalandry (B 12/9 ; ibid.)

Restent les biens de l'ancien domaine, soit une vingtaine d'hectares. Les contrats les plus anciens sont également muets, à ce sujet. Ces dernières pièces ne sont d'ailleurs que des baux d'immeubles sur Chalandry, consentis par l'Hôtel-Dieu à des laboureurs du pays. Ils ne peuvent donc révéler les charges relatives à la propriété elle-même (MATTON, *Table des archives de l'Hôtel-Dieu.*)

Peut-être que l'ancien droit de Chalandry avait son origine dans les 400 verges de prés et 1290 verges de terres ci-dessus constatées en excédent. Quoi qu'il en soit, les Chalandréiens ont joui dudit privilège jusqu'en 1855, époque à laquelle l'administration des Hospices, le Conseil général et la Préfecture, se crurent autorisés à leur enlever un droit qu'une prescription plus que séculaire semblait cependant devoir rendre sacré.

A noter que le conseil municipal protesta contre une mesure aussi radicale et aussi désavantageuse pour la commune :

« Sur la réclamation d'une somme de 78 fr. 75 pour hospitalisation de deux indigents de Chalandry, et d'après l'art. 3 de la loi du 7 août 1851, le Conseil examen fait, expose à Monsieur le Préfet que la Commune a eu de tout temps, dans les bienfaits de l'Hôtel-Dieu de Laon, la jouissance de deux lits gratuits en faveur des indigents ou infirmes, à raison des biens importants que possède cet hospice sur le terroir de Chalandry, lesquels ne s'élèvent pas à moins de 64 hectares ; qu'elle ne se croit pas moins fondée à se conserver la jouissance de ses précieuses ressources. C'est pourquoi le conseil croit devoir s'abstenir de voter le crédit sollicité.... » (*Délibération du 6 mai 1855.* A. C.)

Sur ce, la préfecture demanda quels titres le conseil avait à présenter. Le 12 août il fut reconnu qu'on ne pouvait en produire aucun et décidé que la commune paierait le montant de la réclamation. C'est le cas de répéter ici avec l'immortel fabuliste :

> La raison du plus fort est toujours la meilleure.

Le Conseil général de l'Aisne qui subventionne les œuvres d'assistance et en particulier, croyons-nous, l'Hôtel-Dieu de Laon, avait le devoir, il est vrai, de réprimer les abus afin de ménager les finances départementales. C'est, paraît-il, ce qui l'a déterminé à supprimer le privilège antique de plusieurs communes. Seules en ont été préservées celles qui avaient des titres réguliers, comme Barenton-sur-Serre, qui possédait autrefois une maladrerie, dont les biens furent réunis à ceux de l'Hôtel-Dieu de Laon, en 1696.

CHAPITRE XI

Impôts. - Corvées. - Faits de Guerre

On a vu aux chapitres 5, 6 et 7, en quoi consistaient les redevances féodales ; mais, les gros impôts payés par le peuple étaient les tailles, seigneuriale et royale, la gabelle, la dîme, etc.

Parmi ceux-ci nous accorderons une place spéciale aux corvées en temps de paix et aux réquisitions en temps de guerre. Elargissant même ici notre cadre, nous y ferons entrer l'historique du canal de la Serre et les faits de guerre dont Chalandry fut le théâtre : groupant ainsi en un triple alinéa toutes les charges de même ordre, pour éviter à cette modeste étude l'abus des divisions et le trop grand nombre de chapitres.

I. — IMPOTS

MONTANT ET MODE DE PERCEPTION DES IMPOTS PRINCIPAUX, PAYÉS A CHALANDRY, TELS QUE TAILLES, SEIGNEURIALE ET ROYALE, TAILLON, CAPITATION ; GABELLE, ETC. ; DIMES, GROSSE ET MENUE.

La taille seigneuriale, appelée aussi *taille réelle ou foncière* ou *droit de gâteau* et, sous Henri IV, *gâteau du roi (suprà,* ch. 5, § 3 à 5) resta ici, jusqu'à la Révolution, à peu près ce qu'on lit dans le document suivant :

« C'est ici le rolle et assiette de la taille en bled moitain (moitié seigle, moitié blé) deubs par chacun an au Seigneur Desmolin (pour seigneur de Moulins, Magdelaine Le Charron et son fils Robert de Berziau qui possédaient la seigneurie de Moulins, canton de Craonne) à cause de l'acquisition qu'il en a fait du roy, à cause du royaume de Navarre et du comté de Marle, laquelle taille est due et à prendre sur le terroir de Challendry :

Et premier, Salomon de Guignicourt, seigneur de la Motte et Daniel le Cirier, doibt eux ensemble pour les terres de la Motte la quantité de 4 asnées de blé moitain. . . . .

Nous maire du Village et Justice de Chalandry soussigné, avons fait cette présente assiette d'icelle taille de la quantité de 9 mui de bled moitain, mesure de Marle, faisant 24 asnées (288 boisseaux) à la mesure de Laon, assi et colligé par chacun dénombrement, en ce présent rolle, chacun pour sa part à cause des héritages qu'il tient et possède sur le terroir de Challendry et terroir circonvoisin, laquelle assiette *ne croist ne descroist*.

Faict par le mayre et eschevins dudit lieu et suivant icelle année 1609 (Signé) N. LEVENT » (A. A. B, 2999.)

En regard de chaque nom de contribuable, des chiffres indiquent la taxe en sols qu'il devait payer en plus des grains. Ainsi, le seigneur de la Motte est imposé à 80 sols, Daniel le Cirier à 30, etc. ; au total 12 liv. et 14 sols.

Le rôle ci-dessus révèle que le montant de la taille seigneuriale était fixe *(ne croist ne descroist)* ; qu'elle était répartie par le maire et les échevins ; et que les seigneurs de la Motte-Chalandry n'en étaient point exempts. Cette taille en effet, était comme un honoraire, une rente payée dans l'origine, au *seigneur-avoué* ou *défenseur* des habitants et de leurs propriétés ; nobles et non-nobles y étaient soumis. Elle ne pesait que sur un nombre restreint d'habitants (25 environ), propriétaires ou locataires de fonds de terre. Un procès du 26 juin 1622, confirme cette opinion : 24 habitants de Chalandry, ne possédant point d'héritages (immeubles), quoique ayant des bestiaux, avaient été inscrits indûment sur le rôle de la taille par François Bertrand, bourgeois de Laon qui avait cédé l'année précédente son *droit de gâteau* (*suprà*, ch. 5, § 5). Sur leur refus de payer, leurs animaux furent saisis. L'affaire se dénoua devant le bailliage de Laon qui ordonna « que lesdits habitants dorénavant demeureront deschargez de ladite prestation tant et sy long temps qu'ilz ne seront détempteurs et possesseurs d'aulcuns héritages subiectz et affectez à la dite prestation.» (A. A. H, 55.)

Le maire faisait annoncer par le sergent avant la St-Remy d'octobre que les habitants devaient tenir prêts leurs grains et déchargeait ainsi sa responsabilité (A. A. B, 2999.)

La *taille royale* était le tribut que le monarque levait annuellement sur ses sujets pour subvenir aux charges de l'Etat. Elle se payait en argent et variait suivant les besoins. Les nobles en étaient exempts, ainsi que le clergé. Les Elus ou officiers de l'Election de Laon la répartissaient, chaque année, sur les paroisses. Celles-ci nommaient leurs répartiteurs et collecteurs. Au *registre des délibérations* de la Communauté, déjà mentionné plusieurs fois (A. A. B, 2999), à la suite de l'élection du syndic (1611), l'assemblée des habitants fit choix de 4 *assesseurs* de taille et 2 *collecteurs*. Ces derniers avaient droit à 6 deniers pour livre, soit à 25 livres sur une taille de 1000 l. ; maigre bénéfice pour compenser leur peine et surtout leur responsabilité. La taille était répartie par feu ou maison et payée par quartier ou par semestre. En 1676 elle s'élevait pour Chalandry à 840 livres (A. A. B, 3003.)

En 1549, cette taille *s'accrut* du *taillon* et sous Louis XIV de la *capitation* (de *caput*, *tête*) et de l'*impôt des vingtièmes (20e partie du revenu des contribuables)*.

Ces diverses impositions, dûes très souvent par les mêmes personnes, se percevaient généralement d'une façon identique (RAMBAUD, *civil: franç. t. 1, p. 156*.) En 1745, ces impôts se montaient ici à 1311 livres 5 sols, (A. A. B, 3003.)

L'impôt sur le sel ou *gabelle*, établi sous Philippe VI de Valois (1340) était le plus lourd et le plus impopulaire de tous, parce qu'il frappait cette denrée de première nécessité. On appelait *sel-gabellé* celui que les officiers de l'Etat vendaient au peuple. Le *faux-sel* était vendu en contrebande, par des fraudeurs que l'on nommait *faux-sauniers*. Dans chaque village il y avait des *employés des fermes du roi*, des *gabeleurs* ou *gabelous*, chargés de réprimer la fraude. Une grange située près du *Pont des Vaches*, appartenant aujourd'hui à Mr Wiart-Létrichet de Vaux-sous-Laon, a servi autrefois de dépôt pour le sel ; une porte et un guichet, actuellement murés, mais encore visibles dans le pignon qui fait face audit pont, ont été utilisés pour le service des gabelous. Les contraventions étaient déférées à un tribunal spécial appelé le *Grenier à sel*. Chalandry ressortissait à celui de Laon.

Tous les ans, le commissaire de la Généralité de Soissons imposait chaque paroisse à une certaine quantité de sel, variant avec le nombre des habitants. A Chalandry, 4 répartiteurs élus distribuaient cette denrée à tour de rôle, une fois par trimestre (janvier, avril, juillet et octobre), à chaque famille, en faisant une moyenne par personne. Dans l'assiette officielle de l'impôt pour 1697, le village figure pour 27 *minots* de sel du poids de cent livres l'un. La vente fut donc, en ladite année, de 2700 livres. L'unité valant de 12 à 15 sols, cela faisait de 1600 à 2100 livres d'argent environ, somme relativement énorme. Ainsi s'explique la haine générale contre la gabelle et le gabelou (COMBIER, *Nomenclature des A. du greffe de Laon*, p. 98.)

Pour être aussi complet que possible il faut encore mentionner les *aides* ou *taxes* sur les boissons vendues en détail, les droits d'*enregistrement*, le *timbre*, les *traites* ou *douanes*, etc., actuellement acquittés sous la dénomination générale de *contributions indirectes* (*suprà*, chap. 5 et 6).

La *dîme* de Chalandry appartenait, comme on l'a déjà vu (chap. 5, § 3), au chapitre de la cathédrale de Laon. Nous doutons qu'elle répondît à son nom : le dixième des récoltes. Ce que nous savons c'est que le chapitre l'affermait aux 17e et 18e siècles. *La grosse dîme* (1) rapportait environ 700 livres en 1745. Le décimateur avait droit de prélever lui-même sa part dans le champ récolté. Si le propriétaire craignait du dommage par suite du retard de celui-là, il l'avertissait qu'il allait enlever sa récolte et laissait sur place la dîme ; il était tenu de lui abandonner ainsi, ni les meilleures, ni les pires parmi les gerbes (*Charte de commune de Crécy-sur-Serre.*)

La *menue-dîme*, celle des herbages et des fruits, était affermée 135 livres, vers 1750. Le chapitre de Laon en laissait le tiers au desservant.

Tels étaient sous l'ancien régime, les impôts élevés qui frappaient une population de 250 à 300 habitants.

---

(1) Impôt sur le blé et autres grains, ainsi que sur le vin.

II. — CORVÉES

§ 1er. — CORVÉES DE ROUTE.

§ 2. — CONSTRUCTION D'UN CANAL DE DESSÈCHEMENT DANS LA VALLÉE DE LA SERRE ; ENQUÊTE DE LA MAITRISE DES EAUX ET FORÊTS ; ENQUÊTE DE L'INTENDANCE ; DEVIS ET IMPOSITIONS. — FAITS DIVERS RELATIFS A CE CANAL.

§ 1er. — Au Moyen-Age les habitants de Chalandry étaient obligés de contribuer à l'entretien des routes de la Fère à Crécy et de Coucy à Vervins. Ces chemins appartenaient, partie à l'abbaye de Saint-Jean de Laon et partie aux seigneurs de Coucy-Marle, avoués de la plupart des villages situés dans la vallée de la Serre. On acquittait alors un droit de *rouage* pour passer avec une voiture sur les chemins et un droit de *péage* pour traverser les ponts de Crécy, notamment le pont de Sort (1).

La route royale de Laon à Guise, par Crécy-sur-Serre, qui mettait en communication la Flandre et la Champagne, était aussi à la charge de nos villages. Les étrangers y payèrent les droits de rouage et de péage jusqu'à la fin du 18e siècle (*Cah. des doléances de Crécy en 1789*).

Lorsqu'on répara la route royale de Laon à Marle (1788) qui enleva de l'importance à Crécy-sur-Serre, les villages de la contrée voiturèrent les grès destinés au pavage de cette voie, qu'on avait extraits des montagnes de Saint-Aubin de Chalandry (A. C. *de Barenton-sur-Serre.*)

---

(1) Le pont de Sort, entre Crécy et Pouilly, devint fameux en 1100 par le fait de son préposé Teutegaud « homme profondément scélérat et officier d'Enguerrand de Coucy. Il pillait souvent les pauvres voyageurs et après les avoir dépouillés, il les précipitait dans la rivière pour les mettre hors d'état d'élever des plaintes contre lui. Etant tombé dans la disgrâce d'Enguerrand, il se jeta tête baissée à Laon dans le parti de la commune...... Ce fut lui qui se chargea de tuer l'évêque Gaudry en 1112. » (GUIBERT DE NOGENT, *de vitâ sud*, l. 3.)

§2. — Chalandry qui se trouve aujourd'hui en amont du confluent de la Serre et de la Souche, occupa une position opposée, jusqu'à la fin du premier tiers du 18e siècle. A cette époque, en effet, la Serre, après avoir confondu ses eaux avec celles du Vilpion, en face et à l'est du village de Dercy, allait rejoindre la Souche vers Cohartille, s'en séparait près de Barenton-sur-Serre, enfin la rejoignait, grossie du Rû des Barentons, appelé alors la Fausse-Serre, non loin de Chalandry, au lieudit *les Falises* ; elle passait donc à Chalandry. Ces circonvolutions étaient cause d'inondations fréquentes; il suffisait quelquefois d'un seul jour d'orage, pour grossir à la fois tous ces cours d'eau qui ne trouvant plus un lit suffisamment large pour s'écouler et n'ayant presque point de pente, se répandaient par toute la plaine, s'y creusaient des lits factices et sans issue, y séjournaient plus ou moins longtemps, détruisant les récoltes et recouvrant de vase le foin des prairies. Ce fut particulièrement le cas des années 1734, 1735 et 1736. Les riverains résolurent enfin de tenter quelque chose pour sortir de cette fâcheuse situation. Ils adressèrent plusieurs requêtes au roi. La Maîtrise des eaux et forêts de Laon et l'Intendance de Soissons furent, chacune dans leur ressort, chargées de vérifier leur bien-fondé et d'y satisfaire autant que possible.

Le rapport de ladite maîtrise, véritable enquête de police, répondait à un légitime désir des habitants qui plusieurs fois et notamment dans une supplique du 28 juin 1736 déclaraient « que n'étant pas en état de soutenir différents procès contre les propriétaires des moulins de la Serre qu'ils dénomment être les religieux de Saint-Jean et de Saint-Martin de Laon, ils demandent qu'il soit dressé procès-verbal de l'état des lieux et les fermiers des moulins et tordoirs contraints de tenir les eaux à un point assez juste pour leur laisser un écoulement naturel. » (A. A. C, 626.) Une ordonnance du 12 juillet 1736, rendue par Me Adrien Cosse, conseiller du roy en cette maîtrise, nomma une commission dont fit partie Adrien Lemaire, maître charpentier à Parfondeval, en qualité d'expert « pour bien et fidèlement niveler, prendre les points d'eau, hauteurs des seuils et vantaux desdits moulins » et invita les intéressés à procéder avec les commissaires à une visite solennelle des lieux, à partir du 16 du même mois. Le procès-verbal indique qu'elle dura jusqu'au 28 juillet.

Voici, en abrégé, ce qui concerne Chalandry : « ...Et le

24 juillet 1736, nous, commissaire (Cosse) accompagné de nos procureur du roy (Burquin), greffier (Laurent) et dudit Lemaire, expert, estant rendu au moulin de Chalandry, tenu à ferme par Antoine Allart nous avons reconnu que par affectation il avait lâché les eaux et même retiré une hausse qu'il n'a point eu le temps de cacher. . . . . avons fait deffense audit Allart en présence de plusieurs habitans de Chalandry de se servir à l'avenir de pareille hausse, sous peine de cent livres d'amende et de dommages-intérêts. . . . . ., avons par prévision ordonné que le point d'eau qui était de cinq pieds deux pouces sera suivant le rapport dudit Lemaire réduit à quatre pieds deux pouces. . . . Et comme une masse de pierres de cinq pieds et demi d'épaisseur au milieu de la ventillerie de ce moulin arrête le courant dans les grandes eaux et pour d'autant plus obvier aux débordements, nous estimons qu'il serait à propos de faire une décharge d'eaux de 22 pieds d'ouverture au-dessus dudit moulin, soit à l'endroit qu'il y a un ancien fossé derrière les bâtiments, soit aux bords des pâtures de Chalandry en indemnisant la communauté, laquelle décharge tombera au-dessous du même moulin et au-dessus du point appellé le pont des Vaches. » (A. A. C, 626).

En résumé, les conclusions générales du rapport tendaient à ce que : 1° il fallait « abattre et déraciner les plans de saules, peupliers et ozerais à six pieds en deçà des bords de la rivière.» 2°, réduire tous les points d'eau. 3°, ouvrir deux revers, l'un au moulin de la Chantrelle à Remies et l'autre au moulin de Chalandry. 4°, lever les vantaux en toute diligence au moment des orages, tempêtes, etc... 5°, lever les vannes le 1ᵉʳ et le 3° samedi de chaque mois. 6°, rétablir les anciens cours des ruisseaux et fossés pour saigner les pâtures. 7°, tenir « le lit de la Serre à 40 pieds de largeur depuis le territoire d'Achery-Mayot jusqu'à Pont-à-Bucy ; à 32 pieds entre Assis et Chalandry ; à 31 depuis Chalandry jusqu'à la jonction de la Soüe (Souche), près de Frémont ». Le surplus du rapport concerne le Vilpion et l'inspection de la Serre jusqu'à son confluent.

C'est à l'enquête menée parallèlement par l'Intendance qu'il faut faire remonter l'initiative du canal de Dercy à Crécy.

Une pièce du dossier des A. A. C, 626 mentionne que les propriétaires riverains de la Serre et les habitants des paroisses de Dercy, Mortiers, Chalandry, Crécy-sur-Serre, Froidmont et Cohartille, Sort et Pouilly, présentèrent au Roi une requête à la fin de 1735, pour lui exposer « que leurs terres, prairies et pâturages, étaient ravagez presque toutes les années soit par les débordements, soit par les eaux pluviales ; les canaux et déchargeoirs que l'on avait autrefois pratiquez pour leur servir d'écoulement, s'étant comblez par succession de temps, en sorte qu'ils ne pouvaient plus retirer aucun produit de leurs biens, ce qui les mettait hors d'état de faire subsister leurs bestiaux et de satisfaire aux impositions. »

L'intendant chargea son subdélégué à Laon, par une ordonnance du 12 janvier 1736, de faire une enquête à ce sujet sur les lieux mêmes, en présence des syndics et habitants des paroisses susdites. Ceux-ci comparurent devant le subdélégué le 20 avril 1736 et consentirent à contribuer chacun pour leur part et portion, aux dépenses à faire pour mettre à l'avenir leurs terres et prairies à l'abri des inondations. Il en fut dressé procès-verbal aux termes duquel le sieur Baligand, ancien inspecteur du canal de Picardie, après avoir fait le nivellement du terrain, établit le devis estimatif d'un canal à creuser pour faciliter l'écoulement des eaux, depuis le village de Dercy jusqu'à celui de Pouilly.

Ce devis, daté du 23 juillet 1736, indique la part contributive de chacun des villages intéressés et fixe spécialement ce qui devait être fait à la corvée.

Sur l'avis favorable de l'intendant de la Généralité de Soissons, « et après avoir ouï le rapport du sieur Orry, conseiller d'Etat et contrôleur général des Finances, le roi étant en son conseil à Versailles le 2º jour de septembre 1736 ordonna qu'il serait incessamment procédé à l'adjudication au rabais des ouvrages contenus au devis du sieur Baligand . , ... et que le prix de ladite adjudication serait imposé, savoir : les deux tiers sur les propriétaires riverains desdites paroisses au prorata des héritages qu'ils y possèdent et le troisième tiers sur la communauté des habitants de chacune desdites paroisses au marc la livre de la taille, comme aussi que la reconstruction des digues énoncées audit devis sera faite incessamment à la corvée par lesdits habitants. » (A . A. C, 626.)

Le 11 septembre 1736, l'intendant ordonna à son subdélégué de Laon de procéder à l'adjudication desdits travaux, qui eût lieu le 25 du même mois en l'hôtel de ce dernier fonctionnaire, en présence des maires et syndics des villages de Mortiers, Chalandry, Dercy, Froidmont, Cohartille, Barenton-sur-Serre, Crécy et Pouilly. L'adjudicataire fut François Gouverne fils, de Saint-Quentin, « pour la somme de 9650 livres tant pour la fouille, frais d'outils, peines et soins de l'entrepreneur » qui présenta pour caution Jacques Gouverne son père et pour certificateur Pierre Douvry, entrepreneur du canal de Picardie, demeurant à La Fère.

Les frais répartis sur les seuls riverains dans les communes intéressées, d'après un rôle rendu exécutoire le 25 février 1737, s'élevèrent pour Chalandry à 613 livres 18 s. 9 d. Comme le tiers de la dépense devait être pris sur les habitants des communautés, ce fut donc exactement une somme de 204 l. que ceux de Chalandry eurent à supporter, en plus des autres impôts de 1737 (A. A. C, 636).

Au mois de juin de la même année, l'adjudicataire avait déjà touché 5000 livres et les travaux allaient être terminés. On s'aperçut alors que le canal ne rendrait point tous les services qu'on en avait espérés et on résolut de le pousser jusqu'à la Fère. Mais il fallait pour cela un nouveau décret du conseil du roi.

Ce décret se fit attendre, l'affaire traînait en longueur et se compliquait de dissentiments très vifs entre les habitants de Crécy et ceux de Pouilly. Ces derniers, peu disposés à sacrifier une partie de leurs prairies (*Cahier des doléances de Crécy de 1789*) craignant peut-être de plus amples débordements, si le débouché du canal aboutissait sur leur territoire, en face du village, comme il était porté aux plan et devis primitifs de l'ingénieur Baligand, se refusèrent à laisser continuer les travaux. On plaida avec entêtement au Bailliage, à la Maîtrise des eaux et forêts et même au Parlement. Soutenus par leur seigneur, le cardinal de Rochechouart, prélat très influent à la Cour, ils obtinrent, vers 1744, par un arrêt du conseil du roi, la suspension des travaux. C'est alors que le 13 juillet 1744, parut un nouveau décret du roi ordonnant une levée d'impôts de 1460 livres sur les paroisses précédemment citées, afin de faire certains travaux et de réparer les digues à l'embouchure du canal à Dercy.

En 1751, nouveau décret du conseil ordonnant la prolongation du canal jusqu'à la Fère (*Cahier des doléances de Crécy de 1789.*) Pourquoi n'eut-il pas de suite ? Pour les mêmes raisons sans doute que précédemment : c'est-à-dire à cause de la rivalité de Crécy et de Pouilly et du mauvais vouloir de cette dernière paroisse de céder le terrain nécessaire. Pendant le reste du 18e siècle, ce ne furent que plaintes de communautés, enquêtes et contre-enquêtes administratives, abandonnées dans les cartons de l'intendance, procès entre particuliers, rixes violentes entre les gens de Pouilly et ceux de Crécy. Une sentence du bailliage du 11 février 1765, ayant condamné Crécy à reboucher les brèches ouvertes, ce fut sommations sur sommations, expertises sur expertises, sentences sur sentences pour cause de résistance, d'inexécution ou de mauvaise exécution. En 1776, les habitants de Pouilly construisirent une digue d'environ 15 pieds d'épaisseur en travers du canal ; pendant que les ouvriers travaillaient d'autres montaient la garde jour et nuit, avec des fusils pour empêcher les étrangers de venir détruire leur ouvrage. Crécy leur intenta un procès dont on ignore l'issue (COMBIER, *Cahier des doléances de Crécy en 1789.*)

Une supplique des habitants de Chalandry mentionne une ordonnance de l'intendant de Soissons du 10 juin 1786, enjoignant à tous propriétaires riverains de relever et entretenir les digues « chacun en droit soi ». (A. A. C, 98.)

Le cahier des doléances de Crécy en 1789 exprime que le plus grand mal pour les malheureux habitants de ce bourg vient de l'interruption du canal de la Serre et en demande la continuation jusqu'à la Fère. Mais les agitations et les graves évènements de la période révolutionnaire allaient détourner les esprits de cette question purement économique et l'ajourner aux calendes grecques.

Cette question, si passionnante au 18º siècle, semble avoir perdu de son intérêt au 19º. Les plaintes relatives aux inondations furent adressées alors contre les meuniers ; elles eurent pour conséquence de faire baisser le *point d'eau*, notamment en 1830 et en 1865.

Cependant le registre des délibérations du conseil municipal mentionne que le 10 mai 1857, Chalandry vota une somme de 78 fr. 80 pour étudier un projet de canal dans la Vallée de la Serre. Nous ignorons quelle suite y fut donnée.

Pour être actuellement moins fréquentes et moins désastreuses qu'autrefois, les inondations n'ont pas encore complètement disparu ; il se passe rarement cinq années de suite sans qu'on ne voie les eaux se répandre dans les *Bassières* et mugir sourdement dans la plaine. Le Chemin de fer de la Vallée de la Serre construit en remblai entre cette dernière rivière et la Souche préserve Chalandry des débordements venant du Nord-Est (de Dercy, par exemple). Mais, lorsqu'ils viennent de l'Est (de Cohartille ou de Barenton-sur-Serre), les eaux endiguées entre la voie ferrée et le commencement du plateau font de nombreux dégâts dans la vallée et dans la partie basse du village.

III. — FAITS DE GUERRE

§ 1ᵉʳ. — THOMAS DE MARLE.

§ 2. — GUERRE DE CENT ANS ET AVEC LA MAISON D'AUTRICHE.

§ 3. — GUERRES DE RELIGION. — GUERRE AVEC L'ESPAGNE ET L'AUTRICHE. — LA FRONDE.

§ 4. — LES MILICES PROVINCIALES.

Chalandry, assis aux confins de la Thiérache et du Laonnois, ne pouvait pas échapper aux maux de la guerre. Sa situation topographique fut la cause de ses malheurs. Le diocèse de Laon dont cette paroisse faisait partie, devint en effet notamment au Moyen-Age, soit le centre de réunions de troupes françaises, soit le but de courses de partisans ennemis ou d'invasions venant du Nord.

Ce fut pour résister à ces invasions que le sol se couvrit de châteaux et de retranchements d'abord nécessaires pour la défense du pays, plus tard utilisés par certains seigneurs pour dominer la contrée. Telle fut l'origine de ces familles féodales si puissantes au Moyen-Age, comme celle de Coucy qui régnait alors presque en souveraine sur toute la contrée.

§ 1ᵉʳ. — D'abord se dresse devant nous la sombre et altière figure de Thomas de Marle. En 1108, il avait épousé Mélissende de Crécy, fille unique d'un seigneur nommé Guy. La fortune que lui procura ce mariage, à laquelle venait s'ajouter l'avouerie des domaines de l'abbaye de Saint-Jean de Laon, le rendit un des plus puissants seigneurs de la région. Aussi était-il redoutable et redouté de tous. Après le meurtre de l'évêque Gaudry (1112) il abrita dans ses châteaux les révoltés de la commune de Laon. « Ce méchant homme, dit Suger dans ses *Mémoires*, attaqua le pays de Laon, de Reims et d'Amiens, bouleversa tout, enleva à l'Abbaye de Saint-Jean de Laon deux beaux villages, savoir Crécy et Nogent (Nouvion-l'Abbesse), y bâtit des forteresses et deux châteaux-forts qu'il entoura de fossés très profonds et de hautes tours comme s'ils eussent été à lui en propre ; il causa tant de mal à la province par ses entreprises, que l'église gallicane s'étant assemblée à Beauvais le 6 décembre 1114, l'excommunia et le dégrada de l'ordre de la chevalerie. »

En ce qui concerne Crécy, le château dont il est ici question se trouvait au lieudit *Beauregard*, au Nord-Ouest du bourg actuel, en un endroit élevé d'où l'on découvre une immense étendue de pays. La configuration présente du sol, en cet endroit, offre encore la forme d'un vaste quadrilatère aux arêtes très escarpées ; quelques débris de fondations, de nombreux tas de grès existant çà et là, le nom du lieudit *le Haut-Chêtet* (de *castellum*, *château*) en indiquent suffisamment l'emplacement. Guibert de Nogent mentionne que ses fortifications étaient une chose extraordinaire et inaccoutumée pour son temps et dit que toute entreprise contre elles semblait être ridicule : « *Erat autem munitio insolita fortitudinis ita ut omnis eorum nisus multis ridiculus videretur* ».

La noblesse des alentours était assez favorable à Thomas de Marle dont elle craignait les représailles. Cependant, d'après le dernier auteur cité, l'année qui suivit le concile de Beauvais, Louis VI en personne rassembla une armée et vint mettre le siège devant le château de Beauregard. La multitude des paysans du voisinage, enflammés par le clergé, ayant des évêques à leur tête, accoururent sous la bannière royale et marchèrent comme à une véritable croisade. Le premier retranchement ayant été emporté, le roi se tint à la porte du château et somma la garnison de se rendre. Celle-ci refusa pleine de confiance. L'assaut recommença le lendemain plus furieux que la veille et la forteresse fut emportée, démolie, puis rasée. Les assiégeants n'eurent qu'un seul homme tué. Les assiégés, composés en majeure partie des réfugiés de la commune de Laon et des partisans que Thomas avait levés dans toutes ses seigneuries, furent condamnés à être pendus.

Le château de Nogent se rendit alors à discrétion. Consterné de la défaite des siens, Thomas de Marle fit sa soumission au roi qui le condamna à lui payer une forte rançon pour le dédommager des frais de la guerre (SUGER, *Vie de Louis-le-Gros ;* — GUIBERT DE NOGENT, *de vitâ suâ, Ch.* 12.*)*

§ 2. — La guerre dite de *Cent Ans*, (elle en a duré en réalité 116 ! — de 1337 à 1453) entre la France et l'Angleterre, causa d'effroyables maux à notre pays; ni les guerres religieuses du 16º siècle, ni même celle de 1870 ne peuvent donner une idée des souffrances que les populations de la contrée éprouvèrent pendant ce long laps de temps.

Dès 1339, Edouard III, roi d'Angleterre envahit le Vermandois et la Thiérache. 500 lances aux ordres de l'évêque de Lincoln dévastent les riches domaines du sire de Coucy. Un autre parti anglais s'avance jusqu'à Vaux-sous-Laon ; forcé de rétrograder, il pille nos villages et incendie « Crécy-sur-Serre, une des bonnes villes qui n'était pas fermée » (FROISSART).

1358. — Nouveau sac de Crécy par les Anglais. La même année, la *Jacquerie*, suite des malheurs de la guerre, se soulève et détruit nombre de châteaux.

1370. — Reprise de la guerre.

1373. — Une armée anglaise commandée par le duc de Lancastre traverse Crécy.

En 1380, les ennemis sous les ordres du duc de Buckingham pillent à nouveau la contrée et se ravitaillent dans la vallée de la Serre.

1392. — Le duc de Lancastre avec ses troupes loge à Crécy. (DOM LELONG, *loc. cit.*)

Plusieurs historiens font mention de souterrains spécialement construits à cette époque en beaucoup de localités pour servir de refuges aux populations terrifiées par tant de calamités. « Les familles s'y entassaient, les femmes et les enfants y pourrissaient des semaines, des mois, pendant que les hommes allaient timidement au clocher voir si les gens de guerre s'éloignaient de la campagne...... Ces souterrains paraissent avoir été creusés dès l'époque des guerres normandes ; ils furent probablement agrandis d'âge en âge. » (MICHELET, *Hist. de France*, t. 3, p. 405). Une de ces retraites existe à Chalandry en face l'abreuvoir du moulin. On en a mis à jour l'ouverture, il y a quelques années, en tirant des cailloux. Elle se prolongeait, paraît-il, assez loin sous *le Sapin*. Une double rampe en grès précédait l'entrée de ce refuge qui était voûté également en grès. Craignant des éboulements, on ne l'a pas exploré ; l'ouverture a été murée et ensuite recouverte de terre.

1414. — Le roi lève l'oriflamme pour combattre Jean-sans-Peur duc de Bourgogne qui, avec son armée, commettait les plus terribles excès à Paris et dans les provinces et perpétuait la guerre civile, sans souci de la guerre étrangère. Ce fut la cause de nouvelles impositions : « Assiette faite par les esleux de l'ayde, imposée en forme de taille sur le diocèse de Laon montant à 16.000 livres tournois...... » Chalandry est imposé pour 27 livres. Cette contribution avait été levée en vertu « des lettres du Roy données le 23º jour du mois de Mars 1413, montant à 12.000 livres, pour remettre à l'obéissance du Roy nostre dit sires plusieurs subjets rebelles désobéissans et violeurs de paix, a paier ladite somme à deux termes, c'est à savoir la moitié au 1er jour de may et l'autre au 1er jour de juillet en suivant. Et depuis le Roy nostre sires, par ses autres lettres donnés le 14º jour de juing 1414, ordonna une corvée estre mise en icelui diocèse de 4000 livres........ » (MARTIN, *Hist. de Rozoy-sur-Serre*).

1420. — Jean de Luxembourg établit de solides garnisons sur la rivière de Serre et les frontières du Laonnois, pour lutter contre les très nombreux Dauphinois qui séjournaient à Crépy. Le duc de Bourgogne venant de Saint-Quentin avec ses troupes pour assiéger ledit Crépy, fit sa première étape à Crécy, dont il rétablit à grands frais le pont qui avait été rompu.

1440. — La mort du terrible Jean de Luxembourg prive les Anglais d'un allié puissant et délivre notre pays du fléau de la guerre. Le règne victorieux de Charles VII, rend à la France une paix depuis longtemps désirée (DOM LELONG, *loc. cit.* — MATTON, *Inv. des A. de l'Aisne* et *Hist. de Guise.*)

1453. — Publication de la paix entre la France et l'Angleterre.

1496. — « A Guillaume Berengier (et 11 autres) hostellains demourans à Laon, la somme de 51 livres 17 sols 9 deniers t. qui valent 41 l. 10 s. 3 d. p. à eulx deus et ordonnée par les gens d'église gouverneur et habitans de la dite ville de Laon, pour les dépens de bouche fais en leurs maisons et hostels par plusieurs gentilshommes du pais et de 240 compagnons des villes de Crécy, Poilly, Chalandry, Dercy, Bois-Pargny, Chéry et d'autres villes ou villages lesquelz étoient mandez pour venir aidier à garder ceste ville de Laon le 24º et le 26º jours de juillet pour résister aux Allemans et estrangers estans logées 8 jours ou environ faisant plusieurs maux ou domaiges aux pauvres gens desdits lieux, au moien de quoy furent mandez lesdits gentilshommes et compaignons du pais, lesquels ne voulurent prendre aucun denier ne sallaire de leursdits voïages, au moien de quoi fut délibéré les deffraier et paier leurs despens d'eulx de leurs

gens et chevaux partout les logis dessusdits où ils ont été logiez».
(A. *Ville de Laon, CC.* 25.)

1552. — Le comte de Rœux ravage la contrée.

1554. — Deux armées françaises se réunissent à Crécy-sur-Serre, pour marcher sur le Hainaut.

1558. — Les Impériaux dévastent Crécy, Pouilly, Pont-à-Bucy, Montcornet, Liesse, etc.

A cause des malheurs de la guerre, une diminution de taille foncière fut accordée pendant 2 années aux habitants de Chalandry (A. A. H, 55).

§ 3. — 1560. — Tenue des Etats Généraux à Orléans pour régler la situation légale des protestants. Le lieutenant général du Bailliage de Vermandois convoqua pour le 14 avril 1562, les députés des villes « afin d'asseoir les salaires et dépens de ceux qui s'étaient trouvés en assemblée faite tant à Laon qu'à Orléans » s'élevant à 1914 livres 8 sols parisis ou 2393 liv. tournois. Chalandry versa pour sa part 12 s. t.

1567. — Les Huguenots se font craindre dans le Laonnois et la Thiérache. Ils s'attaquent aux églises, brûlent et pillent celles de Crécy, Chalandry, Pouilly, Dercy, Nouvion-l'Abbesse et beaucoup d'autres du diocèse de Laon qui se trouvaient sur leur route. Ils tuèrent tous les prêtres qu'ils pouvaient rencontrer. Ils avaient pour chef Antoine de Bayencourt, seigneur de Bouchavannes et François de Hangest, seigneur de Genlis. Ce dernier ravageait impunément la contrée, les garnisons catholiques étant trop faibles. Ces méfaits se renouvelèrent à plusieurs reprises (*Mémoires de l'Eleu, T. 2. Bibl. de Laon*).

1576. — La ligue se forme ayant pour chef François de Lorraine, duc de Guise. Condé est chef de l'autre parti.

1589. — Les ligueurs s'emparent de Crécy qui leur fut repris peu après par les royalistes.

De 1589 à 1597 Henri IV lutte pour conquérir le royaume. D'importants faits d'armes se passent dans notre contrée.

22 Nov. 1590. — Henri IV écrit au duc de Nevers « de se trouver à Crécy pour donner la chasse au prince de Parme et aux Espagnols. »

1596. — Entrée de Henri IV à Laon. Les habitants de Chalandry profitèrent sans doute du voisinage du roi pour lui exposer leurs doléances, car une diminution de taille leur fut accordée pour 1597 et 1598 (A. A. B, 3447).

Les terres restèrent en friche et un grand nombre de paysans moururent à la suite de toutes ces guerres. Daniel le Cirier, seigneur de la Motte-Chalandry fut fait prisonnier au siège de La Capelle ; en revenant de captivité il trouva son château dévasté. C'est alors qu'il le vendit à Salomon de Guignicourt, ainsi qu'on l'a déjà vu au chapitre 7 § 1er.

26 mai 1635. — Déclaration de guerre à l'Espagne et à l'Autriche. On se bat dans la Thiérache.

Juillet 1636. — 35.000 Espagnols s'emparent de la plupart des places de la Thiérache et sont presque maîtres de la contrée, ou tout au moins y viennent réquisitionner et piller, ainsi que dans tout le pays compris entre l'Oise et la Serre. De là ils passent en Picardie.

1637. — Dès avant cette date, les habitants de Chalandry conduisaient et mettaient en sûreté à Laon « à cause des troubles », leurs plus beaux meubles. (*Voir infrà inventaire Dangie au chapitre Vie rurale*).

1640-1648. — D'après le chevalier Louis de Bohan les ennemis assiègent et prennent le fort de Crécy. « Le dyocèse de Laon est réduict à une si extrême misère que partye des villages sont abandonnez, partye réduicts à moitié. Partye aussi des terres sont demeurées incultes. » (E. FLEURY, *le Diocèse de Laon pendant la Fronde*.)

1647. — Le seigneur de Monceau-le-Waast donne lors d'une enquête faite à Laon des renseignements sur les dommages causés par les troupes du roi à Crécy, Chalandry, Chéry, etc., (E. FLEURY, *loc. cit.*)

19 juin 1648. — 4.000 cavaliers ennemis munis de deux canons passèrent l'Oise à Ribemont, sous la conduite de Gercy gouverneur de Cambrai et vinrent piller : « tant audit Crécy qu'aux villages circonvoisins jusqu'à la frontière et même ils eurent bien l'assurance de faire passer la rivière de Serre par 200 chevaux qui firent leur course jusques à une lieue de Laon et pillèrent ceux desdits villages qui sont même en deçà de l'eau. (A. A. G, 419 et A. G. vol. 106 p. 64. — FÉLIX BRUN, *Lettres relatives à la Fronde* insérées au Bulletin de la Société Archéologique de Soissons année 1895).

Ils enlevèrent partout chevaux, vaches, bêtes ovines et meubles, ainsi que tout ce qu'il y avait de plus précieux ; en outre ils rançonnèrent impitoyablement les habitants qu'ils menaçaient de réduire en captivité s'ils ne payaient pas la contribution de guerre.

L'ennemi rebroussant chemin s'arrêta pendant 7 heures le lendemain, dans la prairie de Ribemont pour faire reposer ses troupes harassées et laisser paître suffisamment le bétail enlevé, avant de reprendre sa marche vers le Cambrésis (MATTON, *Hist. de Guise*. — A. G. ci-dessus et L. BAILLEUX, *Ephémérides de l'Aisne*).

Du 16 mars au 6 août 1649 l'armée espagnole campa à Crécy-sur-Serre. Se rendant maîtresse de toute la contrée qu'elle ravagea, elle entra à Vadencourt, La Fère, Marle, Vervins, etc.

Les troupes allemandes luthériennes au service de la France, sous le commandement du baron suisse général Jean-Louis d'Erlach, les surpassèrent en cruauté. Durant plusieurs longues semaines elles firent beaucoup plus de mal que les ennemis. Aucun laboureur ne put ensemencer ses terres ; les chevaux et voitures étaient pris à tous moments. Les mêmes faits se renouvelèrent en 1650.

6 mai 1650. — Les Espagnols entrent en France par Hirson.

Mai-juin 1650. — Le maréchal du Plessis-Praslin est envoyé à Crécy-sur-Serre pour prendre le commandement d'une armée qui s'y trouvait. Il écrivit de cette ville au ministre Le Tellier, le 1er juin 1650, pour lui rendre compte de la situation. (A. G vol. 119 p. 235. — FÉLIX BRUN, *loc. cit.*)

Il est un document qui résume d'une façon aussi complète que triste l'histoire lamentable du diocèse de Laon pendant l'année 1649 ; c'est la déposition faite par Antoine Gossuin, à l'enquête officielle de Laon.

« A dict qu'ayant toujours esté laboureur... à Pouilly, la guerre qui s'est augmentée principallement depuis que le général Herlac est arrivé (1648), il (le déposant) a esté contrainct de quitter ce dyocèse, pour n'avoir eu le moyen d'y subsister, et après avoir esté pillé, mis à rançon, et tout ledict village de Pouilly ravagé par ladicte armée, tous les bestiaux dudict lieu . . . . ayant esté enlevés, il a esté réduict comme tous les autres habitans dudict lieu et des *villages circonvoisins* à chercher occasion de travailler, tantost en ung lieu, tantost en ung aultre, pour gaignier sa vie et entretenir sa famille . . . . . .

Et comme ceste armée avoit donné de la terreur par tous

les endroits où elle avoit passé dans l'estendue de ce dyocèse, et qu'on entendoit parler que des cruautés qu'elle avoit exercé depuis la rivière d'Aixne jusques à celle de la Serre, tout le pays estant en confusion, chacun fuïoit partout pour trouver ung azile et se mettre à couvert de la violence des soldats. . . . . Tout le village fut entièrement habandonné, comme fut aussy le bourg de Crécy et plus de *trente villages* aux environs quy furent réduicts en déserts et inhabitez. . . . . . .
Et la cherté du grain estoit si grande que plusieurs furent contraincts de se retirer dans les bois et se substanter de racines et de feuilles d'arbres, dont grande quantité mourut. . . . . Pendant quoy, cette armée quy ne trouvoit plus rien à piller ny personne contre quy les gens de guerre pussent exercer leurs cruautés, ils démolissoient les bâtiments, ruinoient les édiffices, et en tous lieux où ils passèrent, ils pillèrent les églises . . . . . » (E. FLEURY, *loc. cit.*)

Il résulte de l'enquête de 1650 que « les 2/3 des peuples qui estoient dans l'estendue de l'élection de Laon sont morts et péris par les misères et calamitez, la moitié des paroisses bruslées et inhabitées et les hameaux, les 2/3 des terres incultes et en frisches et ne s'y trouvant presque plus de bestiaux. Les villages quy souloient être composés de 300 à 400 feux, sont à présent réduicts à 5, 6, 8, 10 ou 12 habitans. Ils ne s'en pourront relever de 10 ans. L'armée allemande du baron d'Erlach a faict plus de ruyne que l'armée espagnole, ayant bruslé plus de 40 villages du dyocèse de Laon et tué une partie des peuples. »

Telle fut dans l'ancien diocèse de Laon la désastreuse conduite des troupes du baron d'Erlach, ce génie de la ruine inutile et sauvage. Dans le patois des anciens du pays on insulte du nom de *Derlaque* ou *Derloque* (de Erlach), un homme qui se montre brutal sans nécessité (E. FLEURY, *loc. cit.*). Nous avons entendu prononcer ce mot, comme injure, dans la bouche des vieillards de Chalandry.

Quand ce chef de brigands eut enfin disparu, on vit arriver dans notre contrée le général anglais Sir Dighby, qui ramenait de Flandre les armées françaises pour aller prendre leurs quartiers d'hiver sur les frontières de Champagne, de Bourgogne et de Lorraine. Elles firent autant de dégâts que les troupes allemandes ainsi que le constatent les procès-verbaux dressés sur les plaintes arrivées à Laon : « . . . . Une partie des troupes

françaises de l'armée du Roy commandées par le sieur Dighby
..... ont passé et pillé..... tué quantité d'habitants au bourg
de Crécy et en plusieurs paroisses de ceste eslection. Les
campagnes ne sont plus que des déserts et les villages de tristes
ruynes. Plus de 80 curés sont morts de nécessités et plus de cent
ont habandonné leurs cures pour ne pas périr de misère et
mendient ainsy que leurs paroissiens. » *Cahier des plaintes
adressées en 1649 au Roi sur l'état du diocèse de Laon.*)

En résumé, durant 25 ans (1635-1660), le pays laonnois, sans
cesse occupé ou traversé par des gens de guerre, souffrit des
maux tels que jamais, à aucune époque, il n'en subit et
n'en subira probablement de pareils. Il ne se passait guère d'année
sans qu'il vit s'assembler des armées qui de là s'avançaient
en pays ennemi. Ce ne furent que marches et contre-marches,
prises et reprises des mêmes lieux. Ces mouvements de troupes
affamaient le pays et gênaient la culture. « De plus, il est
certain, dit le notaire Lehault, dans son *journal* ci-après cité, que
dès que les grains ont été à peu près dans leur maturité, lesdicts
gens de guerre, les ont esté soyer et prendre et les ont battuz et
venduz publiquement à Laon, Crécy.... » Aussi, les grains
arrivèrent ils à des prix exhorbitants, le blé surtout. Les soldats
(amis et ennemis) étaient indisciplinés et ne recevaient généralement ni solde, ni vivres, ni vêtements : ils vivaient à leur guise
dans le pays qu'on leur abandonnait, pour ainsi dire, sans
restriction aucune (E. FLEURY, *loc. cit.*)

8-9 Juin 1650, — Le lieutenant-général d'Hocquincourt fait
charger par sa cavalerie l'arrière-garde des ennemis au passage
du pont de Macquigny. Les Français sont forcés de battre en
retraite. Mr d'Hocquincourt donna alors l'ordre « aux régiments
de son Altesse et de Languedoc (c'est de ce dernier que descend
le 67° d'infanterie, en garnison à Soissons) qui font 2000
hommes et avec deux autres de sa cavalerie, de marcher sur
Crécy, pour se rendre le 9 juin à La Fère, afin de s'opposer
d'autant plus facilement à l'entrée des ennemis en France »
(A. G. vol. 119, p. 265. — FÉLIX BRUN, *loc. cit.*)

1651. — Le prince de Condé garnit Marle au printemps de
troupes pour garder la contrée; elles séjournèrent quatre mois
tant dans cette ville que dans les paroisses limitrophes. Quatre
siècles de supplice! nous apprend le notaire Lehault dans son
« *Journal d'un Bourgeois de Marle* » publié par AM. PIETTE.

1652. — Les ennemis assiègent Laon et campent dans les

villages du plat pays, notamment à Barenton-sur-Serre (en juillet) et à Crécy qu'ils brûlent (24 juillet). — (A. G. v. 137, p. 316. — FÉLIX BRUN, loc. cit. et *Ephémérides de l'Aisne*, par L. BAILLEUX.)

1653. — L'armée du maréchal de la Ferté opère sa jonction avec celle de Mr de Turenne le long de la Serre, pour aller au secours d'Arras. Après la levée du siège de cette ville, ces deux troupes reviennent prendre leurs cantonnements d'hiver dans les mêmes endroits (*Information commencée le 28 mars 1656 par Jacques de Martigny, conseiller au bailliage de Vermandois, à la requête du procureur du roi, sur les pertes faites dans le diocèse de Laon, depuis 1648.*)

26 octobre 1653. — Mr de Turenne passe à Crécy pour traverser Oise à La Fère (A. des Affaires étrangères, France, vol. 1685 et FÉLIX BRUN, *loc. cit.*) Il séjourne dans les environs jusqu'au 24 novembre suivant. A peu près à la même époque le duc d'Elbeuf occupe Crécy avec un « camp vollant » de 4000 hommes (E. FLEURY, *loc. cit.*)

1655 à 1657. — Le Laonnois est au pillage.

1658. — On répare les dégradations causées à l'église de Chalandry pendant les guerres locales précédentes (A. A. B, 3003. — Voir *infrà* chapitre : *Vie rurale*.)

1665. — Les rapports officiels mentionnent que les villages appartenant à l'abbaye de Saint-Jean de Laon, au nombre desquels étaient Chalandry, Montigny, Crécy, Pargny, etc., n'avaient pas encore rebâti le tiers de leurs maisons.

Toutes ces guerres civiles ou étrangères, dont le théâtre fut trop souvent l'ancien diocèse de Laon, tournèrent au détriment de la Nation et des populations des campagnes, rendant trop bien l'éternelle vérité si simplement et si brièvement formulée par notre inimitable fabuliste La Fontaine :

> Hélas ! on voit que de tous temps
> Les petits ont pâti des sottises des grands !

Octobre 1675. — Le roi ordonne que 2 régiments de cavalerie, comprenant chacun 9 compagnies prendront leurs quartiers d'hiver dans la généralité de Soissons qui leur « fournira l'ustensile et encore à 4 autres régiments de cavalerie qui seront logés dans les places frontières. Sa Majesté donne l'ordre à l'Intendant de faire l'imposition de ladite ustensile, sur tous les lieux de la généralité, à proportion de ce qu'ils payent de la taille, comme aussi des fourrages qui doivent être fournis auxdites troupes. » Crécy-sur-Serre eut à loger une compagnie du régiment royal de Roussillon ». Le séjour de ces troupes indisciplinées et exigeantes était une grande charge pour les populations de la région, sans compter le trouble qu'elles apportaient dans la vie sociale. La comparaison est tout à l'avantage de notre armée actuelle (A. G. supplément, minute. — FÉLIX BRUN, *Lettres et documents concernant le Laonnois pendant le 17º siècle*, Bulletin de Soissons de 1899.)

6 octobre 1676. — « Contrôle des troupes que le roi a résolu d'envoyer dans la généralité de Soissons. . . . . . . Cavalerie : Régiment royal anglais, une compagnie à Crécy-sur-Serre. . . . . Sa Majesté ordonne à l'Intendant d'imposer et faire lever incessamment sur toutes les villes, paroisses et autres lieux de ladite généralité. . . l'ustensile des troupes de cavalerie et en outre la somme de 121.400 livres pour celles qui seront logées dans les places frontières. » (A G. supplément, minute, FÉLIX BRUN, *loc. cit.*)

11 juin 1711. — Course de Growestein, partisan hollandais, avec 1200 cavaliers; pillage de Crécy, Chalandry, Mortiers, Verneuil-sur-Serre, etc.

1718. — Cependant les populations des campagnes fatiguées des maux de la guerre et espérant toujours en la paix, profitaient du moindre temps d'arrêt dans les hostilités pour réparer ou rebâtir maisons, bâtiments, etc. Il existe encore une pierre recouverte de peinture établissant la chose, dans le mur de la ferme Brucelle-Brancourt (sur la rue du Parvis). Cette pierre porte en relief les mots suivants, trop significatifs dans leur laconisme : *Anno Pacis*, 1718 (Réparé ou réédifié en l'an de paix 1718.)

1757. — Demande d'autorisation faite à l'intendant, de réserver la pâture de Rutil pour rembourser les frais des miliciens de l'année 1756 (A. A. C, 97.)

1765. — Les habitants de Chalandry « pour payer les frais des miliciens » retiennent 151 livres sur la vente des foins communaux (A. A. C, 97.)

§ 4. — Nos pères ne payaient pas que des impôts en argent ou en nature, au seigneur ou au roi : ils devaient aussi à leur souverain, à la patrie, l'impôt du sang.

Jusque sous le règne de Louis XIV le recrutement de l'armée

se fit par engagements ou plutôt par racolements. Si ce mode de recrutement n'était pas une charge pour les populations rurales, l'obligation de loger les gens de guerre en était une bien lourde; leur passage seul était considéré comme la ruine d'un pays : car, jusqu'au 17° siècle, on ignora en France ce que c'était que casernement, intendance (comme on l'entend aujourd'hui) et discipline militaire.

En 1688, Louvois enjoignit aux intendants de lever dans les paroisses, parmi les gens non mariés de 20 à 40 ans, un ou plusieurs miliciens. Ce recrutement se faisait à l'élection. C'était encore un hommage rendu au principe d'après lequel les communautés pourvoyaient par elles-mêmes à l'acquittement des charges qui leur étaient imposées. Mais, cette façon d'opérer ayant donné lieu à des brigues, à des abus d'influence, à des marchés, l'ordonnance de 1701 décida qu'elle serait remplacée par le tirage au sort. Ceux qui ne voulaient pas courir les chances du sort étaient exempts moyennant le versement de 75 livres. Suivant le contingent demandé, les paroisses en nombre plus ou moins grand, étaient réunies par groupes et le tirage avait lieu par chaque groupe, pour désigner *un milicien;* celui-ci pouvait se faire remplacer. L'intendant, ses subdélégués ou ses commissaires présidaient au tirage de la milice, en présence des syndics des communautés.

Mais bientôt on ne se contenta plus de demander à chaque communauté ou groupe de communautés rurales un militaire, on les obligea d'abord à lui fournir un chapeau, un justeaucorps, des culottes et des bas de drap, de bonnes chaussures, à payer les frais de tirage et de conduite, à l'équiper, à lui fournir sa solde et à le nourrir pendant le quartier d'hiver, puis même à contribuer aux frais généraux du bataillon dans lequel il était incorporé (taxe sur les villages en 1689). Ces impositions venaient s'ajouter aux charges du quartier d'hiver et de l'ustensile, consistant dans les fournitures que l'hôte devait au soldat : lit garni, pot, verre, écuelle, place au feu et à la chandelle.

LIVRE SECOND

Histoire et Statistique contemporaines

CHAPITRE PREMIER

Les Préliminaires de la Révolution

§ Ier. — LES CAUSES DE LA RÉVOLUTION ; ÉTAT DES ESPRITS A CHALANDRY. — DISETTE ET TERRIBLE HIVER DE 1788-1789.

§ 2. — LES ACCAPAREURS ; ON ARRÊTE LES BLATIERS ; NOMBREUX MENDIANTS. — STATISTIQUE DE LA GÉNÉRALITÉ DE SOISSONS. — PRIX DU BLÉ-MÉTEIL A CHALANDRY EN 1789.

§ 3. — LETTRES-PATENTES DU ROI CONVOQUANT LES ÉTATS GÉNÉRAUX ; LE CAHIER DES DOLÉANCES DE CHALANDRY ; SALENDRE ET JUMAUCOURT NOMMÉS DÉLÉGUÉS ; NOMS DES DÉPUTÉS DE CHAQUE ORDRE AUX ÉTATS GÉNÉRAUX.

§ 1er. — On sait que, à la fin du 18° siècle, la Monarchie manquant d'argent voyait son prestige s'évanouir. Le peuple sur qui retombaient les plus lourdes charges de l'Etat, réclamait hautement la suppression de certains abus, ainsi que plus de liberté et d'égalité dans les classes. Les idées nouvelles propagées par les philosophes venaient renverser les anciens principes de royauté absolue.

On s'accordait à dire qu'il y avait des réformes à faire aux points de vue financier, économique et politique ; mais elles ne devaient aboutir que dans la violence et les orages sanglants ! Un concours de circonstances funestes favorisa cette solution : les famines de 1788, 1789 et 1793 qui occasionnèrent des soulèvements populaires ; la faiblesse de Louis XVI, roi bien intentionné, mais irrésolu et insuffisant, ayant recueilli d'ailleurs une succession difficile après Louis XV ; le déchaînement effréné des passions politiques ; les guerres du dedans et du dehors, etc..

A Chalandry, la population calme, honnête et laborieuse, attendait, au milieu des travaux agricoles, les réformes désirées. Elle vivait éloignée des discussions politiques et religieuses qui commençaient à s'élever comme un vent de tempête, mais qui n'avaient chez elle qu'un écho faible et tardif. Son plus grand souci était de faire face aux nécessités matérielles, anciennes et présentes. Si la nature et les éléments, ainsi qu'on va le voir, ne s'étaient pas mis de la partie, elle aurait probablement continué son existence paisible, sans s'occuper de la tourmente révolutionnaire et sans la connaître autrement que par l'application forcée de ses lois.

« La moisson de 1788 se présenta sous de tristes apparences ; du 1er mars au 16 mai, il n'était pas tombé une goutte de pluie. Un vent du Nord-Est, âcre et persistant, durcissait la terre déjà si profondément desséchée. Les cultures préparées pour les

céréales du printemps furent en grande partie laissées en friche et les graines qu'on avait semées ne germèrent pas ou levèrent mal. On ne comptait donc que sur une récolte médiocre, lorsqu'une grêle effroyable ravagea le 13 juillet 1788, tout le pays qui se trouvait dans un rayon de trente lieues et plus autour de Paris. Toute l'Ile-de-France, une portion de la Normandie, la Picardie entière, surtout le Soissonnais, le Laonnois et la Thiérache souffrirent énormément du fléau .... Autour de Laon, des communes entières ne récoltèrent même pas assez de grains pour ensemencer leurs terres........ Pour comble de malheur, l'hiver arriva dès la fin de septembre 1788. Il débuta avec une intensité annonçant la saison la plus dure. »
(ÉDOUARD FLEURY, *Misères, Famines et Séditions*.)

Cet hiver comporta des alternatives brusques de gelée et de dégel, qui aggravèrent encore le mal. Plusieurs vieux Chalandréiens l'ont souvent entendu dire par leurs parents ou grands parents, qui avaient surtout gardé le souvenir de la particularité suivante : entrés à la messe de minuit (24 décembre 1788), par une pluie battante, les habitants furent surpris de trouver, à leur sortie, les rues et les chemins couverts d'une épaisse couche de glace, rendant la marche difficile et dangereuse.

L'hiver se poursuivit pendant sept longs mois, donnant naissance à de nombreux drames de la faim et de la misère. Aux derniers jours de mars 1789, les champs étaient encore couverts de neige.

A la suite de toutes ces perturbations atmosphériques, le prix du blé et des autres céréales doubla en très peu de temps. Des familles entières ne vécurent, à certains jours, que d'herbes bouillies et de racines. La pomme de terre, récemment introduite en France, n'était pas encore arrivée jusqu'ici !

§ 2. — La perspective d'une mauvaise récolte pour 1789 accrut encore les désordres naissants. Des spéculateurs fortunés ne craignirent pas d'acheter le peu de mauvais blé restant des années précédentes, pour le faire passer à l'étranger, afin de profiter ensuite, en les faisant rentrer en France, de la prime d'importation que le Gouvernement venait d'accorder. Le procédé de ces accapareurs, mauvais Français, fut sévèrement jugé. On rapprochait, avec un semblant de raison, leurs agissements de ceux des tristes héros qui jouèrent des rôles dans le trop célèbre *Pacte de Famine* (1757-1758) et le peuple affamé disait tout haut que cette fois encore le Gouvernement n'y était pas étranger.

Le manque de vivres était à ce point que beaucoup de personnes durent recourir aux premiers seigles, qu'elles coupèrent en vert.

« La pénurie des marchés devint telle dans la contrée, que la municipalité de Laon, rapporte Edouard Fleury, se crut autorisée à arrêter les blatiers qui portaient des blés à Soissons, sur leurs convois d'ânes et de mulets. » Ce funeste exemple fut aussitôt imité par les autres communes. Les blatiers ne purent bientôt plus circuler qu'avec une extrême difficulté, par des chemins détournés et à travers bois. Dans la région, on établissait des postes sur les routes pour les arrêter.

Cependant le bruit se répandait que des bandes de brigands, partis de Paris, ravageaient les moissons et qu'elles allaient bientôt arriver dans le Laonnois. Partout, les populations s'armèrent, dans le but de repousser cette invasion imaginaire.

Mais, ce qui n'existait que trop réellement dans la région, c'étaient des bandes de 30 à 40 personnes et même plus, qui, poussées par la misère, parcouraient les campagnes, envahissaient les châteaux, les fermes et les maisons de quelque apparence, pour se faire livrer de force du pain et des vivres.

Le cahier des doléances de Crécy-sur-Serre en 1789 leur consacre un paragraphe spécial où il est dit: « Que le nombre des mendiants est très considérable dans les provinces du royaume, qu'ils augmentent tous les jours notablement, qu'ils tirent leurs ressources des habitants de la campagne les moins indigents, que les secours que ces derniers procurent à ces malheureuses victimes de l'humanité deviennent et sont pour eux un impôt fort onéreux. »

La commission provinciale du Soissonnais, enfin émue de cette pénible situation, demanda à chaque municipalité les renseignements nécessaires à l'établissement d'un tableau comparatif de la récolte en blé des années 1788 et 1789. La statistique générale de la province, résultant de ce travail, démontra que la récolte de 1789 ne dépassait que d'un quart celle de l'année précédente et ne pouvait être considérée que comme une récolte de petite année moyenne. L'état exceptionnellement désastreux de la température, les accaparements réels ou exagérés, l'inertie du Gouvernement engendrèrent la longue suite de troubles dénommés la *Révolte des blés.*

Le compte de la fabrique de l'église de Chalandry de 1789 mentionne que cette année-là, le blé-méteil y fut vendu 3 livres 3 sols le quartel (mesure de Crécy) et le seigle 2 l. La fabrique vendit ainsi, aux habitants du pays, 86 quartels de blé-méteil pour 270 l. 18 s. et 100 quartels de seigle pour 200 l., payables le 11 novembre 1790. Mais, le marguillier ne put encaisser que 330 l., sur le total de la vente, le surplus étant dû par des acquéreurs devenus insolvables « par suite de la misère du temps. » (A. P.)

Ce fut au cours de tous ces désordres que le Gouvernement décida la convocation des Etats généraux.

§ 3. — Par lettres patentes datées à Versailles du 24 janvier 1789, Louis XVI le signifia à M. le Grand-Bailli d'épée du Vermandois à Laon, « tant, dit le document, pour nous conseiller et nous assister dans toutes les choses qui seront mises sous nos yeux, que pour nous faire connaître les souhaits et doléances de nos peuples, de manière que par une mutuelle confiance et par un amour réciproque entre le souverain et ses sujets, il soit apporté le plus promptement possible un remède efficace aux maux de l'Etat. . . . . . . »

Obéissant aux ordres du roi, Jean-Baptiste-Félix Lespagnol, chevalier, seigneur de Bezanne et autres lieux, grand-bailli d'épée du Vermandois à Laon, rendit une ordonnance le 16 février 1789, aux termes de laquelle il convoquait l'assemblée des trois états à Laon, pour le lundi 16 mars suivant, huit heures du matin. Cette ordonnance édictait : « . . . . 2°. Que tous les curés, qui sont éloignés de plus de deux lieues de Laon, seront forcés de se faire représenter par procureurs fondés de leur ordre, à moins qu'ils n'aient un vicaire ou desservant résidant dans leur cure. . . . .

« . . . . . . 5°. Qu'au jour le plus prochain, et au plus tard huit jours après la publication de la présente ordonnance, tous les habitants du Tiers-Etat des villes, bourgs, paroisses et communautés de campagne, nés Français ou naturalisés, âgés de 25 ans, domiciliés et compris aux rôles des impositions, seront tenus de s'assembler au lieu accoutumé, ou à celui qui leur sera indiqué par les officiers municipaux, à l'effet par eux de procéder d'abord à la rédaction des plaintes, doléances et remontrances que lesdites villes, bourgs et communautés entendent faire à Sa Majesté, et présenter les moyens de pourvoir et subvenir aux besoins de l'État, ainsi qu'à tout ce qui peut intéresser la prospérité du royaume et celle de tous et de chacun des sujets de Sa Majesté ; ensuite de procéder *à haute voix*, à la nomination des députés dans le nombre déterminé par l'article 31 du règlement, lesquels seront choisis entre les plus notables habitants qui seront chargés de porter ledit cahier à notre assemblée générale, aux jour et heure ci-dessus indiqués. » (EDOUARD FLEURY, *Élections aux États généraux de 1789 dans l'Aisne.*)

Malgré des recherches nombreuses, il nous a été impossible de retrouver « le cahier des plaintes, remontrances et doléances de Chalandry ». Il aura dû être calqué sur l'une des formules banales imprimées, envoyées par divers comités dans chaque village. Toutefois, il est à présumer qu'il contenait, comme celui de Crécy, une demande de réduction et de meilleure répartition des impôts et de plus une longue énumération des désastres causés par les fréquentes inondations de la Serre et de la Souche.

Chaque bourg, village ou communauté de campagne devait nommer une députation de 4 personnes au-dessus de 400 feux, de 3 au-dessus de 300 feux, et de 2 au-dessus de 200 feux ou au-dessous. Chalandry, compris dans cette dernière catégorie, nomma Henry Bonaventure Salendre et Nicolas Jumaucourt tous deux laboureurs. Leurs signatures figurent au bas des procès-verbaux des séances : 1° des 16, 18 et 19 mars, dans lesquelles le cahier général du Tiers-État du Grand-Bailliage du Vermandois fut rédigé, et 2° des 20, 21 et 22 même mois, constatant la nomination des députés du Tiers aux États généraux, savoir :

1° M. Le Carlier, maire de Laon ;
2° M. Viéville des Essarts, subdélégué de Guise ;
3° M. Devisme, avocat à Laon ;
4° M. Bailly, laboureur à Crécy-au-Mont ;
5° M. L'Eleu de la Ville-aux-Bois, subdélégué à Laon ;
6° Et M. Le Clerc, laboureur au Launois, paroisse de Varlet.

Pierre Lemaire, curé de Chalandry, étant dans le cas prévu par l'article deux de l'ordonnance du 16 février 1789, ne put assister aux réunions des 16 mars et jours suivants. Il donna sa procuration à M. Minart, curé de « Chéry-en-Laonnois », qui figure parmi les signataires du procès-verbal de toutes les réunions de l'ordre (16, 18, 20, 21 et 23 mars.)

M. le prieur de l'abbaye des bénédictins de Saint-Jean de Laon le signa aussi, en qualité de député de la communauté et comme fondé de pouvoir pour les fiefs.

Les travaux de l'ordre du clergé se terminèrent par l'élection de trois députés aux Etats généraux. Furent nommés :

1° Mgr de Sabran, évêque de Laon ;
2° M. Oger, curé de Saint-Pierremont ;
3° Et M. Gibert, curé de Saint-Martin de Noyon ;
Suppléant : M. Féquant, curé de Leschelles, près Guise.

La Noblesse n'avait plus de représentant à Chalandry. Nous citons, pour ordre, les noms de ses trois élus :

1° M. le Vicomte des Fossés, seigneur de Faux-Aumancourt ;
2° M. de Maquerel, seigneur de Quesnoy ;
3° Et M. le comte de Miremont.

Trois suppléants furent désignés : M. le chevalier de Novion ; M. du Royer et M. Lamirault de Noircourt.

CHAPITRE II

La Révolution

§ 1ᵉʳ. — OUVERTURE DES ÉTATS GÉNÉRAUX. — DIVISION DE LA FRANCE EN DÉPARTEMENTS, DISTRICTS, ETC.; MUNICIPALITÉ DE CHALANDRY, SA COMPOSITION DE 1790 à 1794; REGISTRES DE L'ÉTAT-CIVIL, LES OFFICIERS PUBLICS. — CONSTITUTION DE L'AN 3 ET ADMINISTRATION MUNICIPALE DU CANTON DE CRÉCY; AGENTS MUNICIPAUX DE CHALANDRY DE 1795 A 1799. — CONSTITUTION DE L'AN 8. — JUSTICE DE PAIX DU CANTON DE CRÉCY.

§ 2. — LA RÉVOLUTION S'ATTAQUE AUX PROPRIÉTÉS ECCLÉSIASTIQUES. — BIENS DU CLERGÉ DÉCLARÉS PROPRIÉTÉ DE LA NATION; ORIGINE DU BUDGET DES CULTES. — RÉALISATION DU MOBILIER DES ÉGLISES; INVENTAIRE DE L'ARGENTERIE TROUVÉE EN CELLE DE CHALANDRY; COMPTE DU MARGUILLIER DE 1792-1793; — VENTE DE TOUT LE MOBILIER RESTANT.

§ 3. — LES BIENS NATIONAUX A CHALANDRY; ON COMMENCE A VENDRE EN JANVIER 1791; PROCÈS-VERBAL D'ADJUDICATION D'UN MARCHÉ DE TERRES; ALIÉNATIONS DIVERSES; LE CHATEAU « EST ACHETÉ POUR UN BŒUF »; LES ASSIGNATS; ADJUDICATION DU MOULIN ET D'AUTRES IMMEUBLES; BIENS-FONDS PROVENANT DE LA CI-DEVANT ÉGLISE »); VENTE DU PRESBYTÈRE, SON RACHAT PAR LA COMMUNE EN 1818. — AUTORISATION DE PARTAGER, PUIS DE VENDRE LES COMMUNAUX.

§ 1ᵉʳ. — Les Etats généraux, réunis à Versailles le 5 mai 1789, avaient peu de temps après pris le nom d'*Assemblée nationale constituante*. Avec celle-ci la Révolution était née et affirmait chaque jour son désir de vivre par des actes sur la signification desquels il n'était plus possible de se tromper : *Serment du Jeu de Paume* (20 juin); *Prise de la Bastille* (14 juillet); *Décrets des 4-11 août abolissant les droits féodaux et la dîme, etc*. Nous rappellerons surtout les lois ou décrets ayant reçu leur application, directement ou indirectement, à Chalandry.

12 novembre-14-29-30 décembre 1789. — La France est divisée en départements, districts, cantons, municipalités ou communes. Ces dernières furent constituées à l'image du département et du district. Les membres des municipalités étaient élus par les citoyens actifs, c'est-à-dire Français ou naturalisés, âgés de 25 ans, domiciliés depuis un an dans la commune, payant une contribution directe de la valeur de 3 journées de travail, sans être serviteurs à gages.

A la tête de chaque municipalité, il y avait : 1° un *maire* ; 2° un *corps d'officiers municipaux*, composé, dans les plus petites communes, de 3 membres y compris le maire (dans les plus fortes, ils étaient plus nombreux) ; 3° un *conseil général* de la commune, appelé à siéger et à délibérer, seulement lorsqu'il s'agissait des affaires les plus importantes, et comprenant alors, outre les membres du corps municipal, un nombre double de notables, élus eux aussi par les *citoyens actifs;* 4° un *procureur*, n'ayant pas voix délibérative, et dont la fonction était de requérir l'application des lois, de provoquer les actes administratifs des autorités et de défendre les intérêts de la communauté ; 5° et un *secrétaire-greffier* nommé par le conseil général.

En séance ou dans l'exercice de leurs fonctions, les officiers municipaux se ceignaient de l'écharpe tricolore avec frange de couleur différente : jaune d'or pour le maire ; violette pour le procureur, et blanche pour les officiers.

Le maire et le procureur ne restaient en exercice que pendant 2 ans, mais ils pouvaient être réélus. Les officiers municipaux et les notables étaient élus pour deux ans et renouvelés par moitié chaque année.

L'autorité municipale était subordonnée à celle du département et, dans certains cas, à celle du district (district de Laon pour Chalandry). Le département et le district avaient chacun un *Conseil* et un *Directoire*, en sorte que l'administration de ces trois unités (commune, district, département) était confiée à un

Conseil délibérant élu par les citoyens et à un *Conseil exécutif* choisi dans son sein. Toutefois, dans les petites communes, le maire était seul chargé de l'exécutif.

Les communes de 1789, toujours mineures de même que les communautés de l'ancien régime, ne firent en somme que changer de tutelle : celle de l'intendant de la généralité, ou de son subdélégué, était remplacée par celle du département ou du district.

A Chalandry, la nouvelle municipalité se réunit assez fréquemment pour se conformer aux vœux de l'Assemblée nationale, lire et publier les lois nouvelles qui arrivaient sans cesse. En juillet 1790, l'Administration départementale, en exécution de deux décrets des 23 février et 2 juin précédents, ordonnant aux curés de lire au prône de la messe paroissiale, « à haute et intelligible voix », toutes les lois de la Constituante, le premier jour de dimanche ou de fête qui suivrait leur réception, enjoignait encore de lire dans les mêmes conditions ses propres arrêtés, le tout sous peine de suspension de traitement. Les décisions légales quelconques étaient en outre affichées dans l'intérieur de l'église, à sa principale porte et dans plusieurs autres endroits du village. Les habitants devaient ou au moins pouvaient ainsi en avoir une parfaite connaissance.

L'église dut bientôt servir de lieu de réunion pour les assemblées publiques, à défaut d'autre endroit couvert plus commode. C'est probablement là la cause pour laquelle elle ne fut pas vendue.

Voici les noms de quelques personnes qui composèrent le conseil général de la commune de 1790 à 1792 (A. C.)

Maire : Turquin François ;

Procureur : Lambert-Lambert (cocassier) ;

Officiers : Guinet Antoine ; Jumaucourt ;

Notable : Lefort Jean (les autres noms manquent).

Le conseil renouvelé dans l'assemblée des habitants du 21 octobre 1792 fut alors composé comme suit :

Maire : Alexandre Poquet (cultivateur et cabaretier) ;

Procureur : Alexandre Picon ;

Officiers : Jean-Pierre Parent ; Jean-Pierre Doffémont ;

Notables : Pierre Danjoux ; Jean-Baptiste Blondelle ; Nicolas Jumaucourt ; Antoine Placet ; Antoine Pagnier ; François Turquin.

Greffier : Jean-Pierre Dufour.

Ces élections durent être pour Chalandry un bien gros événement. Elles firent d'ailleurs arriver à la tête de la commune quelques hommes nouveaux.

Jusqu'au mois de novembre 1792, les « registres des naissances, mariages et décès » étaient tenus par le curé de chaque paroisse, conformément à l'ordonnance royale de 1667. A Chalandry, ces registres existent aux archives municipales, à partir de l'année 1668. Ils furent remis à la municipalité en 1792, ainsi que la loi le demandait. A partir de cette dernière date ils ont d'abord été tenus par un « officier public » et signé de lui, du secrétaire-greffier ou du maire. Les actes du domaine purement religieux étaient signés de la même façon. Ainsi, le 22 novembre 1792, le curé fait un baptême, le maire Poquet signe l'acte seul. Peu de temps après, le curé dresse encore quelques actes de son ministère, les signe, et à la fin de l'année « l'officier public » Dufour les certifie tous véritables.

En 1793-1794, le même Dufour qui cumulait cette dernière fonction avec celles de greffier et de « clerc-laïq », signe encore les actes de naissance, mariage et décès, avec les témoins. Voici le commencement de la formule alors usitée : « Le . . . . , en la salle publique de la maison commune de Chalandry : Nous, Jean-Pierre Dufour, officier public, nommé pour recevoir les actes de naissance, mariage et décès dans ladite commune. . . . »

En l'an 3, ils furent signés par Balossier, « officier public ».

En l'an 4 nous voyons reparaître Pierre Lemaire, mais avec la qualité d'officier public. Le lecteur se rappelle que Pierre Lemaire était le curé de Chalandry, au moment où éclatait la Révolution. Cette nomination indique qu'il avait conservé la sympathie et la confiance de la majeure partie de ses paroissiens. D'un autre côté elle correspond à la période d'apaisement qui suivit les lois ou décrets des 3 ventôse an 3 (21 février 1795), du 11 prairial, même année (30 mai) et du 7 vendémiaire an 4 (29 septembre), dont il sera question plus loin.

Le premier acte de l'officier public Lemaire est un mariage daté par lui de la façon extraordinaire suivante pour l'époque : « 1er pluviôse 1796, an 4 ». Son second et dernier acte commence comme suit : « Ce jourd'huy 17 mars 1796 l'an 4e de la République française, 4 heures du soir en la salle publique de la maison commune de Chalandry, canton de Crécy-sur-Serre : Pardevant nous Pierre Lemaire, officier public, nommé pour recevoir les actes de naissance mariage et décès dans laditte commune ;

se sont présentés Jacques-Joseph Delorme, demeurant à Ebouleau . . . . »

Le régime de décentralisation excessive fondé par l'Assemblée constituante n'avait duré que quatre ans : la centralisation la plus tyrannique lui succéda. Le premier acte de la Convention nationale fut d'abolir la Royauté et de proclamer la République (21 septembre 1792). Le jour suivant fut appelé le 1er vendémiaire an 1er. Après la mort de Louis XVI sur l'échafaud (21 janvier 1793, le parti révolutionnaire, maître du pouvoir, vota la Constitution dite de l'an 1 (24 juin 1793), sanctionnée par le peuple le 10 août suivant : elle établissait le régime démocratique pur. Impraticable en tout temps et surtout dans un moment de crise, elle fut bientôt suspendue. La dictature resta concentrée entre les mains du *Comité de Salut public*, composé de neuf membres qui opposa des *levées en masse* à la coalition européenne et le régime de la *Terreur* aux révoltes intérieures. Enfin le 10 octobre 1793 la Convention proclama le *Gouvernement révolutionnaire.* Les procureurs des départements, des districts et des communes devinrent des *agents nationaux* ; le pouvoir municipal placé, comme toutes les autorités, sous la surveillance du Comité de Salut public, pressé entre l'agent national, les comités révolutionnaires et les représentants en mission, perdit, en fait encore plus qu'en droit, l'indépendance et l'importance qu'il tenait du décret de 1789.

Pendant cette période de dictature révolutionnaire, la municipalité resta la même à Chalandry ; toutefois le procureur Picon fut remplacé en juillet 1794 par l'agent national Blondelle (A. Cr.) Au milieu de l'orage politique la commune ne se laissa pas envahir par les passions démagogiques et sut conserver le calme de la justice et de la raison, ainsi qu'on le verra bientôt.

L'électivité de l'administration du département, du district et de la commune avait eu pour résultat immédiat de les rendre indépendantes de l'administration centrale et de mettre ainsi la France dans un état voisin de l'anarchie. On y remédia par la Constitution de l'an 3 (22 août 1795), qui tendit à concentrer le pouvoir administratif en le plaçant sous la dépendance du pouvoir central.

Le système municipal inauguré à cette époque bouleversa toute l'organisation fondée par la Constituante. Le chef-lieu de canton devint le siège administratif de tous les villages du ressort. Antérieurement, on avait admis comme principe fondamental l'existence d'une municipalité dans chaque commune. La Constitution de l'an 3 méconnut ce principe; sans égard au nombre des communes qui alors comme aujourd'hui étaient d'environ 36,000, elle décidait qu'il n'y avait plus que 6000 municipalités. Les communes de moins de 5000 habitants (c'était l'immense majorité) n'eurent plus d'administration municipale particulière, mais seulement un *Agent municipal* et un *Adjoint* nommés à l'élection pour deux ans et renouvelés par moitié chaque année.

Les agents municipaux, réunis au chef-lieu de canton, constituèrent la municipalité collective de toutes les communes de l'enclave; ils y représentaient leur commune, défendaient ses intérêts, faisaient exécuter sur son territoire les décisions prises, étaient chargés de la police et de l'Etat-Civil. Composée d'un trop grand nombre de membres pour agir utilement, l'administration municipale du canton l'était de trop peu, pour représenter convenablement les intérêts respectifs de chaque commune de son ressort.

Suit la copie littérale, trouvée aux archives de Crécy, du premier acte de ce conseil :

« Ce jourd'hui, 17º brumaire 4º année républicaine (novembre 1795) heure de midi, les membres composant l'administration municipale du canton de Crécy-sur-Serre, réunis en la maison commune de Crécy-sur-Serre.

Lecture a été faite par le président du décret de la Convention nationale rendu dans la séance du 4 brumaire, présent mois, et en conformité de l'article 6 de cette loy, lesdits membres avant d'entrer en fonctions, ont déclaré individuellement et collectivement qu'ils n'ont provoqué ni signé aucun arrêté séditieux et contraire aux lois, et qu'ils ne sont parens d'alliés ou d'émigrés aux degrés prohibés par l'article 2 de la même loy . . . . délibérant au sujet du choix du local pour leurs séances, font choix de la cy-devant maison presbytérale (actuellement maison de Mº Brancourt, notaire) qui sera aménagée en conséquence (1) . . . . . procédant au dépouillement des procès-verbaux

---

(1) Nicolas Chemin, doyen de Crécy, avait émigré en novembre 1793. L'administration cantonale occupa l'immeuble ci-dessus du 24 brumaire an 4 jusqu'en messidor suivant, époque où il fut vendu comme bien national,

de nomination des agents municipaux des communes dudit canton et de leurs adjoints. . . . . . . .Chalandry : Antoine Pagnier, agent municipal ; François Turquin, adjoint. » Le président élu fut Mathieu Paquet, de la commune de Bois, qui conserva cette fonction jusqu'à la dissolution des conseils cantonaux.

Antoine Pagnier signa les actes civils jusqu'en floréal an 5 et Jean-Charles Lefort, agent municipal, jusqu'en floréal an 7. Ensuite on relève le nom de Jean-Pierre Balossier, jusqu'à la date du 2 pluviôse an 8.

Le système municipal de l'an 3, étant reconnu défectueux, fut remplacé à son tour par la Constitution du 22 frimaire an 8. Fondée sur le principe si simple et si fécond que, *si délibérer est le fait de plusieurs, agir est le fait d'un seul,* elle mit à la tête du département, pour l'administrer, un *préfet* et dans le district, rétabli sous le nom d'arrondissement, un *sous-préfet.* Supprimant les conseils cantonaux, elle rendit à chaque commune une municipalité propre, composée d'un maire, d'un adjoint et d'un conseil municipal. Les communes comprenant moins de 5.000 habitants avaient 10 conseillers municipaux. Au maire (ou à son défaut à l'adjoint) appartenait exclusivement tout ce qui était *action* ; au conseil municipal le *droit de délibérer* sur les affaires communales. Les maires et adjoints étaient nommés pour 3 ans par le chef de l'Etat ou par le Préfet ; les conseillers municipaux par le premier Consul. Le principe de cette organisation a été accepté par tous les gouvernements qui depuis se sont succédés en France, et sauf l'élection directe des conseillers municipaux par les citoyens et celle des maires et adjoints par ceux-là elle forme encore la base de la loi actuelle.

Le premier acte qui se trouve aux archives de Chalandry, après cette date, est du 11 prairial an 8. Il porte : « Pardevant nous, maire communal, chargé de recevoir. . . (signé) Balossier, agent (*sic*). »

A partir du 8 thermidor, an 8, « le maire municipal » est Nicolas Jumaucourt qui signe les actes jusqu'au 28 pluviôse an 9 inclusivement.

---

malgré les réclamations de la commune qui voulait y installer ses écoles. Elle tint ensuite ses séances dans « une salle dépendant de la maison d'hospice de Crécy qui ne peut suffire et dans laquelle on interrompt le repos des malades. » (A. Cr. *Registre de frimaire, an* 7.)

Un arrêté des consuls du 25 septembre 1801 réduisit de 63 à 37 le nombre des cantons de l'Aisne et confirma en même temps le nouveau système administratif communal. Chalandry fut maintenu dans le canton de Crécy-sur-Serre.

Du 6 prairial au 9 à mai 1808, les actes de l'Etat-Civil furent signés par François Turquin, maire; puis, jusqu'au 9 octobre 1814, par Jean-François Turquin (1), en la même qualité.

La loi des 16-24 août 1790 avait supprimé les anciennes justices seigneuriales. Elle les remplaçait par les justices de paix embrassant tout le canton. Les nouveaux magistrats étaient élus par les citoyens actifs réunis en assemblée primaire. Nommés pour deux ans, ils étaient rééligibles.

Le 6 décembre 1790, Mᵉ Jean-Claude Lhoste, notaire à Crécy-sur-Serre, ancien greffier du bailliage seigneurial de la Mothe-Chalandry, siégeait pour la première fois, avec la nouvelle qualité de juge de paix du canton de Crécy.

La loi précitée établissait en outre, dans chaque commune, quatre notables qui devaient siéger comme *assesseurs* du juge. A cette époque, en effet, ce magistrat au lieu de juger seul, comme aujourd'hui, était assisté de deux assesseurs ayant voix délibérative; il pouvait rendre la justice dans chaque commune de son canton.

La désignation des assesseurs pour chaque commune du canton de Crécy fut faite dans l'église de ce bourg, le 25 octobre 1790, au scrutin de liste. « Les citoyens de Chalandry qui réunirent la majorité relative des suffrages furent les sieurs Toussaint Gauthier, aubergiste; Pierre Driant, marchand; Jean Lefort, laboureur, et François Jumaucourt, aussi laboureur ». (A. Cr.)

Ces fonctions furent supprimées par la loi du 29 ventôse an 9.

§ 2. — A la suite de la mémorable nuit du 4 août 1789, où le Clergé et la Noblesse se dépouillèrent volontairement de leurs privilèges, un décret du 11 du même mois abolissait le Régime féodal. Il édictait notamment, en ce qui concerne le Clergé, que les dîmes étaient abolies, ainsi que le casuel, et qu'on allait aviser aux moyens de subvenir, d'une autre manière, aux dépenses du culte divin.

---

(1) François Turquin (Turquin-Placet) n'est pas la même personne que Jean-François Turquin (Turquin-Sallandre).

L'Etat ayant besoin de fonds, l'Assemblée constituante rendit les 2-4 novembre 1789 un décret aux termes duquel « tous les biens ecclésiastiques, mobiliers et immobiliers, étaient mis à la disposition de la Nation, à la charge par elle de pourvoir d'une manière convenable aux frais du culte, à l'entretien de ses ministres, et au soulagement des pauvres. » Cette loi de principe reçut vite son application, comme on va le voir. Telle est l'origine du *budget des cultes.*

Après plusieurs lois ou décrets restés sans résultat immédiat à Chalandry, l'Assemblée législative qui avait de plus en plus besoin de fonds, se décida à réaliser le mobilier et l'argenterie des églises. Ce fut l'objet de la loi du 4 septembre 1792. Elle était à peine connue dans les départements, qu'une loi nouvelle du 10 septembre, même mois, mit à la disposition de l'Etat tous les meubles, effets et « ustensiles » en or et en argent, employés au service des autels. Le préambule de cette loi disait que « ces meubles sont de pure ostentation et ne conviennent nullement à la simplicité qui doit accompagner le culte; que lorsque la Patrie est en danger, il est nécessaire d'y pourvoir par les ressources qui peuvent être utilement employées, sans surcharger les citoyens. » L'Assemblée législative ordonnait ensuite que les conseils généraux des communes feraient dresser, sans retard, un état complet et détaillé des meubles, effets et « ustensiles » d'or et d'argent, de chaque église, qui n'étaient pas strictement nécessaires au service cultuel.

L'inventaire suivant fut alors dressé :

« Municipalité de Chalandry, canton de Crécy.

Inventaire des argenteries trouvés en l'Eglise paroissiale de Saint-Aubin de Chalandry, fait par nous Maire et Officiers Municipaux de laditte Commune, suivant la Loy du 10 septembre 1792, l'an quatrième de la Liberté, ainsi qu'il suit :

Deux buirettes d'argent pesant ensemble huit onces demi...	8 1/2
Item ; deux paix d'argent, l'une représentant l'Ascension et l'autre l'Assomption, pesant ensemble neuf onces demi.......................................	9 1/2
Item un plat d'argent pesant quatorze onces.....	14 »
TOTAL : trente deux onces..........	32 »

Nous, Maire et Officiers Municipaux soussignés, certifions le présent sincère et véritable; en foi de quoi nous avons signé le 15 octobre 1792; l'An premier de la République.

(Signé) Poquet (maire), Parrant (officier), Dofémont (officier), Picon (procureur), Dufour (greffier) » (A. P.)

Aux termes des lois sus-indiquées, ces objets devaient être remis, sans délai, au Directoire du district, qui était chargé de les envoyer, par la voie la plus prompte et la plus sûre, à l'Hôtel des Monnaies le plus voisin, pour les convertir en espèces. Il était permis de conserver seulement, dans chaque église, un soleil, un ciboire, nn calice et les autres vases sacrés indispensables.

Le peu d'argenterie trouvé en l'église de Chalandry fut porté à Laon 4 jours après par le citoyen Poquet, maire ainsi que le constate un reçu conservé aux archives de la fabrique.

Le compte du marguillier de 1792-1793, mentionne que la municipalité avait remis, en outre, au district de Laon, les grilles en fer de l'église et probablement tous les autres objets en métal, tels que la croix, le coq du clocher, et même deux cloches (sur trois qu'il y avait). La loi du 23 juillet 1793 et le décret du 3 août suivant, ne laissait en effet à chaque commune qu'une seule cloche. Les autres devaient être envoyées aux fonderies de l'Etat.

Suit un extrait littéral dudit compte :

« Compte présenté le 20 nivôse 1793 et affirmé véritable par Jean-Pierre Dofémont, Marguillier Comptable de la fabrique de Saint-Aubin de Chalandry, pardevant le citoyen Maire, Officiers Municipaux, Notables et Anciens Marguilliers, de la gestion de l'année 1793 (Recettes du 11 novembre 1792 à pareil jour de 1793.)

(Recettes de fermages divers... 757 l.)

Chapitre des Mises ordinaires et extraordinaires :

Payé au citoyen Lemaire, curé dudit lieu la somme de 78 livres 17 sols pour l'acquit des obits, saluts, le vin livré pendant l'année de sa gestion.

Payé aux citoyens Jean-Pierre Dufour et à son fils, clerc-laïq et sous-chantre, pour assistance aux obits et saluts et avoir récuré et entretenu les chandeliers de l'église, 71^l 4^s.

Payé aux citoyens Herbin Hénon, maçon, Jean-Louis Hénon, Jean-Pierre Parent et audit rendant-compte, pour avoir dessendus La Croix et le Coq du Clochet, avoir aussi dessendus la grille du Crucifix de la Nef de l'Eglise, avoir arraché les grilles de séparation du Cœur et celle du Sanctuaire, 65¹.

Payé au citoyen Antoine Fleurie, horloger à Festieux, pour mettre des Etoiles et faire marcher le Cadrant de Lorloge et autres réparations, 25¹.

Payé au citoyen Blondelle Baptiste, charpentier à Crécy pour plusieurs ouvrages faits à l'Eglise et au Beffroi des Cloches, 15¹.

Payé au citoyen Jean-Pierre Parrent dudit lieu pour avoir accompagné l'arpenteur dans ses opérations faites sur les terres de la fabrique, la somme de 40 sols, suivant sa quittance du 10 septembre 1793, 2¹.

Payé au citoyen Alexandre Poquet, maire, pour son voyage de Laon, pour avoir été livrer l'argenterie et les grilles de l'Eglise au district, 5¹.

Payé au citoyen Montain Billiet, maréchal ferrant, pour ouvrages fait aux Cloches, 3¹ 5ˢ,

Payé au citoyen Lhôte, juge de paix à Crécy, pour papier du présent compte et huit voyages à Crécy, pour les affaires de laditte fabrique, 9¹.

Payé au citoyen Dufour, greffier, pour avoir dressé le présent compte, 4¹.

Les recettes sont de . . . , , ... , ... ,	757¹	
Et les dépenses . de . . . . , . . . , ...	509	10ˢ
Excédant de recettes	247	90

Laquelle somme de 247 livres 90 sols a été remis aux coffre de la fabrique par ledit Jean-Pierre Dofémont, rendant-compte en présence des citoyens Maire et Officiers et le Conseil général de la commune en Billiet d'assignats.

Vu, clos et arretté par les dénommés ci-dessus et soussignés le 20 nivôse, lan Second de Lère Républicain.

(Signé) = Poquet (maire) ; Parrant (officier) ; Danjoux (notable); Blondelle (notable) ; Jumaucourt ; Placet ; Pagnier ; Turquin ; Gautier ; Renaux ; Louis Dofémont ; Plateau ; Dufour (greffier). » (A. P.)

Le même jour, les maire, officiers municipaux, etc., ont renouvelé, à Jean-Pierre Dofémont, le mandat de receveur de ladite fabrique, pour l'année 1794.

Il ne restait plus dans la pauvre église de Chalandry, comme mobilier, qu'un autel en marbre, quelques ornements sans grande valeur, soutanes de chantres, plusieurs chandeliers, une cloche, les boiseries sculptées du chœur, les bancs et un peu de linge.

Une loi du 5 novembre 1793 ordonnant la mise aux enchères immédiate du mobilier des églises, le peu qui restait ici dut être aliéné dans les premiers mois de 1794. A défaut de document écrit, la tradition rapporte que : 1º la plus grande partie en fut achetée par une famille du pays qui voulut ainsi la préserver de la profanation, pour la restituer plus tard : nous avons nommé la famille Turquin-Sallandre ; 2º l'autel en marbre fut transporté à l'ancienne école (il avait peut-être été acheté par la commune ou simplement mis en dépôt, à cet endroit, lors de la fermeture de l'église) ; 3º les boiseries sculptées du chœur devinrent la propriété d'un menuisier de Crécy qui en laissa une partie à l'un de ses parents, tisserand à Chalandry. Ce dernier en fit un plancher, pour son métier !

§ 3. — Comme suite aux décrets des 4-11 août et 2-4 novembre 1789, l'Assemblée constituante vota les lois suivantes :

1º — Celle du 13 novembre 1789 qui enjoignait à tous titulaires de bénéfices ecclésiastiques, à tous supérieurs de maisons ou établissements religieux, de faire sous deux mois pour tout délai et entre les mains des officiers municipaux de leur situation, une déclaration détaillée de tous leurs biens et de fournir en même temps un état des charges dont ils étaient grévés. Comme sanction pénale, le législateur déclarait priver de pension ou traitement les auteurs de déclarations frauduleuses.

2º — 14-20 avril 1790 ; ces biens étaient placés sous la surveillance et l'administration des corps administratifs.

3º — 17 mai suivant : ils seraient incessamment vendus sous la dénomination de « Biens nationaux ».

4º — 9-22 juillet 1790 ; leur vente était ordonnée.

5º — 3 novembre suivant ; le mode d'adjudication était réglé.

6º — 3-10 décembre 1790 ; les particuliers auraient le droit de se porter acquéreurs.

7° — La loi des 19 août-3 septembre 1792 décrétait la vente des immeubles appartenant aux fabriques des églises.

La plus grande partie du territoire de Chalandry appartenait, avant la Révolution, à différents établissements religieux (*Infrà, Livre additionnel*, ch. 1 § 3). Les immeubles étant convenablement loués, la Nation ne se pressa pas autrement de les mettre en vente. Elle se contenta à l'origine d'en encaisser les revenus. Son attention se porta d'abord sur les biens non affermés, ou dont les baux allaient arriver à expiration, et qui constituaient ou étaient sur le point de constituer des charges pour elle.

Les Biens nationaux situés dans le district de Laon furent mis en vente en l'une des salles de l'ancienne abbaye Saint-Jean, aujourd'hui l'hôtel de la préfecture, sur un cahier des charges uniforme, commenté en une proclamation du directoire du département du 16 septembre 1790. Il y était dit qu'ils seraient livrés « francs de toutes rentes, redevances ou prestations foncières, comme aussi de tous droits de mutation, tels que quint ou requint, lods et ventes, reliefs et généralement de tous droits seigneuriaux ou fonciers, fixes ou casuels, qui avaient été déclarés rachetables, la Nation demeurant chargée du rachat desdits droits. » Ainsi, les acquéreurs n'avaient à payer que leur prix d'adjudication et pas autre chose. « Les mêmes biens seront affranchis de toutes dettes, rentes constituées et hypothèques ». Pour appeler à la propriété un plus grand nombre de citoyens, en donnant plus de facilité aux futurs acquéreurs, les paiements étaient divisés en plusieurs termes. « Les acquéreurs des bois, moulins et usines paieront comptant 30 % de leur acquisition. — Ceux des maisons, étangs, fonds morts et emplacements vacants dans les villes 20 %. — Ceux des terres labourables, prairies, vignes, bâtiments servant à leur exploitation et des biens de la seconde et troisième classe 12 %, — le tout dans la quinzaine de l'adjudication ». Le surplus était divisé en douze annuités égales, payables en douze ans, d'année en année, dans lesquelles annuités était compris l'intérêt du capital à 5 %, sans retenue. Il était également stipulé que tous les paiements devaient être faits en « assignats ».

La première vente d'immeubles sur Chalandry, appartenant aux catégories ci-dessus est du 6 janvier 1791. Elle consistait en une « chennevière » qui fut adjugée pour 22,500 livres (*Inventaire général des acquéreurs de Biens nationaux*. A. A.)

La deuxième est du 6 avril suivant. L'extrait littéral suit :
« District de Laon. — La Nation, la Loi et le Roi. — 1790.
Procès-verbal de deuxième publication et adjudication définitive de Biens nationaux.

L'an 1791 le 6ᵉ jour d'avril 9 heures du matin.

Nous, Jean Cottenest et Charles-François-Barnabé Courteville, membres du Directoire du District de Laon, Commissaires en cette partie, étant dans l'une des salles de l'Administration, assistés de Jacques-François Devisme, Secrétaire-Greffier.

Le Procureur-Syndic, au nom et comme délégué à cet effet par M. le Procureur-Général-Syndic et le Directoire du Département de l'Aisne, par la délibération dudit département du 20 de Décembre 1790, nous a requis de procéder, conformément au décret de l'Assemblée Nationale du 3 novembre 1790, sanctionné par le Roi le 17 du même mois, aux secondes publications et réceptions d'enchères et ensuite à l'adjudication définitive indiquée à cejourd'hui, lieu et heure présents, des Biens Nationaux, ci-devant ecclésiastiques, dont la première publication a été faite le 19 mars dernier, suivant le procès-verbal du même jour. Et par ledit Procureur-Syndic a été mise sur le Bureau l'affiche indicative desdites publications et adjudications définitives, laquelle a été posée, à sa requête et diligence, dans tous les lieux et endroits nécessaires et en la manière accoutumée, ainsi qu'il en a été justifié.

Sur quoi, et déférant au réquisitoire dudit Procureur-Syndic, Nous avons à l'instant, fait faire lecture, par le Secrétaire-Greffier, tant de ladite affiche, que du cahier des charges générales pour lesdits biens, déposé au secrétariat de ce district pour les précédentes publications, et des charges particulières aux biens ci-après désignés : ladite lecture faite, nous avons fait annoncer qu'il allait être procédé auxdites publications et adjudications définitives.

En conséquence, et en présence de François Turquin, maire et Jumaucourt, officier municipal, tous deux commissaires de la Municipalité de Chalandry, avons de nouveau fait faire lecture par le secrétaire de la désignation du quatrième article porté sur l'affiche, qui comprend dans la Municipalité de Chalandry, canton de Crécy-sur-Serre :

44 jallois de terres et 9 arpents de prés, situés à Chalandry et lieux circonvoisins dépendant de la ci-devant église de Saint-Corneil de Laon, affermés à Jean-Charles Lefort et à sa femme

née Hénon, cultivateurs à Chalandry, par bail passé devant Mᵉ Gallien, notaire à Laon, le 21 janvier 1777, pour 18 années.

Lesquels biens sur dernière enchère montant à 10.300 livres, ayant été criés, publiés et enchéres par les sieurs Jean-Charles Lefort, Manteau et Suin, pendant la durée des feux, successivement allumés jusqu'à un septième feu, ont été portés en dernier lieu à 12.000 livres par ledit sieur Suin, avec déclaration que c'était pour M. François Randon Dulaulois, bourgeois de Laon, y demeurant.

Ce feu s'étant éteint, il en a été allumé un autre, lequel s'étant éteint sans que, pendant la durée d'icelui, personne ait mis aucune nouvelle enchère, Nous, Commissaires sus-dits, ouï et ce consentant le Procureur-Syndic, avons déclaré ledit sieur François Randon Dulaulois, à ce présent et acceptant, dernier enchérisseur, adjudicataire définitif de l'article ci-devant désigné ; en conséquence, lui avons adjugé les fonds, pleine propriété et possessions des biens y compris, moyennant les prix et somme de 12.000 livres qui conformément aux décrets, seront payés à la caisse du district ou à l'extraordinaire ». (Titres de M. Brucelle).

Par bail passé devant Mᵉ Rousseau, notaire à Laon, le 8 juillet 1791, l'acquéreur donna à ferme les biens achetés, auxdits époux Lefort-Hénon, pour 18 années ; jouissance à partir des couvraines 1790 pour faire pleine et entière récolte en 1791. Le fermage était de 650 livres et un cent de « paille de froment du poids ordinaire, bonne et marchande ».

Le même jour il a encore été vendu trois marchés de terre sur Chalandry ; 1° le premier de 134 arpents moyennant 34.000 livres ; 2° le deuxième, pour 8225 l. ; et le troisième, pour 4000 l. Ces deux derniers comprenaient chacun une seule pièce.

2 juillet 1791. — Vente de 34 arpents de terre et 4 de prés, moyennant 1660 livres.

21 mars 1793. — Vente de 12 jallois 98 verges de terres de l'église de Chalandry, moyennant 3125 l.

Le 25 juin 1793, on mettait en adjudication la ferme de la Mothe-Chalandry (le Château). La désignation en fut ainsi faite : « Un corps de ferme, maison et bâtiment, 220 arpents de terre, 26 faulx de pré environ et 9 arpents environ de bosquets et bruyères, dépendant des ci-devant religieuses de la Congrégation de Laon. Affermé à Henry Bonaventure Salendre, pour 9 années à la redevance de 1000 livres en argent, le 19 mars 1784, plus 63 asnées de blé-méteil, un cent de paille et un cent de foin. Mise à prix 105.000 livres. »

Après diverses enchères, le citoyen Antoine Antoine, laboureur à Bruyères-sous-Laon, en fut proclamé adjudicataire, moyennant 165.700 livres. Antoine Antoine était un de ces fameux accapareurs, dont parlent les historiens. Il achetait pour revendre ensuite, avec un gros bénéfice. Il n'est presque pas de commune dans le canton de Crécy où il ne se soit rendu acquéreur d'immeubles. A la table de l'*Inventaire* sus-énoncé, son nom figure dans plus de 50 acquisitions diverses presque toujours de grand prix. Conformément au cahier des charges, il paya comptant le douzième de son prix d'acquisition, et eut 12 années pour se libérer du surplus, le tout en assignats.

Ceci nous amène à dire un mot de cette valeur fiduciaire. On a vu précédemment que les caisses de l'Etat se trouvaient trop souvent vides et que dans le but de remédier à cette désolante situation, on avait mis en vente les biens, meubles et immeubles, du clergé. Mais, le plus difficile était de trouver de suite, des acquéreurs pouvant payer comptant. Ils se firent trop longtemps attendre. Pressée d'en sortir, la Constituante créa des *billets* ou *cédules* donnant au porteur « assignation » sur le prix à provenir de la vente desdits biens. D'où le nom « d'assignat » donné à ce papier-monnaie.

Revenant à la vente du château de Chalandry, nous ajouterons que les assignats ne tardèrent pas à perdre de leur valeur. Dès la fin de l'année 1795 ils étaient côtés très bas. Edouard Fleury a écrit à cette occasion, dans son *Clergé du département de l'Aisne pendant la Révolution*, que pendant les années 1794 et 1795, des personnes, « après avoir caché leur argent, l'échangèrent contre des assignats et soldèrent avec ceux-ci le prix de leurs acquisitions ». Il ajoute qu'elles firent ainsi d'importants bénéfices, en achetant le papier-monnaie à bas-prix et en le remettant ensuite à la Nation, qui était obligée de l'accepter pour sa valeur nominale. Conformément à la loi du 5 messidor an 5 (28 juillet 1797), l'administration centrale de l'Aisne dressa un tableau des valeurs successives par lesquelles étaient passés les assignats, depuis le 1er juillet 1791. Nous le reproduisons ci-après en partie. L'assignat de 100 livres étant pris pour base, valait dans le département :

	ANNÉES				
	1791	1792	1793	1794	1795
En Janvier...	92¹, 5ˢ	73¹, 10	52¹, 10	41¹, 10	19¹, »»
— Juillet....	88¹, 5ˢ	62¹, 15	24¹, »»	35¹, 05	»» »»
— Mars....					14¹, 15

Le 21 mars 1795, le louis de 24 livres valait 196 francs de papier-assignat, en juillet suivant 724 francs, en janvier 1796 5.175 francs et un mois plus tard 6.732 francs. Dans l'Aisne, le cours de l'assignat fut plus bas que dans tous les autres départements de France (EDOUARD FLEURY, *loc. cit.*)

Comme le citoyen Antoine Antoine, acquéreur de La Mothe-Chalandry en 1793 avait 12 ans pour payer en assignats, les 88/100 redûs sur son prix et que ceux-ci valaient de moins en moins chaque année, on a dit avec un peu de raison, que « le Château avait été acheté pour un bœuf », voulant ainsi faire ressortir qu'il n'avait pas été payé cher.

Après quelques ventes sans grande importance, on arrive à celle du moulin. Cet immeuble fut adjugé suivant procès-verbal du district du 24 thermidor an 4, à Labouret Laurent, entrepreneur des routes à Crespy (N° 325 de l'*Inventaire*, sus-énoncé). Il comprenait : « Un moulin, bâtimens et terres situés en la commune de Chalandry, avec 1° une pièce de terre contenant 6 verges, et 2° une pièce de pré contenant 196 verges 1/10, le tout provenant de la ci-devant abbaye de Saint-Jean de Laon et estimé 13.509¹ 11ˢ 4 d. » Labouret Laurent l'acheta pour cette mise à prix qu'il paya suivant quittance du 7 vendémiaire an 5. Suit le tableau des anciens propriétaires du moulin, depuis cette époque.

NOMS	DATES DES ACQUISITIONS
Labouret Laurent, sus-nommé......	24 thermidor an 4.
Armand Vinchon-Lefèvre........	23 février 1807.
François Constant Blain-Blanchart....	23 avril 1810.
Blanchart, père.............	20 septembre 1811.
MM. Voreaux et Rousseaux.......	22 avril 1858.
M. Dufour de Crécy (propriétaire actuel)	4 janvier 1877.

L'Inventaire général, déjà énoncé, revèle ensuite les acquisitions suivantes :

N° 209. — Demurga Joseph (Israëlite) à Madrid, acceptant par Gallois Barthélemy à Paris ; 18 arpents 25 verges de pré sur Crécy, pour 7,403 l.

N° 353 bis. — Le même, masure et 229 jallois de terre de la cy-devant abbaye de Saint-Jean de Laon, sur Crécy et Chalandry, pour 41.804 l.

N° 1309. — Une pièce de pré d'un quartel, situé terroir de Chalandry à Nimpré, provenant de la cy-devant église, 764 l. 10 s.

N° 1400. — 110 verges de pré, mêmes terroir et provenance, 1,140 l. 6 s. 8 d.

N° 1399. — 112 v. de pré, mêmes terroir et provenance, 1,505 l. 6 s. 8 d.

N° 2577. — 70 v. de pré sur Mortiers et Chalandry, même provenance, 725 l. etc., etc.

On vient de voir que plusieurs immeubles « provenant de la cy-devant église de Chalandry », avaient été vendus en détail, dès 1793, probablement pour en jouir après la récolte de ladite année puisque les comptes de la fabrique de 1792-1793 portent en recette les fermages y relatifs et qu'il n'en est plus mention pendant les années suivantes. Le même article de recette reparait définitivement à partir du compte de 1808-1809. Que s'est-il passé relativement à ces biens, entre les deux dates ci-dessus ? On ne le sait pas. Toutefois, il est certain que le marché de terres revint à l'église, bien amoindri : il n'est plus actuellement que de 12 hectares.

Une délibération du conseil municipal du 1er février 1812, relate que le presbytère fut également vendu « au moment de la Révolution ». Une autre délibération du 6 juin suivant, indique que le propriétaire en était Jean-François Turquin, sus-nommé.

Etait-il l'acquéreur originel ? A quelle époque eut lieu la vente ? Rien n'est venu nous renseigner sur cela. Des pièces ci-dessus, il résulte encore, que dès 1812, ledit Jean-François Turquin offrait de vendre, à la commune » la maison presbytérale » moyennant 3,000 francs, payables en 8 années, avec intérêt à 5 pour cent. Que se passa-t-il, à cette occasion, entre 1812 et 1818 ? Le procès-verbal de la séance du conseil du 19 février de cette dernière année, l'apprend en partie.

M. Brihaye « prêtre-curé » de Chalandry était devenu propriétaire de cette maison, depuis le 4 juillet 1817, à la charge par lui de respecter les engagements pris par M. Turquin, vis-à-vis de la commune. De son côté, celle-ci désirait toujours régulariser l'affaire ; mais, elle se trouvait dans l'impossibilité de payer le prix stipulé « les moyens indiqués n'étant plus suffisants ». Le procès-verbal ajoute : « Considérant encore que les événements, le défaut de récoltes, la perte des denrées de tout genre et la détresse des habitants mettent la commune dans l'impossibilité de faire face à cette dépense, par un rôle de prestation additionnelle aux contributions ordinaires », le conseil donne en échange, à M. Brihaye, comme représentant la même valeur, un terrain communal de 2 hectares 42 ares en 5 pièces, savoir :

   79 ares de terre, Au Ruty de derrière les Aulnes,
   62 « « pré, A Rhutil,
   12 « « terre, Au Clos Rond,
   82 « « pré, A Nimpré, à prendre dans la pâture communale,
   Et 7 « « terre, A Briconville.

Egalité 2 h. 42 ares.

Cet échange évalué à 3,000 francs, fut fait sans soulte ni retour, et approuvé, par ordonnance du roi, donnée au château de Versailles, le 20 mai 1818. (A. C.)

Il fut aussi question, sous la Révolution, de partager en nature ou de vendre les biens communaux de Chalandry. Les lois ou décrets réglementant la matière furent mis à exécution, dans plusieurs communes voisines, notamment à Chéry-les-Pouilly et probablement à Crécy-sur-Serre. Il s'en fallut de peu qu'il n'en fût de même ici. La Constituante avait autorisé le partage de ces biens, entre tous les habitants de la même commune, à l'exception des bois ; la Législative le rendit même obligatoire, enfin, la Convention le rendit à nouveau facultatif (10 juin 1793), mais ordonna qu'il aurait lieu dès que le tiers des voix dans la commune le demanderait ; il se ferait alors par tête d'habitant, sans distinction d'âge ou de sexe (RAMBAUD, *Civilisation contemporaine*, p. 277.)

Nous savons de source certaine — et nous le croyons d'autant plus facilement que cette information exprime un sentiment bien humain ! — qu'un certain nombre d'habitants de Chalandry demandèrent alors le partage par tête de « la pâture », comme l'autorisait le gouvernement. La municipalité, le conseil général de la commune et plus tard l'agent municipal et son adjoint représentèrent à leurs administrés que ce partage ne donnerait qu'un lopin de pré à chacun d'eux et que toutes les parts étant enchevêtrées les unes dans les autres seraient d'une jouissance presqu'impossible. Une demande de partage fut néanmoins portée devant l'autorité compétente, ainsi qu'on va le voir.

Mais comme il fallait trouver de l'argent pour payer le passif de la commune, on ne pouvait arriver à ce résultat en partageant. La municipalité dut même créer des dettes à dessein, payables dans le moment, dans le but probable d'éloigner le partage demandé. C'est ainsi, en effet, qu'on lit dans les archives de Crécy, la délibération suivante prise à la date du 24 prairial an 4 (12 juin 1796) : « Vu par l'administration municipale du canton l'adjudication au rabais faite par l'agent et l'adjoint municipal de Challandry le 19 floréal dernier (an 4), de la réparation et reconstruction du pont des vaches, sis à la sortie dudit lieu faite . . . . . . à Pierre Wafflart, charpentier, moyennant 500 livres. Considérant que lesdits agent et adjoint n'avaient pas le droit de faire une semblable adjudication . . . . . . mais qu'ils ne connaissaient pas entièrement les fonctions à eux attribuées. . . . . blâme. . . . . . mais ratifie quand même vu que les travaux sont avancés. » (A. Cr.)

Cette somme à payer, à laquelle vinrent certainement s'en ajouter d'autres, modifièrent la situation. En effet, peu après, le 6 thermidor an 4 (24 juillet 1796), la même administration cantonale prenaient cette fois la délibération ci-après : « Vu de nouveau la pétition de l'agent et de l'adjoint municipal de la commune de Challandry et l'avis des habitans arrette, sur les conclusions du directoire exécutif, que l'agent de laditte commune *est autorisé à réservé la pature par lui réclamée, pour être vendu*, par portion, au plus offrant et dernier enchérisseur, pour être le montant employé à la reconstruction du pont (des vaches) ou à d'autres dépenses utiles à la commune ». (A. Cr.)

Les termes de cette délibération sont assez obscurs. Nous croyons que la partie mise en italique doit être traduite ainsi : L'agent de Chalandry *est autorisé à réserver le partage de la pâture par lui réclamée, pour être vendue*, etc. Le partage ainsi écarté, l'administration locale avait atteint son but. Elle trouva de l'argent ailleurs pour payer les dettes de la commune et réussit, en temporisant, à éviter la vente. De sorte que Chalandry conserva la propriété des belles prairies qui forment encore aujourd'hui son principal revenu, et qu'on admire en arrivant à la gare. C'est tout à l'honneur des agents municipaux de l'époque !

CHAPITRE III

La Révolution

(SUITE ET FIN)

§ 4. — LA RÉVOLUTION S'ATTAQUE A L'ORDRE DU CLERGÉ, PUIS AU CULTE. — CONSTITUTION CIVILE DU CLERGÉ. — LOIS DE DÉPORTATION CONTRE LES « RÉFRACTAIRES » ; LA TERREUR.

§ 5. — PÉRIODE DE RÉACTION ; LA MISSION LAONNOISE A CHALANDRY. — LA SECONDE TERREUR ; L'ABBÉ NOIRON DE MORTIERS CONDAMNÉ A LA DÉPORTATION. — COUP D'ÉTAT DU 18 BRUMAIRE AN 8 ; PÉRIODE DE CALME ET DE RÉORGANISATION ; LE CONCORDAT. — DÉTAILS PARTICULIERS SUR PIERRE LEMAIRE, CURÉ DE LA PAROISSE ; MARIAGES ET BAPTÊMES A CHALANDRY ; ON OFFICIE DANS LES BOIS, DANS LES CAVES ET AU CHATEAU. — CE QUE DEVINT L'ÉCOLE.

§ 6. — LA PREMIÈRE COALITION EUROPÉENNE ; RÉQUISITIONS D'HOMMES, D'ARGENT ET DE NOURRITURE. — MARCHÉS AUX GRAINS ET TROUBLES QU'ILS SUSCITENT. — SÉRIE DE FAITS DIVERS INTÉRESSANT CHALANDRY ET LES ENVIRONS.

§ 4. — La représentation nationale, désireuse de faire passer dans la pratique les théories issues de l'esprit du 18ᵉ siècle, entreprit de « constituer » le Clergé français sur des bases nouvelles, sans s'entendre à l'avance avec le Pape. Elle envahissait donc le domaine spirituel : ce fut sa plus grande faute. En agissant ainsi, elle avait un double but : 1° détacher de Rome l'Eglise de France ; 2° la soumettre à l'Etat. Mirabeau qui était intervenu avec violence dans la discussion avait dit : « Tous les membres du Clergé sont des officiers de l'Etat. Le service des autels est une fonction publique ». La Constitution civile du Clergé fut votée le 12 juillet 1790 et sanctionnée par le roi le 24 août suivant. En voici les principales dispositions : 1° Nombre et circonscription des diocèses réduits à celui des départements, c'est-à-dire à 83. 2° Ecclésiastiques désormais élus dans la même forme que les députés et les fonctionnaires, d'après les règles du décret du 22 décembre 1789 : elle créait donc un schisme.

L'unique siège épiscopal de l'Aisne fut fixé à Soissons, son titulaire Mgr Henri de Bourdeilles était conservé évêque du département. Mgr de Sabran, évêque de Laon, député aux Etats généraux, dépossédé de son siège, s'exila peu après.

Cependant le clergé résistait. La Constituante ne voulant pas lui céder, prépara bientôt des mesures coercitives. Le 27 novembre 1790, elle décréta que tous les membres du clergé auraient à prêter, sous huitaine, le « serment civique ou de fidélité à la Constitution ». Le Directoire de l'Aisne poursuivit avec vigueur l'exécution de cette loi. Il enjoignit aux différents prêtres, placés dans son enclave, de déclarer s'ils entendaient continuer leurs fonctions, en se soumettant à la loi ; leur refus entraînait la vacance de la cure et la suppression de tout traitement.

L'évêque de l'Aisne n'ayant pas consenti à prêter le serment civique, le corps électoral du département fut convoqué, pour procéder à son remplacement. La réunion eut lieu à la cathédrale de Laon (30 janvier-4 février 1791) ; l'abbé Marolles, député de Saint-Quentin aux Etats généraux, fut élu. Les évêques de Soissons et de Laon, dépossédés, fulminèrent contre lui. Marolles se fit sacrer à Paris le jeudi 24 février 1791, par Talleyrand, évêque d'Autun. Il entra triomphalement à Soissons, le 5 mars suivant et prit aussitôt possession de la « maison épiscopale » que Mgr Henri de Bourdeilles avait quitté le 28 février. Il prêta le serment constitutionnel le 6 mars. Dès le 9 du même mois, il se fit connaître aux prêtres et aux fidèles de son diocèse par une « pastorale ou mandement » où il s'appellait « Monsieur l'évêque » et les curés « ses chers coopérateurs ». Plus tard il devint le « citoyen Marolles » et les curés, les « citoyens-curés » et ensuite « ministres du culte ».

Les instructions des véritables évêques de Soissons et de Laon, et les brefs du pape Pie VI, condamnant la Constitution civile du clergé de France, répandus à profusion dans les villes et les campagnes par les « insermentés » amenèrent des rétractations de serment. Dès lors commença la malheureuse persécution contre la religion catholique en général et les prêtres en particulier. L'Assemblée législative craignant que cette résistance ne divisât davantage la Nation, vota le 27 mai 1792 le premier décret sur la déportation des « réfractaires ». La Noblesse et le Clergé prirent peur et beaucoup de leurs membres émigrèrent.

« Avec la Convention ce fut la persécution ouverte, souvent sanglante. Le clergé constitutionnel lui-même ne réussit pas toujours à se soustraire aux mesures rigoureuses qui pendant deux ans se succédèrent sans interruption. La série s'ouvre par un décret des 21-24 avril 1793, qui décide que tous les ecclésiastiques n'ayant pas prêté le serment, seraient embarqués et transférés, sans délai, à la Guyane française » ainsi que « tous ceux qui seront dénoncés, pour cause d'incivisme, par six citoyens dans le canton... Un grand nombre de prêtres sont guillotinés à Paris jusqu'au 9 thermidor an 2 » (EMILE CHÉNON, *l'Eglise et la Révolution*, extrait de *l'Histoire générale* de LAVISSE et RAMBAUD.) C'est le règne de la *Terreur*.

Dès le mois de brumaire an 2, sous l'influence d'Hébert, de Chaumette et des représentants en mission dans les départements, le mouvement de « déchristianisation » s'accentua. On commença par s'attaquer au Dogme, pour ensuite outrager le Culte catholique et finir par le remplacer par celui de la Raison. Le 6 octobre 1793, la Convention vota le calendrier républicain « dans le but de corriger non seulement les erreurs du calendrier grégorien, mais encore d'indiquer le commencement de l'ère nouvelle dans laquelle entrait la France. Ce calendrier, purement civil, c'est-à-dire qui n'était subordonné aux pratiques d'aucun culte, pouvait à cette époque particulière convenir momentanément, au moins, à tous. » (P. LAROUSSE, *Grand dictionnaire universel du 19e siècle*.)

Le culte de la Raison fut inauguré à Paris le 20 brumaire an 2 (10 novembre 1793). Le 18 floréal suivant (7 mai 1794), il était remplacé par celui de l'Etre Suprême, qui ne dura guère que 50 jours. Il tomba avec Robespierre, son inspirateur et son grand-prêtre.

§ 5. — Après la chute de Robespierre (9 thermidor an 2 — 27 juillet 1794) les Conventionnels un peu apaisés votèrent la loi du 3 ventôse an 3 (21 février 1795) qui proclamait la liberté des Cultes, mais avec de fortes restrictions : toutes les cérémonies religieuses devaient se passer à huis clos ; aucune église n'était rendue au culte ; le port en public du costume religieux était prohibé ; défense de sonner la cloche pour convoquer les fidèles aux offices ; etc.

Ce décret attendu depuis longtemps par les populations fut accueilli avec enthousiasme. Beaucoup de prêtres insermentés reparurent et déployèrent un grand zèle pour relever la religion catholique. La loi de ventôse fut révisée par celle du 11 prairial an 3 (30 mai 1795) qui accordait aux prêtres constitutionnels une double satisfaction : 1º Les églises non aliénées devaient être rendues provisoirement aux communes « tant pour les assemblées ordonnées par la loi que pour l'exercice de leurs cultes ». 2º « Nul ne pourra remplir le ministère d'aucun culte, dans lesdits édifices, à moins qu'il ne se soit fait décerner acte, de la municipalité du lieu où il voudra exercer, de sa soumission aux lois de la République ». C'était un nouveau serment que la Convention exigeait « pour lier les prêtres à la République ». Mais, il n'avait pas, comme ceux de 1790 et suivants, un caractère schismatique. Aussi, beaucoup le prêtèrent-ils et notamment Pierre Lemaire, curé de Chalandry.

En conséquence de cette dernière loi, la vieille église de Chalandry, qui n'avait pas été vendue, devint à nouveau la propriété de la commune.

Le 7 vendémiaire an 4 (29 septembre 1795) parut une nouvelle loi sur l'exercice et la police des cultes. Elle adoptait les principes posés précédemment : liberté des cultes dont l'exercice était placé sous la surveillance de l'autorité publique, etc., etc., et exigeait de chaque ministre un certificat de civisme.

A la suite de ces différents actes de l'autorité, le calme se fit peu à peu dans les esprits. Nos armées étaient partout victorieuses. Les mauvais jours semblaient passés. C'est de cette époque dont parle Edouard Fleury dans son *Clergé du département de l'Aisne pendant la Révolution*, quand il écrit : « Un grand

nombre de campagnes font déclaration de l'exercice du culte . .
. . . . On fait même des souscriptions pour racheter le mobilier des églises . . . . Les prêtres même assermentés sont bien accueillis et on les protège ouvertement. . . . . . . ».
Mais hélas ! cette accalmie devait être de courte durée.

Au mois d'octobre suivant (1795) la situation redevint grave. La Convention ordonnait le bannissement à perpétuité de tous les prêtres déportés rentrés en France, et l'incarcération de tous ceux qui, n'ayant pas prêté le serment de soumission aux lois, exerceraient encore leur ministère. Ce décret fut pris le 3 brumaire an 4 (25 octobre 1795) à la suite de la conspiration royaliste du 13 vendémiaire, à laquelle les « réfractaires » ne paraissaient pas étrangers. Il remettait en vigueur les lois de 1792 et 1793 « qui devaient être exécutées dans les 24 heures de sa promulgation ». Malgré ce retour offensif de l'esprit anti-religieux, les églises réclamées par les communes, étaient réouvertes un peu partout.

Sous le Directoire, la persécution recommença contre les prêtres insermentés. Il y eut cependant encore quelques mois d'accalmie, après les élections anti-terroristes de l'an 5. C'est à cette époque, qu'un petit nombre de courageux missionnaires, affrontant toutes sortes de dangers, de misères et de privations, rentrèrent en France, à la faveur de la frontière boisée de Belgique. Ils parcoururent d'abord le nord du département de l'Aisne, ravivant la foi sur leur passage, gagnèrent bientôt Laon, dont ils firent leur quartier général et formèrent alors ce que l'Histoire locale a appelé la *Mission Laonnoise* qui devait durer 7 années. Son directeur, reconnu par Mgr de Sabran, était l'abbé Duguet, ancien curé de Parfondeval. L'un de ses missionnaires les plus zélés était l'abbé Jean-Baptiste Billaudel, qu'il considérait comme son grand vicaire. Ce dernier vint souvent à Chalandry, ainsi que l'établit le document suivant :

« Il serait difficile d'énumérer seulement les familles de la campagne dont les demeures servirent de refuges, de stations et d'oratoires à ces soldats de Jésus-Christ. Il importe toutefois, pour l'honneur des descendants, de signaler celles dont l'histoire a conservé le souvenir. Au village de Chalandry, un cultivateur, Henry Bonaventure Salandre recevait dans sa ferme les prêtres persécutés obligés de se cacher, et surtout les missionnaires du Laonnois. Jean-Baptiste Billaudel y venait dire la messe et administrer les sacrements en secret. Cet excellent chef de famille, père de douze enfants, vécut jusqu'au milieu du 19ᵉ siècle. Les événements de la Révolution, la présence aimée de ses courageux visiteurs, avaient affermi la vivacité de sa foi. Sa maison était bien la ferme modèle, tant sous le rapport temporel qu'au point de vue religieux. On le vit, après la tourmente, y établir la prière en commun, l'observation rigoureuse du dimanche ; il se rendait à l'église ce jour là avec un véritable cortège composé de sa femme, de ses douze enfants et de tout son personnel agricole. Lorsqu'on lui représentait le danger de laisser ainsi à l'abandon une ferme importante, il répondait comme l'eut fait un de ses honorables hôtes : *Nisi Dominus custodierit domum*. . . . . Tels furent les fruits de la semence jetée par eux, en cette terre féconde. Cet apôtre de la famille vit la sienne comblée de bénédictions, au point qu'il put laisser à chacun de ses enfants une belle fortune ». (Abbé PÉCHEUR, *Annales*, t. 9, p. 361).

Un trait piquant nous a été raconté par une personne digne de foi, étrangère à la localité, qui le tenait d'un de ses aïeux. Il concerne un ci-devant chanoine de Saint-Jean-au-Bourg de Laon, Jean-Charles Labrusse, membre de la *Mission Laonnoise*. Venu à Chalandry probablement en 1796, pour rendre visite à une famille sympathique, il fut reconduit peu après dans une carriole, par Jean-François Turquin. Les deux voyageurs arrivèrent dans un village le soir de la fête communale. Il fallait traverser la place publique et, ce qui était plus ennuyeux, couper la danse. La foule se mit à vociférer : « Encore deux calotins ! » Un homme saisit la bride du cheval, un autre dit de les arrêter, etc. Payant d'audace, les voyageurs simulèrent d'être de francs républicains. « Eh bien, venez danser avec nous !» leur cria-t-on alors de tous côtés. Il fallut s'exécuter sous peine d'être traités en suspects. Le curé et son compagnon durent faire vis-à-vis avec les autres et de plus embrasser leur danseuse. Avant de se séparer, on alla se rafraîchir et boire à la santé de la Nation.

La loi du 7 fructidor an 5 amena l'abrogation de celles relatives aux prêtres insermentés. Au lendemain du 18 fructidor, même mois (4 septembre 1797) le Directoire qui venait de procéder à un coup d'Etat, l'abrogeait à son tour. Il substituait au serment de soumission aux lois le « serment de haine à la Royauté et à l'anarchie, de fidélité et d'attachement à la République et à la Constitution de l'an 3 » que Pie VI condamna. Ce fut le motif d'une nouvelle persécution qui dura près de deux ans et reçut le nom de *Petite* ou *Seconde Terreur*. Il était interdit de célébrer le dimanche et ordonné de fêter le décadi. L'usage des cloches et le port en public du costume ecclésiastique restèrent prohibés, etc. — Les moindres contraventions entraînaient la déportation. On en jugera par les deux procès-verbaux suivants :

Le 24 fructidor an 5, l'administration municipale du canton de Crécy, en exécution de la loi du 18 du même mois (11 septembre 1797) contenant les mesures de salut public prises relativement à la conspiration royale, arrêta ce qui suit :

« Article 1. — Les agents municipaux des communes de l'enclave préviendront les ecclésiastiques résidant dans lesdites communes de se présenter au lieu des séances de l'administration municipale de ce canton, le 28 de ce mois, à 9 heures du matin, pour y prêter le serment conformément à l'article 25 de la susdite loy.

Article 2. — Les ecclésiastiques qui ne se seront pas rendus au lieu sus-indiqué, les jour et an sus-dits, seront regardés comme refusant et comme rebelles aux loys et dénoncés à l'instant au directoire exécutif.

Article 3. — . . . .

Article 4. — Les agents municipaux seront tenus de se rendre au lieu des séances indiqué et sont prévenus qu'en cas de refus ils encourront deux années de fers aux termes de la susdite loy.

Article 5. — . . . .

Article 6. — Les émigrés non rayés définitivement de la liste, rentrés sur le territoire, seront arrêtés et jugés dans les 24 heures. . . . . . . sans aucun recours à un autre tribunal ». (A. Cr.)

Suivant procès-verbal du 28 fructidor an 5 (15 septembre 1797) ladite administration municipale du canton reçut les serments de plusieurs prêtres des paroisses de l'enclave de Crécy-sur-Serre. « Mais Augustin Hilaire Noiron, cy-devant curé de Mortiers, Gille Leclercq de Dercy et Jean Baptiste Tordeux de Barenton-Bugny déclarèrent qu'ils n'étaient nullement dans l'intention de prêter serment et qu'ils allaient cesser les fonctions de ministre de tout culte quelconque ». Sur leur refus, ils furent dénoncés, séance tenante, à l'administration centrale du département :

« L'Administration municipale du canton de Crécy, considérant que la renonciation faite par les trois individus ci-dessus désignés de continuer l'exercice de tout culte quelconque ne provient précisément que de leur mauvaise volonté de prêter le serment dont s'agit, que par leur refus il est constant qu'ils sont sincèrement attachés à la royauté et que néanmoins par la suitte ils continueront d'exercer le même culte catholique, mais clandestinement, ce qui occasionnera parmi les citoyens des troubles qui compromettent la tranquillité publique.

Considérant que quant à Hilaire Augustin Noiron ;

1º Cet individu a exercé les fonctions de ministre du culte catholique en la commune de Crécy-sur-Serre depuis le mois de prairial an 4 jusqu'à ce jour, sans avoir fait la déclaration prescrite par les art. 1 et 2 du titre 3 de la loy du 7 vendémiaire an 4 ;

2º Qu'il n'a prêté qu'un serment le 18 janvier 1791 qui est fait avec restriction ;

3º Que jamais il ne s'est soumis aux lois de la République et n'a voulu reconnaître l'évêque constitutionnel du département de l'Aisne ;

4º Que pour ce il a été mis en état d'arrestation en la commune de Crécy, pendant un an environ et qu'il n'a été mis en liberté que par arrêté d'un représentant du peuple alors en mission dans le département de l'Aisne ;

5º . . . 6º . . . 7º Que depuis ledit mois de prairial il a fanatisé une partie des citoyens de ce canton et autres environnants au point que les citoyens égarés viennent d'une, deux ou trois lieues régulièrement tous les jours appelés dimanches et fêtes, aux offices qu'il exerce dans la ci-devant église dudit Crécy, malgré que les citoyens ont des prêtres, mais *sermentés* dans leur commune ;

8º . . . 9º . . . Que depuis le mois de prairial an 5 il règne une telle mésintelligence entre les citoyens qu'à chaque instant il est sur le point de s'élever des attroupements séditieux pour persécuter les citoyens qui veulent adopter les prêtres *sermentés* ;

10º Que les fanatisés par cet individu ne cessent de murmurer contre l'Administration municipale et de la conspuer au point que s'il n'y est porté un prompt remède elle se voit ainsi que les bons citoyens de ce canton dans un danger le plus imminent ; etc. . . . .

Ouï le commissaire du pouvoir exécutif. . . . .

Arrête que l'expédition du présent sera sans délai transmis au Directoire exécutif . . . . . et à l'Administration départementale qui sont fortement invités au nom du bien et de la tranquillité publique, d'ordonner la déportation dont s'agit ». (A. Cr.)

Ces trois prêtres, peu rassurés néanmoins, ou ayant jugé leur manifestation suffisante, vinrent prêter le serment exigé quelques jours après (3 vendémiaire an 6 ; 24 septembre 1797). L'administration départementale ayant à se prononcer ne condamna que l'abbé Noiron, en rééditant contre lui les mêmes chefs d'accusation que ceux précédemment rapportés. Par arrêté du 14 vendémiaire an 6 (5 octobre 1797), il fut condamné à être déporté à la Guyane française avec 300 de ses confrères ; il devait y mourir le 8 novembre 1799, à l'âge de 49 ans.

On fit grâce aux deux autres, ainsi qu'à un troisième, Jean-Pierre Legros, en résidence à Dercy, qui avait aussi refusé le serment. Cependant, quelques décades plus tard l'abbé Tordeux fut appréhendé à Crécy « par la gendarmerie nationale » au moment où il disait la messe et par arrêté du directoire exécutif, du 22 pluviôse an 6 (11 février 1798), condamné à la déportation dans l'île de Ré. (A.Cr. *Séance du 6 ventôse an 6*). Arrivé là on fit valoir son ancienne rétractation et il put rentrer dans sa paroisse de Barenton-Bugny.

Suit la copie fidèle de la séance du conseil cantonal du 1ᵉʳ jour complémentaire de l'an 5 (18 septembre 1797) : « S'est présenté pardevant nous le citoyen Pierre Lemaire, ministre du culte catholique demeurant à Chalandry, lequel a fait le serment prescrit par la loy. (Signé) Lemaire, Lécuyer, Lefort (agent municipal de Chalandry), Paquet, président ».

Le 16 pluviôse an 6, sur un arrêté de l'administration centrale de l'Aisne du 22 nivôse précédent, l'administration cantonale ordonnait encore ce qui suit :

« Article 1ᵉʳ. — Les signes extérieurs du culte, existant sur les Bâtiments nationaux de ce canton, réservés pour l'exercice dudit culte, seront enlevés dans le délai d'une décade de la réception du présent.

Article 2. — Les Citoyens chargés de l'entretien des bâtiments au nom des citoyens qui exercent un culte sont tenus de faire procéder à cet enlèvement dans le délai prescrit par l'article précédent.

Article 3. — Les agents municipaux sont chargés de leur notifier le présent arrêté pour qu'ils s'y conforment.

Article 4. — Dans le cas où dans le délai ci-dessus prescrit, l'enlèvement n'aurait pas eu lieu, les agents municipaux sont chargés de faire fermer lesdits bâtiments et d'en conserver les clefs. Ils demeureront exclusivement destinés aux réunions politiques ou aux fêtes nationales. (Signé) Lefort, etc. » (A. Cr.)

Le coup d'Etat du 18 brumaire an 8 (9 novembre 1799) avait anéanti la Constitution de l'an 3, qui fut remplacée comme on l'a vu plus haut par celle de l'an 8 (21-22 frimaire — 12-13 décembre 1799.) On entra alors dans une période de calme et de réorganisation dont voici les prémices : 8 frimaire an 8 ; loi annulant les décrets du 18 fructidor an 5 et rappelant de la Guyane et de l'île de Ré un certain nombre de prêtres déportés ; — 7 nivôse an 8 (28 décembre 1799) et 2 pluviôse suivant (22 janvier 1800) arrêtés des consuls assurant aux citoyens l'usage des édifices destinés au culte et annulant les décrets qui restreignaient l'ouverture des églises aux décadis. Bientôt les décadis cessent d'être fériés et l'interdiction de travailler durant ce jour est levée. Le préfet de l'Aisne M. Douchy tolérait qu'on se servît des cloches pour annoncer les offices religieux, etc.

Cependant Bonaparte, nommé premier consul, craignait qu'une trop grande indépendance laissée à l'Eglise ne fût nuisible au Pouvoir séculier. D'un autre côté, Royer-Collard député de la Marne avait dit au Conseil des Cinq-Cents : « C'est une vérité consacrée par l'expérience que toutes les fois qu'il existe dans l'Etat une religion qui est celle du plus grand nombre, il faut, ou que le gouvernement contracte avec elle une alliance fondée sur l'intérêt d'un appui réciproque, ou qu'il la détruise, ou qu'il coure le risque d'être détruit par elle. » Or, la Révolution avait essayé de renverser l'Eglise et n'avait pas réussi. La religion catholique qui se relevait chaque jour davantage, aurait peut-être renversé le Gouvernement. Bonaparte ne le voulant pas, n'avait plus qu'un parti à prendre : se concilier. C'est ce qu'il fit.

En conséquence, il passa le 15 juillet 1801, avec le Pape un Concordat qui consacrait la réconciliation de la République avec le Saint-Siège. Le premier Consul fit rétablir partout le culte public. Le Pape reprit ouvertement la direction spirituelle du Clergé de France, que la Constitution de l'Eglise lui confère, et que la Révolution lui avait enlevée. Le Concordat forme encore de nos jours la base qui règle les rapports de l'Eglise catholique avec le Gouvernement de la République.

Nous avons développé un peu longuement les faits généraux de la Révolution, afin de mieux faire entrevoir la situation religieuse de cette époque. Voici, comme complément, d'autres détails particuliers sur le curé, ainsi que sur la paroisse de Chalandry, relativement à la même période.

L'abbé Pierre Lemaire occupa son poste, sans interruption, de 1762 au 10 janvier 1802, jour de sa mort. Son acte de décès porte : décédé à Chalandry le 20 nivôse an 10 à 77 ans, ministre du culte. (A. C.)

Il prêta en novembre 1790 le serment constitutionnel qu'il rétracta peu après. On vient de voir quelques lignes plus haut qu'il prêta de nouveau serment le 1er jour complémentaire de l'an 5.

Le « Journal ou Bref Etat de la Mission laonnoise composé en 1801 » mentionne que « Pierre Lemaire, curé de Chalandry, s'est présenté à l'absolution des censures, puis interrompit sa pénitence pour faire le serment de haine ; mais il a trompé ses paroissiens en leur disant qu'il avait reçu l'absolution. Il y a six ménages qui l'ont abandonné et qui ont formé un oratoire. Le maître d'école suit le curé. » (*Extrait du manuscrit de M. le chanoine Palant, curé de Cilly.*)

De ce fait il a été considéré par ses supérieurs ecclésiastiques comme schismatique. C'est ainsi qu'il est désigné notamment dans un acte du registre paroissial de Chalandry, du 8 avril 1802, par lequel acte un missionnaire Jean-Pierre Legros, sus-nommé, délégué par Mr Duguet, vicaire général à Laon, validait un mariage célébré 5 ans auparavant et que l'absence de dispense pour cause de parenté rendait nul.

Le registre des baptêmes dressé non pas par Pierre Lemaire, mais par son successeur immédiat Dom Paul Bataillau, nous révèle qu'il y a eu 136 baptêmes de 1790 à 1802, presque tous faits par le curé Lemaire, même en 1793-1794, c'est-à-dire pendant la Terreur. Les enfants y sont déclarés comme étant nés ou « d'union civile » ou de « mariage canonique ». On y relève en tout, de 1793 à 1803 inclusivement 15 « unions civiles ». Son rapprochement des registres de l'État-Civil, pendant la période correspondante, nous permet d'établir le tableau de comparaison ci-après, indiquant année par année, le nombre, la proportion et le caractère des mariages :

ANNÉES	MARIAGES		
	CIVILS	RELIGIEUX	ENSEMBLE
1793	3	1	4
1794	1	3	4
1795	2	1	3
1796	0	5	5
1797	1	4	5
1798	1	2	3
1799	2	3	5
1800	manque	manque	manque
1801	manque	manque	manque
1802	4	1	5
1803	1	2	3
	plus la moyenne arithmétique des années dont le résultat est connu, à cause de 1800 et 1801 qui manquent.		
	2	6	8
Egalités ...	17	28	45
		45	

On ne s'explique pas bien ces mariages civils, alors que tous les enfants, nés dans la paroisse, ont toujours été baptisés comme à l'ordinaire. D'ailleurs, chacune de ces unions fut ensuite régularisée au point de vue religieux. On compte huit actes de cette nature de 1804 à 1806.

Comment se sont faits les mariages religieux surtout entre 1793 et 1797 ? Avec messe ou sans messe ? Publiquement ou en cachette ? Rien ne l'indique.

L'église de Chalandry n'a dû être fermée qu'à la fin de 1793. On a vu en effet dans le compte du marguillier du 20 nivôse 1793, précédemment rapporté, qu'il avait été payé 78 l. 17 s. « au citoyen Lemaire, curé, pour l'acquit des obits, saluts, etc., pendant l'année. Le même compte porte également en dépenses les sommes payées aux chantre, sous-chantre, sonneurs, etc.

Combien de temps le culte public fut-il suspendu ? On ne le sait pas au juste. Nous croyons cependant que cet état de choses dura peu puisqu'on rencontre un ou plusieurs mariages religieux chaque année. La vérité est peut-être qu'on ne célébrait publiquement les cérémonies religieuses que dans les moments d'accalmie. La tradition orale rapporte qu'on a dit la messe dans la pâture de Rhutil (probablement à l'occasion de la Fête de la Fédération), dans les bois, dans les caves, dans la maison actuellement occupée par M. Parhuitte-Charly, boulanger, au Château et à la Maison-Neuve.

Différentes écoles primaires des deux sexes, dont les instituteurs et institutrices étaient salariés par la République, furent établies dans le canton de Crécy ; mais la Nation se trouvant dans l'impossibilité de les payer dès l'an 7, il n'y eut plus alors que des écoles privées (*Enquête sur les écoles primaires*, A. Cr. *registre de frimaire an 7*).

L'école de Chalandry était-elle alors au nombre de celles-ci ou de celles-là ? Aucun document n'est venu nous l'apprendre. Mais ce qui est certain c'est qu'elle fut fermée pendant un temps plus ou moins long entre 1795 et 1799. En effet, Jean-Pierre Dufour, le « clerc-laïq » de 1793, est qualifié de « cy-devant instituteur » dans une délibération de l'administration municipale du canton de Crécy du 9 ventôse an 4 (28 février 1796) qui le désignait comme l'un des 5 répartiteurs de Chalandry. On a vu plus haut qu'il resta greffier encore quelque temps. D'un autre côté, nous ne le retrouvons avec le titre d'instituteur que le 5 pluviôse an 8 (25 janvier 1800) dans un document cité plus loin (A. Cr.) ainsi que dans plusieurs actes de l'Etat-Civil de Chalandry compris entre 1802 et 1806. Il mourut en 1807.

§ 6. — Afin de ne rien omettre ici sur l'époque la plus solennelle de notre Histoire nationale, nous sommes obligés de retourner sur nos pas pour faire le récit des « Guerres de la Révolution » en ce qu'elles touchent Chalandry et les environs.

La France, monarchique depuis quatorze siècles, venait d'opérer une réforme radicale dans sa Constitution et dans ses lois. La Royauté, impuissante à conjurer l'orage, avait été emportée par la tourmente révolutionnaire et remplacée par la République.

La fin de l'année 1792 avait été des plus malheureuses : l'absence du numéraire, la baisse des assignats, le renchérissement de toutes les subsistances occasionnèrent la crise la plus complète. A ces maux vinrent s'ajouter ceux de la guerre civile et de la guerre étrangère. Le 20 avril 1792, le Gouvernement avait, en effet, déclaré la guerre à l'Autriche et à la Prusse. Le 26 juillet suivant, le duc de Brunswick, général de l'armée prussienne, entrait en France à la tête de ses troupes (80,000 hommes) après avoir jeté la veille à la face de la Nation cet insolent manifeste : « Je viens les armes à la main relever le trône et l'autel . . . . Les Alliés puniront comme rebelles tous les Français sans distinction, qui combattent les armées étrangères... »

L'Assemblée législative lui répondit par le décret suivant : « Art. 1. — Les jeunes gens iront au combat; les hommes mariés forgeront des armes ; les femmes feront des tentes, des habits et serviront dans les hôpitaux ; les enfants mettront le vieux linge en charpie ; les vieillards se feront porter sur les places publiques pour exciter le courage des guerriers. Art. 2. — Les maisons nationales seront converties en casernes, les places publiques en ateliers d'armes, le sol des caves lavé, lessivé, pour en extraire le salpêtre. Le bataillon qui sera organisé dans chaque district sera réuni sous une bannière portant cette inscription : *Le Peuple Français debout contre la tyrannie.* »

Aussitôt, dans les cités, dans les villages, dans les hameaux, on s'émeut, on s'assemble et beaucoup de citoyens réclament l'honneur de s'enrôler pour repousser les légions étrangères (première coalition européenne). Les Prussiens furent culbutés à Valmy (20 septembre) par Kellermann et les Autrichiens à Jemmapes, par Dumouriez (6 novembre). Mais ce n'étaient là que les premiers tableaux de la grande épopée guerrière en six actes qui devait se terminer si malheureusement à Waterloo après avoir duré un quart de siècle et changé la face de l'Europe !

En 1793 et 1794 la cause de la Révolution semblait perdue. Le Gouvernement la sauva en déployant une énergie incroyable, contre ses ennemis intérieurs et extérieurs. Il déclara « la Patrie en danger », décréta des levées en masse de soldats, requit pour la cavalerie, l'artillerie et le service des transports tous les chevaux dont l'agriculture et le commerce pouvaient se passer, fit dresser dans toutes les communes, l'état des subsistances, afin de connaître les besoins et les ressources du pays. Pour se procurer de l'argent il accéléra la vente des « Biens nationaux », fit rentrer les contributions arriérées, etc. Grâce à ces mesures il put en quelques mois entretenir quatorze armées comprenant ensemble 1.200.000 soldats. Le résultat répondit à la grandeur de l'effort. Fin août 1793 la France était envahie par toutes ses frontières ; fin décembre suivant elle était presque partout victorieuse!

Après les réquisitions d'hommes, les réquisitions d'argent, de grain, de paille et de fourrage, pour nourrir les armées de la République. La Convention nationale dut aussi, à cause des malheurs du temps, recourir à des procédés extraordinaires pour approvisionner les marchés.

La part de Chalandry et des communes voisines dans toutes ces réquisitions, est trop considérable pour être oubliée. Voici classé dans l'ordre chronologique ce qui fut alors demandé. Disons de suite que ces charges étaient lourdes à supporter et que les populations des villages n'obéirent pas toujours à la première réquisition.

14 octobre 1791. — Procès-verbal relatant qu'un cultivateur d'Aulnois ayant acheté du blé à des cultivateurs de Mortiers, fut arrêté par ordre du procureur de cette commune sur le chemin de Mortiers à Chalandry, parce qu'il n'avait pas de laissez-passer. Le blé fut saisi et conduit à Crécy pour être vendu (A. Cr.) (1).

12 octobre 1792. — Sur l'invitation du Gouvernement et de l'administration départementale, le conseil général de la commune de Crécy prit la délibération suivante : « La municipalité requiert les communes du canton . . . . de fournir le lundi et le jeudi de chaque semaine, sur le marché de Crécy, 12 sacs de blé de 7 cartels chacun », soit un total de 24 sacs tous les 8 jours. D'après le tableau dressé par cette administration, Pouilly devait fournir 3 sacs, Chéry 3, Chalandry 2, Barenton-sur-Serre 1, Mortiers 3, Dercy 3, Bois 2, Montigny 2, Mesbrecourt 3, Pargny, 2, ensemble 24 sacs.

8 septembre 1793. — A la suite d'un décret de la Convention nationale du 3 septembre même mois, portant que la mesure de

---

(1) Les documents du présent paragraphe, sauf indication contraire, sont tous extraits des Archives de la Mairie de Crécy-sur-Serre.

« bled-froment », première qualité, du poids de 100 livres, ne pourrait dans aucune partie de la République excéder le prix de 14 livres, les habitants de Crécy se réunirent en la maison commune. On décida que le prix du cartel du marché de Crécy, du poids de 36 l. serait fixé à 5 l. 9 deniers. Malgré cette taxe officielle le cartel de blé se vendait encore couramment 10 et 12 l.; la même mesure d'orge 8 et 10 l.; celle de seigle 6 et 8 l. *(Arch. de Remies et de Barenton-sur-Serre)*. A ce taux, les 100 kilos de blé valaient donc de 50 à 60 l., prix excessivement élevé pour l'époque, étant surtout donné que l'argent valait beaucoup plus qu'aujourd'hui.

Vendémiaire an 3 (septembre 1794). — Répartition de blé à fournir.

10 vendémiaire an 3. — Procès-verbal qui constate que les communes n'ont pas fourni leur contingent. Entre autres Dercy n'a rien livré. Le juge de paix de Crécy, Jean Lhoste, décide alors la création d'une force armée suffisante pour contraindre les retardataires.

25 nivôse an 3. — Enquête est faite dans chaque commune pour connaître la quantité des subsistances à fournir sur le marché de Crécy. Trois villages, Chalandry, Mesbrecourt et Montigny sont signalés comme n'ayant rien amené.

2 pluviôse an 3. — Rappel à l'ordre du conseil du district de Laon qui blâme ces sortes de refus, pouvant entraîner les plus grands dangers pour la défense de la patrie. En conséquence l'agent national entendu, arrête que le citoyen Antoine Placet, cultivateur à Chalandry sera conduit à la « maison d'arrestation » à Laon, ainsi que les citoyens Quentin Malézieux, cultivateur à Mesbrecourt et Pierre Lahaye, cultivateur à Montigny-sur-Crécy. L'administration communale de Crécy devra nommer un commissaire qui se rendra dans chaque village, au sujet de cette question des subsistances. Chalandry figure au tableau pour 28 quintaux et demi de blé à fournir.

9 pluviôse an 3. — Le procès-verbal de la séance mentionne que les récentes mesures prises par l'administration cantonale ont excité des troubles dans le peuple des communes du canton; les officiers municipaux de Crécy en avisent le district de Laon.

17 pluviôse an 3. — Nouvelles instances. Crécy se plaint que pour l'approvisionnement de Paris il a seul fourni, ou à peu près.

Chalandry n'a pas donné sa part; cette commune redoit 9 quintaux 3 litres 1/8.

9 ventôse an 3. — Retard constaté de nouveau par l'administration municipale de Crécy. Chalandry est noté comme redevant, pour sa part, 11 quintaux 13 litres 1/8 de blé.

30 brumaire an 4. — L'administration cantonale représente à l'administration départementale que pour l'approvisionnement du marché de Crécy tous les 8 jours, le lundi, les communes de Pargny, Bois, Dercy et Mortiers sont trop chargées et que celles de Montigny, Pouilly et Chalandry qui ont fait des récoltes abondantes, ne le sont pas assez.

« Le 15 frimaire de la 4ᵉ année républicaine » (6 décembre 1795), les administrateurs municipaux du canton de Crécy, étant réunis au lieu ordinaire de leurs séances, prirent l'arrêté suivant :

« Considérant que la malveillance, la cupidité des cultivateurs qui doivent approvisionner le marché de Crécy, s'acroi chaque jour, à un tel point qu'il semblent tous se coaliser pour se soustraire audit approvisionnement ce qui met la classe indigente des citoyens dans l'impossibilité de pourvoir à leurs subsistance et à celle de leur famille.

Considérant que chaque jour les réclamations les plus vives sont apportées de la part de ce dernier (?) dans le sein de l'administration est qu'il est on ne peut plus instant de remédier à tant de maux qui mettront infailliblement l'ordre social en danger, si la loy du 7 vendémiaire dernier, concernant les approvisionnements des marchés n'était exécuté dans toutes ses dispositions.

Arrête : Le commissaire provisoire du directoire exécutif entendu; que les agents municipaux de chaque commune qui forme l'arrondissement du marché de Crécy, seront tenus de requérir, sans délai, tous les cultivateurs et propriétaires de grains de leurs communes respectives de fournir et porter au marché de Crécy les quantités de grains pour lequel il se trouve compris dans l'état de répartition fait par les anciennes municipalités.

Arrête en outre qu'en cas de refus de la part de l'un d'eux, lesdits agents municipaux sont autorisés, chacun dans leur enclave, à requérir du commandant de la garde nationale des lieux une force armée suffisante pour les y contraindre et à employer des batteurs si besoin est. »

28 frimaire an 4. — Etat du rôle désignant chaque cultivateur avec la quantité de grains à fournir par unité ; 13 cultivateurs de Chalandry sont taxés ensemble à 18 quintaux à mener sur le marché de Crécy, le lundi de chaque semaine. Chalandry devait porter également 18 quintaux au marché de Crespy-en-Laonnois. Le canton de Crécy devait envoyer 202 quintaux au marché de ce dernier bourg et 141 à celui de Crespy.

20 nivôse an 4. — L'administration réclame que les communes de Pouilly, Chéry et Chalandry qui portaient une partie de leurs grains au marché de Crespy-en-Laonnois, n'y portent plus rien mais tout à Crécy.

23 nivôse an 4. — Sur les conclusions du commissaire du directoire exécutif, le prix de la journée de l'ouvrier batteur est fixé à 12 sols en numéraire pour 18 cartels de blé battu.

Quelques jours plus tard il est dit que les cultivateurs des communes et notamment ceux de Dercy persistaient opiniâtrément à refuser leur contingent de blé, qu'il fallait envoyer des gendarmes chez eux ; que le marché de Crécy menaçait de tomber faute d'approvisionnement. En somme Crécy voulait attirer « tout à lui » et les communes voisines, non moins pressées de besoin, lui répondaient : « chacun pour soi ».

Du reste il est à remarquer que les délibérations cantonales n'étaient généralement prises que par très peu de délibérants, 6, 7 ou 8, presque tous de Crécy et toujours sous la présidence de Mathieu Paquet (de Bois). On ne remarque, qu'à de rares intervalles, la signature d'Antoine Pagnier, de F. Turquin et des autres agents municipaux de Chalandry ou de ceux des communes du canton.

Les grains et fourrages ainsi requis tant pour les armées que pour les marchés étaient, il est vrai, payés aux cultivateurs ; mais, cette sorte d'exportation à l'intérieur ne leur déplaisait pas moins, d'abord parce qu'elle leur enlevait la libre disposition des produits de leur travail et de leurs champs et ensuite parce qu'elle créait la misère autour d'eux. Ce qui explique les retards, la résistance même de la part des laboureurs ; les avertissements, les menaces et les mesures coercitives de la part de l'administration.

10 septembre 1793. — Tirage au sort, à Crécy, pour le canton, d'un contingent de onze hommes destinés à la cavalerie. Tous

les maires y assistèrent, avec quelques officiers municipaux. Ont signé pour Chalandry : Alex. Poquet (maire), Dofémont (officier) et Dufour (greffier). Le sort désigna notamment Jean-Pierre Vaillant, marchand à Chalandry. C'était le futur maître d'école de la commune. Il fut remplacé par l'un de ses frères, Charles Vaillant qui fit presque toutes les campagnes de la Révolution et de l'Empire, devint sous-lieutenant de cavalerie et mourut pensionné du gouvernement, à Chalandry le 21 décembre 1832.

27 prairial an 2. — Réquisition des voitures nécessaires pour transporter dans le délai de dix jours à Réunion-sur-Oise (Guise), 1.150 fourrages à prendre à Pouilly et à Chalandry.

19 messidor an 2. — Réquisition cantonale de chevaux ; Chalandry doit en livrer deux. (A. C.)

22 messidor an 2. — Autre réquisition cantonale ; Chalandry fournira et rendra sous trois jours à Marle 8 bassines en cuivre pour les travaux du salpêtre exécutés en cette ville ; il y enverra de plus un ouvrier pour apprendre la fabrication de cette matière.

27 messidor, même année. — Des secours sont votés et répartis dans le canton à ceux qui ont des parents au service de la Patrie. Voici la liste pour notre commune : Louis Gautier, Jean-Pierre Dofémont, Jean Dofémont, veuve Dion, Louis Levert, Pierre Lefèvre, Louis Hénon, la veuve Picon, Charles Vaillant, berger, veuve Delorme.

Vendémiaire an 3. — Compte des fourrages fournis à l'armée du Nord. Le canton de Crécy en a livré pour 21.000 livres.

4 brumaire an 3. — Réquisition cantonale de chevaux ; Chalandry, signalé comme ayant 50 chevaux, est requis pour deux. Il devra fournir aussi trois colliers et un sac d'avoine estimés 142 francs.

4 ventôse an 3. — Réquisition de chevaux ; Chalandry devra en fournir deux.

8 ventôse, même mois. — Réquisition exigible dans les 24 heures (ordre du district), dans chaque municipalité, à l'effet de secourir les indigents.

8 frimaire an 4. — L'administration municipale du canton de Crécy requiert les anciens membres des cy-devant municipalités de chaque commune de remettre à leurs agents, tout ce qui

composait les anciens greffes, les papiers et deniers des diverses gestions.

1er pluviôse an 4. — Inscription des fonctionnaires sous la présidence de Mathieu Paquet : Chalandry : agent municipal, Antoine Pagnier ; adjoint, François Turquin. Assesseurs du juge de paix : Louis Hénon, Louis Dofémont, Louis Broyart et Joseph Duquénois.

25 pluviôse an 4. — Réquisition de 45 cordes de bois à prendre dans le bois de Suzy, pour conduire à l'hôpital militaire de Laon. Chalandry est requis pour conduire 3 cordes 1/4.

30 ventôse an 4. — Levée de chevaux. Chalandry est noté pour 64. Il en fournira deux suivant la loi du 14 pluviôse précédent.

8 germinal an 4. — Délibération relative aux nouveaux tableaux des contributions à dresser ; on nommera des citoyens pour fixer la fortune de chacun des habitants dans les communes.

18 floréal an 4. — Le procès-verbal rapporte que la levée de chevaux ci-dessus prescrite n'était pas encore terminée.

Thermidor an 4. — « L'administration . . . . qui a pris lecture de la pétition du citoyen Antoine Placet de Chalandry, tendant à obtenir du ministre de la guerre, une permission pour Antoine Placet, son fils . . . . afin de l'aider aux travaux de la moisson ; considérant que tout ce qui est exposé dans ladite pétition est vrai . . . . donne approbation ».

22 fructidor an 4. — Contribution foncière ; Chalandry était imposé pour 7.416 livres 7 s. 5 d. L'administration cantonale procéda à l'adjudication au rabais de la perception des contributions de l'année conformément à la loi du 26 septembre 1791. Elle fut adjugée, à six deniers et demi, au citoyen Athanase Gauthier, dudit lieu, ancien percepteur. Il présenta pour caution Jumaucourt, cultivateur à Chalandry.

21 frimaire an 5. — Répartition et réquisition ; Chalandry est requis pour 250 quintaux de foin.

28 frimaire an 5. — L'administration municipale du canton estime que l'administration centrale de l'Aisne doit liquider le prix des fourrages fournis sur « bons de réquisition » exercée depuis le 1er vendémiaire an 4, comme suit :

« 1º ; Le foin à 18 livres en numéraire les 10 quintaux de première qualité et à 16 livres la seconde.

2º ; La paille à 9 l. les 10 quintaux.

3º ; L'avoine à 5 l. le quintal.

4º ; Le transport à raison de 4 sols par lieue et par la grande route et pour la traverse à raison de 5 sols par lieue, le tout par quintal, tant pour aller que pour le retour ».

Chalandry est indiqué comme étant distant de Laon de « trois lieues demi ».

2 pluviôse an 5. — Noms des fonctionnaires des communes du canton : Chalandry : Antoine Pagnier (agent municipal) et François Turquin le Jeune (adjoint) ; Assesseurs du juge de paix : les mêmes qu'en l'année précédente.

17 pluviôse an 5. — Nomination, pour un an, par l'administration cantonale de Jean-Antoine Lebrun comme garde-champêtre à Chalandry. Il a prêté serment devant le juge de paix et juré probité et dévouement à la République, vigilance pour la police locale. Il devait recevoir comme traitement 33 quartels de grains mesure de Crécy, moitié blé moitié seigle. Lebrun était un ancien soldat ainsi que l'établit le certificat suivant : « Les membres de l'administration départementale de l'Aisne certifient que Jean-Antoine Lebrun, ancien maréchal des logis au régiment de la Reine (dragons), est porté sur le contrôle des invalides et pensionnés du ci-devant district de Laon, pour une pension de 200 livres, de laquelle il a été payé annuellement jusques icy, compris le 30 nivôse an 4. Fait à Laon en séance le 19 pluviôse an 5 ».

26 ventôse an 5. — Tirage au sort des noms des administrateurs municipaux du canton qui devaient rester ou non en exercice pendant un an encore. Le sort désigna « le citoyen Pagnier, agent municipal de Chalandry » pour rester. Mais il ne voulut plus de cette fonction.

10 germinal an 5. — Les habitants de Chalandry nommèrent pour remplacer ce dernier, Jean-Charles Lefort.

20 germinal an 5. — Prestation de serment devant l'administration du canton des agents municipaux nouvellement élus, au nombre de ces derniers se trouvaient ledit Jean-Charles Lefort et Antoine Brazier de Chéry. Ils déclarèrent « individuellement et avant d'entrer en fonctions qu'ils n'ont provoqué

ni signé aucun arrêté séditieux et contraire aux lois et qu'ils ne sont parents ou alliés d'émigrés aux degrés déterminés par l'article 2 de la loi du 4 brumaire an 4 ».

2-30 messidor an 5. — Réquisition en foin, paille et avoine ; Chalandry a fourni, d'après le tableau cantonal, arrêté au 30 messidor ; foin 352 quintaux, paille 216, avoine 240.

10 fructidor an 5. — Convocation des instituteurs et institutrices au chef-lieu de canton. On leur a demandé s'ils exerçaient selon la loi, s'ils étaient logés dans la « maison cy-devant˙cléricale », ou s'ils avaient une indemnité de logement.

14 fructidor, même mois. — Etat des contributions, Chalandry y figure :

En principal pour. . . . . 4.514 l. 11 s. 7 d.
En sols additionnels. . . . 677 l. 13 s. 7 d.

Ensemble . . . 5.192 l. 05 s. 02 d.

3 vendémiaire an 6. — L'administration du canton « vu l'article 10 de la loi du 18ᵉ prairial dernier, par lequel elle est chargée de procéder à la nomination de 5 commissaires répartiteurs de la contribution foncière de l'an 5. . . . . nomme à Chalandry les citoyens François Turquin l'aîné, Jean Delhorbe, François Jumaucourt, Joseph Duquénois et Athanase Gauthier ».

24 nivôse an 6. — Répartition de la contribution personnelle de l'an 5. Elle donne les résultats suivants :

	POUR	
	le canton	Chalandry
1° Principal :		
Cotes personnelles	5.430 80	323 5
Cotes mobilières et somptuaires.	10.424 20	850 »
Total . .	15.855 00	
2° 0,25 ou 5 sols additionnels. . .	3.963 75	293 8
Ensemble. .	19.818 75	1.467 3

2 pluviôse an 6. — Le procès-verbal de la séance de l'administration du canton mentionne qu'après lecture faite de la loi

du 18 nivôse an 5 et de l'arrêté du directoire exécutif du 22 nivôse an 4, ordonnant la célébration de l'anniversaire de la « Juste Punition du dernier Roy des Français » on procéda à l'inscription des noms des « assujettis » comme suit : Chalandry : Jean-Charles Lefort (agent municipal) François Turquin le Jeune (adjoint) ; Louis Hénon, Louis Dofémont, Louis Broyart et Joseph Duquénois (assesseurs du juge de paix). Puis ils prêtèrent chacun « individuellement le serment de haine à la Royauté ».

23 pluviôse an 6. — Nomination d'un jury d'équité composé de 5 membres en vertu de l'article 7 de la loi du 14 thermidor an 5, pour procéder à la répartition, dans chaque commune, de la contribution personnelle. Furent nommés pour Chalandry : Henry-Bonaventure Salendre, cultivateur, Alexandre Poquet, cultivateur, François Lambert, cultivateur, Baptiste Blondelle, scieur de long et Alexandre Picon, manouvrier.

5 frimaire an 7. — L'administration municipale du canton de Crécy, sur un arrêté du directoire exécutif du département de l'Aisne du 17 floréal an 4, se décide enfin à créer : 1º « une colonne mobile » avec des éléments de la garde nationale ; 2º et à organiser « la garde nationale sédentaire du canton ». Le sixième des fusiliers de ladite garde, étant de 189 hommes, devaient être répartis en 3 compagnies : la première se composait de 62 hommes de Crécy et Pouilly ; la deuxième de 63 de Mesbrecourt, Montigny, Pargny, Bois et Mortiers et la troisième de 64 de Dercy, Chalandry, Barenton-sur-Serre, Barenton-Cel, Barenton-Bugny, Verneuil et Chéry. Chalandry avait un lieutenant : Augustin Gautier ; deux caporaux : François Létrichet et Louis Lemaire et douze fusiliers.

La *Garde nationale* était une milice composée de citoyens faisant à tour de rôle, à l'intérieur du pays, un service de surveillance : créée en 1789, elle a été supprimée après la guerre de 1870 et remplacée par *l'Armée territoriale*. Dans certaines villes et notamment à Paris, les gardes nationaux ont pris une part considérable aux événements de la Révolution ; mais dans les villages tout s'est borné pour eux à faire la garde et la patrouille pour la sûreté des habitants, à assurer l'exécution des règlements de police, à faire exécuter les ordonnances de la municipalité, etc.

21 frimaire an 7. — Adjudication au rabais, de la perception

et du recouvrement des contributions foncières, mobilières et somptuaires de l'an 7. Celle de Chalandry, mise à prix à cinq centimes, fut adjugée à quatre centimes au citoyen Athanase Gauthier, sus-nommé, ancien percepteur qui présenta pour caution le citoyen FrançoisTurquin, cultivateur audit lieu.

Les répartiteurs étaient les citoyens Balossier ; Antoine Placet, cultivateur ; Gogart Louis, marchand ; Broyart Louis, tisserand ; Gautier Louis, propriétaire, tous demeurant en la commune.

La loi du 4 frimaire an 7 ayant établi une contribution sur les portes et fenêtres, l'administration cantonale se réunit le 21 frimaire, même mois « pour nommer un, deux ou plusieurs commissaires, par chaque commune du canton, pour procéder à l'état des ouvertures assujetties à ladite contribution ». Les commissaires pour Chalandry furent : « le citoyen Nicolas Jumaucourt, vivant de son bien et Jean Delorbe, cultivateur ».

2 pluviôse an 7. — Séance de l'administration municipale du canton, comme un an auparavant ayant pour cause la célébration de l'anniversaire de la « Juste Punition du dernier Roy des Français » (*Voir suprà*). On y procéda encore à l'inscription des noms des fonctionnaires publics du canton qui étaient cette fois pour Chalandry : Jean-Charles Lefort (agent municipal) ; Joachim Poret (adjoint) ; Hubert Herbin, Montain Billiet, Antoine Pagnier et Pierre Dréant (assesseurs du juge de paix). Puis ils prêtèrent tous « le serment qu'ils sont sincèrement attachés à la République et qu'ils jurent une haine éternelle à la Royauté ».

5 pluviôse an 8. — Les fonctionnaires publics existant dans toutes les communes du canton de Crécy, ministres des cultes, instituteurs et institutrices, réunis au lieu des séances de l'administration municipale dudit canton, en exécution de l'arrêté des Consuls de la République du 7 nivôse précédent, firent chacun individuellement la déclaration suivante : « Je promets fidélité à la Constitution ». (Signé) pour Chalandry : Gautier, Gantier, Dréant, Billiet, Herbin, Poret, Balossier (agent municipal), Lemaire (ministre du culte), Dufour (instituteur).

Thermidor an 8. — Transcription de l'acte de décès de Jean-Pierre Dofémont, enfant de Chalandry : « Nous soussignés officiers, sous-officiers et soldats de la 99ᵉ 1/2 brigade, 2ᵒ bataillon, 7ᵒ compagnie, certifions que le citoyen Jean-Pierre Dofémont, fusillier à laditte compagnie, est décédé par un coup de feu qu'il a reçu à l'affaire du 28 thermidor de l'an 8 (16 août 1800), à son poste et l'avons regretté jusqu'au tombeau. Nasin (?) le 22 frimaire an 8 de la République française. » Suivent quelques signatures dont celle de Dupont, commandant de la compagnie. (A. C.)

CHAPITRE IV

Du premier Empire à nos jours

I — LE PREMIER EMPIRE

LA COMMUNE A CETTE ÉPOQUE. — VICTOR DELORME TUÉ A ESSLING ; LEVÉE DE 4 GARDES NATIONAUX EN 1809. — CAMPAGNE DE FRANCE (1814); RÉQUISITIONS DE TOUTES NATURES, PASSAGES ET SÉJOURS D'ENNEMIS, MEURTRE DE J.-P. BLONDELLE, MENACES CONTRE LE MAIRE TURQUIN ; ETC.

Sous le premier Empire, Chalandry vécut de la vie de tous les villages de la région. Les maire, adjoint, conseillers municipaux, nommés par l'empereur, devaient lui jurer « obéissance et fidélité ». Le conseil municipal, placé directement sous la tutelle toute puissante de l'administration préfectorale, bornait son action aux seuls intérêts matériels de la commune. Les habitants, croyant entrer dans une nouvelle période de paix et d'apaisement, se remirent à cultiver avec ardeur la terre nourricière.

Cependant, les prodigieuses actions guerrières accomplies par nos troupes, à l'étranger, avaient quelque écho à Chalandry qui fournit une quantité relativement considérable de soldats, ainsi qu'on le verra plus loin. Mais hélas! le pays devait aussi connaître les maux de l'invasion.

Nous commençons par enregistrer la mort d'un brave (1).

21 mai 1809. — Décès de Victor Delorme, fils de Charles Delorme et de Marie-Louise Clément, brigadier à la 1re division de grosse cavalerie, tué au champ d'honneur à la bataille d'Essling.

Le 11 août 1809, le conseil municipal de Chalandry était assemblé extraordinairement « au son de la caisse », à l'occasion d'un « appel de 2.000 gardes nationaux susceptibles d'être mis en activité pour un *service momentané.* » Le 7 août, même mois, le préfet de l'Aisne avait adressé une lettre, à tous les citoyens composant la garde nationale, âgés de 20 ans révolus jusqu'à 60. Il leur accordait 24 heures pour se faire inscrire volontairement, jusqu'à concurrence de 3 hommes assignés à Chalandry. Les 24 heures écoulées, aucun volontaire ne s'étant présenté, les membres du conseil, d'accord avec les garçons faisant partie de ladite garde, au nombre de 26, décidèrent que le contingent serait tiré au sort entre eux seulement : on leur accordait 180 francs pour le premier mois et 135 pour le deuxième « si la nécessité l'exigeait ». Le sort tomba sur : 1º Blondelle (Louis), âgé de 24 ans, scieur de long et charpentier ; 2º Lanez (Louis-Joseph), âgé de 24 ans, domestique de labour et 3º Poquet (Baptiste), âgé de 30 ans, cultivateur chez son père.

Le 19 août, même mois, le conseil municipal était à nouveau convoqué « à son de caisse » dans le but de désigner un homme en plus (4 au lieu de 3) à fournir par Chalandry, « pour la défense des côtes britanniques ». La commune lui allouait 60 francs pour le premier mois et 45 pour le deuxième. Ce fut Jean-Charles Lefort, âgé de 24 ans, qui partit.

Les événements de l'immortelle campagne de France se passèrent en grande partie dans le département de l'Aisne; ils

---

(1) Tous les renseignements qui suivent ont été puisés aux Archives de Chalandry, sauf indication contraire.

eurent leur contre-coup à Chalandry, comme dans chacune des localités voisines.

Napoléon a tracé lui-même la triste histoire de notre pays en 1813, dans cette courte phrase de l'un de ses discours au Sénat : « Il y a un an, toute l'Europe marchait avec nous ; aujourd'hui toute l'Europe marche contre nous. »

Cependant les Alliés, passant par la Belgique, avaient envahi le sol sacré de la Patrie (1er janvier 1814), par le nord de notre département. Ils devaient séjourner dans la contrée et y livrer des combats pendant plus de quatre longs mois qui semblèrent autant de siècles, aux paisibles populations des campagnes, sans cesse rançonnées et pillées.

Edouard Fleury a écrit dans son remarquable ouvrage *Le Département de l'Aisne en 1814* : « le 30 décembre 1813 paraît un décret impérial créant une armée de réserve pour couvrir Paris. Elle devait être formée des légions des gardes nationales des départements les plus voisins de la capitale. Celui de l'Aisne formait une légion composée de 7 cohortes (bataillons) et de 28 compagnies représentant un effectif de 4.200 hommes. » Ils furent envoyés au « camp de Soissons. » S'il fut aisé de réunir le contingent en hommes et en chevaux à la charge du département de l'Aisne, il ne fut pas aussi facile de l'équiper et de l'armer. Les fusils de guerre manquant, on réquisitionna ceux de chasse. L'arrondissement de Laon devant en fournir 600 dans le délai de 24 heures (*arrêté préfectoral du 21 janvier 1814*). (1)

1814. — 17 janvier. — Séance du conseil municipal en vertu d'un décret du 4 du même mois, ordonnant une levée de 15.000 chevaux dans l'Empire, dont 3 à fournir par Chalandry. Le procès-verbal constate qu'il y avait alors ici 77 chevaux et 4 mulets.

Fin janvier. — On livre deux fusils de calibre, formant la part à la charge du village dans les 600 réquisitionnés ci-dessus.

---

(1) M. Defrance, contrôleur des contributions, a écrit en quelques lignes l'histoire sommaire de chacun des villages de l'Aisne pendant l'invasion de 1814 (EDOUARD FLEURY, *loc. cit.*). Nous n'avons pas eu la bonne fortune de la trouver.

10 février. — Délibération : « Dans le cas où on éprouverait des pertes tant en chevaux qu'en harnais, elles seront supportées par les cultivateurs, et les contingents tant en foin, pailles, avoines, viandes, blés et boisson, par tous les habitants de la commune, à raison de leur faculté. » On y constate déjà la perte de 7 chevaux et d'un chariot, le tout estimé 1.640 francs.

13 février. — Délibération : « Vu le passage de troupes russes et la nécessité indispensable de leur fournir incessamment des provisions de bouche et voulant participer aux malheurs et aux fatigues qu'éprouvent journellement nos concitoyens de Barenton (probablement Barenton-sur-Serre), Cohartille, Froidmont et Verneuil », chaque habitant de Chalandry contribuera selon son pouvoir à la fourniture de 400 livres de pain, 40 pots d'eau-de-vie, plus 200 livres de viande. J.-B. Jumaucourt vendit, à cette occasion, un bœuf estimé 75 francs.

13 février. — Réquisition en vertu d'ordres de M. le Maire de Laon de 3.000 bottes de foin, 1.500 bottes de paille et 740 quartels d'avoine « à rendre de suite à la grande caserne de cette ville. » La répartition eut lieu entre les 18 charrues existant dans la commune, à raison de 167 bottes de foin, 83 bottes de paille et 42 quartels d'avoine par unité.

14 février. — Réquisition de 580 livres de pain et d'un bœuf pour les troupes russes cantonnées à Barenton-sur-Serre. Le bœuf a été livré par M. Brancourt au prix de 60 francs.

16 février. — Réquisition de 4 voitures attelées chacune de 4 chevaux « pour le transport militaire au service de M. le Général Russe » payé 2 francs 50 par jour, par cheval et par voiture.

24 février. — Ordre des Prussiens stationnés à Barenton-Cel et à Barenton-Bugny assignant à Chalandry 200 livres de pain et 100 quartels d'avoine.

2 mars. — Ordre des mêmes à Verneuil demandant 162 doubles décalitres d'avoine, une pièce de cidre, 10 bouteilles de vin, des pommes et 20 livres de beurre.

6-7 mars. — Bataille et victoire de Craonne.

9-10 mars. — Bataille de Laon ; Napoléon ne peut en déloger l'ennemi.

10 mars. — Réquisition des Alliés de 36 doubles décalitres d'avoine, 40 livres de pain et 20 livres de viande.

24 mars. — Meurtre d'un habitant de Chalandry, Jean-Pierre Blondelle, âgé de 28 ans, tué d'une balle par un cosaque ivre, près du mur de la ferme Brucelle-Brancourt, faisant face à « la Croix ». Le maire Jean-François Turquin demanda que le meurtrier fut puni ; les ennemis répondirent en menaçant d'incendier le village. Plus tard, ayant réclamé contre les nombreuses réquisitions imposées, il fut personnellement menacé et ne dut son salut qu'en se sauvant à travers les jardins situés derrière l'auberge occupée maintenant par M. Eusèbe Gantier.

28 mars. — Réquisition d'une pièce de vin et d'objets divers.

31 mars. — Réquisition de 130 bottes de foin et de 50 doubles décalitres d'avoine « pour l'approvisionnement des troupes alliées, qui ont été livrés à l'instant sous peine d'exécution militaire ».

31 mars. — Entrée des Alliés à Paris.

6-10-14-16 avril. — Autres réquisitions.

10 avril à minuit. — Ordre du commandant de place de Crécy réquisitionnant 2 voitures attelées de 2 chevaux « pour être à Crécy à 2 heures du matin » et de se munir de vivres pour 5 jours.

11 avril. — Première abdication de Napoléon à Fontainebleau.

II. — LA PREMIÈRE RESTAURATION

LE DRAPEAU BLANC ARBORÉ OFFICIELLEMENT A CHALANDRY. — LISTE DES MILITAIRES PENSIONNÉS. — PASSAGES DE TROUPES AU DÉPART DES ALLIÉS. — INSTALLATION DU MAIRE BRANCOURT. — AUTRE LISTE DE MILITAIRES EN CONGÉ OU SOUS LES DRAPEAUX.

Dès le 6 avril 1814 le Sénat avait proclamé roi de France le comte de Provence, frère de Louis XVI, sous le nom de Louis XVIII. Il fit son entrée dans la capitale le 3 mai et conclut avec les Alliés le traité de Paris (30 mai.)

La nouvelle de la première Restauration fut accueillie avec joie à Chalandry, ainsi qu'en témoigne le procès-verbal suivant :

« Ce jourd'hui dimanche 17 avril 1814, à 3 h. 1/2 après-midi, Nous, Maire, Adjoint et les membres du conseil municipal de la commune de Chalandry, conformément à la lettre de M. le sous-préfet (?) provisoire de l'arrondissement de Laon du 8 avril 1814, et aux intentions de M. le Gouverneur général du département, portant invitation à arborer le drapeau blanc. Nous nous sommes en conséquence transporté devant la porte de l'Eglise et à l'issue des Vespres où le peuple sortait en grand nombre, nous étant munis du drapeau blanc portant trois fleurs de lys, sur une des « fassade ». Lequel l'avons attaché sur le bout d'une petite perche préparée à cet effet. Ensuite l'avons exposé au haut du clocher de ladite église, à la vue et aux acclamations de joie de la plus grande partie des habitants de notre dite commune. Lesquels se font honneur et gloire, même les petits enfants, de porter la livrée d'un Roy légitime et attendu depuis longtemps avec impatience ! Cette cérémonie étant faite, nous nous sommes retirés en la Maison Commune et avons rédigé le présent procès-verbal. » Cette pièce n'est pas signée au registre.

Le 26 avril 1814, le maire de Chalandry dressa, conformément à un arrêté du préfet provisoire de l'Aisne, du 22 du même mois, relatif à la réorganisation de la gendarmerie dans le département, « la liste des anciens militaires existant dans la commune, afin de faire connaître ceux qui pourraient faire partie de ce corps d'élite. » En voici la copie :

Lebrun Nicolas, 44 ans, entré au service en 1788 en qualité de fusilier au 56e régiment ci-devant Condé, ensuite au 55e régiment de ligne ; en retraite pour cause de blessure, provenant d'un coup de feu reçu à la cuisse droite à l'affaire de Tirlemont en 1793. Pension de 213 francs.

Lhôte Amand, 44 ans, entré au service en 1793 au 3e régiment ci-devant Besançon en qualité de canonnier à pied et réincorporé en 1796 dans le 6e régiment d'artillerie à cheval, en qualité de brigadier. En retraite depuis 1810 pour cause d'infirmités provenant de fatigues de guerre. Pension de 170 francs.

Dofémont Charles, 28 ans, entré au service en 1809 au 32e régiment de ligne et ensuite au 59e en qualité de fusilier. En retraite depuis 1810 pour cause de blessure. Pension de 150 francs.

Gogard François, 52 ans, entré au service en 1787 au 60e régiment de ligne en qualité de fusilier, et passé au 5e régiment en qualité de sergent. « Retraité en 1808 pour cause de varices et de surdité, à la suite d'un coup de feu à la jambe droite ». Pension de 204 francs.

Létrichet François, 38 ans, entré au service en l'an 7, au 64e régiment de ligne, en qualité de fusilier. Blessé à la joue d'un coup de feu. Pension de 243 francs.

Cependant les Alliés restaient toujours dans le pays, réquisitionnant sans cesse et troublant la tranquillité des pauvres habitants, qu'ils ruinaient de plus en plus (18-20-22-23 avril ; 3-4-14 mai.)

4 mai. — Passage à Chalandry de 6.000 Russes et de 1.200 chevaux ; ils y restèrent deux jours et cantonnèrent à Crécy le 6.

9 mai. — Séjour de 560 Russes. Le capitaine requiert « deux voitures attelées de quatre chevaux et deux conducteurs. »

La paix signée, les armées étrangères évacuèrent lentement, et comme à regret, le territoire français.

1er juillet. — Séance extraordinaire du conseil en vertu d'une circulaire du préfet de l'Aisne du 27 juin précédent, en vue de procéder à la « distribution de chevaux d'artillerie aux communes qui ont le plus souffert de l'invasion des Alliés. » On y établit que le village a perdu 15 chevaux et on demande de les lui rendre, ajoutant « que cette quantité est nécessaire aux cultivateurs, pour l'exploitation de leur labour. »

9 août. — Réquisition prussienne.

9 octobre. — Le conseil municipal est extraordinairement assemblé, à l'effet de procéder à l'installation de « l'honorable personne de Monsieur Brancourt François-Charlemagne, en sa qualité de Maire de la commune de Chalandry », fonction à laquelle il avait été nommé par M. le Préfet le 1er octobre 1814. Le nouveau maire prêta le serment d'obéissance et de fidélité au Roy dans les termes suivants : « Je jure et promets à Dieu de garder obéissance et fidélité au Roy et de n'avoir aucune intelligence, de n'assister à aucun conseil, de n'entretenir aucune ligue qui serait contraire à son autorité ; et si dans le ressort de mes fonctions ou ailleurs, j'apprends qu'il se trame quelque chose à son préjudice, je le ferai connaître au Roy. » (Signé) Brancourt. Le procès-verbal continue ainsi : « A l'instant, nous membres du conseil susdit l'avons reconnu en sadite qualité, et nous déférons aux ordres et réquisitions qu'il sera dans le cas de donner pour l'exécution des lois, le maintien d'une bonne police et généralement pour tout ce qui concernera, dans les limites de ses attributions, le service de sa Majesté. » (Signé) Brihaye. - Lefort. - Gauthier. - Pagnier. - Delhorbe. - Gogart. - Broyart.

Chaque conseiller était tenu de prêter le même serment : ce qui fut fait séance tenante. Le procès-verbal mentionne que le maire « après avoir entendu prononcer à chacun des membres du conseil le serment d'obéissance et de fidélité, a déclaré que cet acte de solennité a été fait avec toute la joie, l'enthousiasme et le respect qui sont dûs à sa Majesté. ... »

Le 25 novembre 1814, M. Brancourt, maire, conformément à un arrêté du préfet relatif au complément de l'armée sur le pied de paix, dressa la liste des militaires rentrés dans leur famille, depuis le 4 avril précédent. Elle comprenait :

1º Barloy J.-Louis, 2e régiment de chasseurs à cheval ;
2º Delhorbe François-Mélice, 2e régiment de grenadiers ;
3º Hénon Nicolas, caporal au 32e régiment de ligne ;
4º Lambert Joseph, chasseur au 1er régiment à cheval ;
5º Lefort Jean-Charles ;
6º Lhôte Marc-Etienne ;
7º **Lanez Augustin ;**

8° Plateau Jean-Louis ;

9° Vitu Jean-Marie ;

10° Vollerau Augustin, 89° régiment de ligne.

Cette liste est suivie de celle ci-après, comprenant probablement les noms des enfants de Chalandry, encore sous les drapeaux :

11° Lanez François ;

12° Dofémont Jean-Baptiste-Théodore ;

13° Poquet Gabriel ;

14° Dufour Jean-Pierre-Gabriel, 1er régiment de lanciers ;

15° Barloy Jean-Charles ;

16° Vaillant Charles ;

17° Vaillant Louis-Athanase, 3e régiment de chasseurs à cheval ;

18° Allart Félix ;

19° Balossier François, 26e régiment de ligne.

III. — LES CENT-JOURS

RETOUR DE NAPOLÉON DE L'ILE D'ELBE ; RAPPEL DES SOLDATS EN CONGÉ. — NOUVELLE PRESTATION DE SERMENT PAR LE CONSEIL MUNICIPAL. — PASSAGES ET RÉQUISITIONS DES TROUPES FRANÇAISES. — WATERLOO.

Voulant faire son profit des fautes des Bourbons, Napoléon quitta l'île d'Elbe le 26 février 1815, sur le brick « l'Inconstant ». Il était accompagné des généraux Bertrand, Drouot, Cambronne et de 1100 hommes de la vieille garde et du bataillon corse. Il débarqua à Cannes le 1er mars. Entraînant sur son passage toutes les troupes envoyées à sa rencontre, il rentra à Paris le 20 mars et reprit à nouveau le gouvernement de la France.

Par son ordonnance du 9 mars 1815, le roy enjoignait aux militaires « de toutes armes et de tout grade en semestre ou en congé, limité ou illimité, de rejoindre sur le champ leurs régiments respectifs. » Il y avait six hommes à Chalandry se trouvant dans l'un des cas prévus : c'étaient : Barloy (J.-Louis), Hénon (Nicolas), Lambert (Joseph), Lefort (Jean-Charles), Lhôte (Marc-Etienne) et Vaillant (Louis-Athanase). Suit la mention inscrite, à cette occasion, au registre des délibérations du conseil municipal : « Nous, maire de la commune de Chalandry, après avoir donné lecture de ladite ordonnance aux soldats congédiés, leur avons fait sentir l'obligation indispensable de se rendre aux vœux de sa Majesté, avons fait procédé (*sic*) et rédigé à chacun desdits soldats un réquisitoire portant obligation de se rendre pardevant M. le commissaire des guerres à Laon pour obtenir une feuille de route. »

1815. — 16 mars. — Délibération aux termes de laquelle les maire, adjoint et cultivateurs de Chalandry « en conformité du réquisitoire émané de M. d'Aboville à La Fère, portant qu'il sera livré par la commune deux chevaux de trait pour la conduite des pièces de canon pour le service pressant de sa Majesté le Roy, contre l'invasion de Bonaparte sur le territoire français » décidèrent qu'il convenait d'accepter les propositions de M. Delhorbe qui offrait un cheval pour 60 francs et de

M. Jumaucourt qui en offrait un autre pour 120 francs, payables par tous les cultivateurs suivant la délibération du 10 février 1814.

17 mars. — Réquisition par le gouvernement, de 8 chevaux et de leurs conducteurs, pour aller à La Fère.

19 avril. — En vertu du décret impérial du 8, les fonctionnaires devaient prêter à nouveau les serments prescrits par l'article 56 du sénatus-consulte du 28 floréal an 12. Le conseil de la commune se réunit le 19 avril et chaque membre prêta séparément le serment suivant : « Je jure obéissance aux constitutions de l'Empire et fidélité à l'Empereur. »

Les souverains étrangers étaient réunis au congrès de Vienne lorsqu'ils apprirent le retour en France du prisonnier de l'île d'Elbe. Par une déclaration collective du 13 mars, ils s'engagèrent à le combattre comme « ennemi et perturbateur de la paix du monde ». Napoléon fit ses préparatifs avec une grande activité. Prêt le premier, il passa la Sambre le 15 juin. La contrée fut à nouveau traversée et réquisitionnée, d'abord par les troupes françaises.

17 mai. — Réquisition d'une voiture attelée de 4 chevaux pour charger au magasin de Laon 400 décalitres de blé pour moudre à Chalandry.

18 mai. — Passage, logement et nourriture de 264 hommes (un jour et une nuit.)

19 mai. — MM. Brancourt et Jumaucourt ont conduit à Guise les effets du 27e régiment d'infanterie de ligne.

22 mai. — En vertu d'ordres du préfet, Chalandry livra quatre hommes pour travailler, pendant une semaine, à partir du 25, aux fortifications de Laon. Ce furent Etienne Hénon, Jean-Pierre-Félix Baudet, Jean-François Blondelle et Pierre-Louis Sérusier.

23 et 24 mai. — Réquisition de 8 voitures attelées chacune de 4 chevaux « pour la conduite des militaires retraités de Laon à Vervins. »

25 mai. — Logement, nourriture et fourrage pour un jour de 50 cavaliers et leurs chevaux.

Du 8 au 13 juin. — Séjour de 58 dragons. A leur départ réquisition de deux voitures pour transporter leurs bagages.

11 juin. — Logement pour une nuit, de 426 hommes du 82ᵉ régiment d'infanterie de ligne.

Les jours suivants, réquisitions de voitures, avoine, chevaux, boissons, foin, paille, etc., pour les troupes françaises qui s'acheminaient sans interruption vers la frontière belge, où la fortune de Napoléon devait, une seconde fois, sombrer à Waterloo (18 juin). La France devint aussitôt la proie d'une nouvelle invasion, beaucoup plus terrible et plus longue que la première. Les passages des ennemis, qui se hâtaient de marcher sur Paris, succédèrent bien vite à ceux des Français. De jour en jour les réquisitions de ces troupes étrangères se firent plus pressantes et plus nombreuses.

IV. — DEUXIÈME RESTAURATION

NOUVEAUX SÉJOURS DES ALLIÉS ; RÉQUISITIONS; CHALANDRY PILLÉ PAR LES COSAQUES. — MILITAIRES PENSIONNÉS.

1815. — 22 juin. — Seconde abdication de Napoléon à Paris.

Dès cette date, Chalandry doit fournir le cantonnement à 110 lanciers et à 120 chevaux. « François Turquin a livré une bête à cornes, Alexandre Poquet 70 bottes de foin et les autres cultivateurs à proportion, pour le camp momentané des lanciers » établi au lieudit *le Sapin*.

Les Alliés, maîtres du pays, bivouaquèrent souvent à Chalandry, Mortiers, Froidmont, Crécy et autres communes voisines. Ils fouillaient toutes les maisons pour découvrir les armes qui pouvaient y être cachées et commettaient de nombreux larcins (linges, victuailles, chandelles, graisses, pain, vivres, foins, récoltes, etc). Le village qui avait déjà eu beaucoup à souffrir en l'année 1814, fut vite épuisé. M. Jumaucourt eut presque tous ses chevaux et son mobilier volé, ce qui lui causa un grand préjudice. Il est impossible d'indiquer le montant des pertes, réquisitions, vols en nature et en espèces dont furent victimes tant la commune de Chalandry que chacun de ses habitants. Les soldats ennemis qui ont laissé ici le plus mauvais souvenir, sont les « Cosaques ». Aussi, ce nom est-il encore donné communément aux personnes qui inspirent la peur, à cause de leur air farouche, ou de leurs mauvais antécédents.

7 juillet. — Entrée des Prussiens à Paris.

8 juillet. — Retour de Louis XVIII à Paris.

Du 27 juillet au 20 août Chalandry fournit 400 rations d'hommes et 518 francs 09 centimes pour le service des armées prussiennes. La contribution du canton de Crécy s'éleva à 9.000 rations et 11.656 fr. 86 (A. Cr.)

20 novembre. — Second traité de Paris. La France fut obligée de payer une énorme contribution de guerre et les troupes

étrangères devaient occuper une partie du territoire pendant cinq années.

En dehors du séjour prolongé des soldats ennemis à Chalandry, voici quelques données certaines toujours recueillies aux archives de la mairie, relativement aux passages des troupes russes.

26 et 27 décembre. — Séjour de 244 hommes.

30 et 31 décembre. — Séjour de 240 hommes.

1816. — 1er et 2 janvier. — Séjour de 249 soldats et de 19 chevaux.

A nouveau la nature sembla prendre le parti des ennemis de la France. L'année 1816 fut désastreuse pour les productions du sol. L'hiver 1815-1816 avait été très rigoureux. Un printemps humide et froid lui succéda. Les empouilles faites aux couvraines furent perdues. Des pluies continuelles empêchèrent de récolter les foins et les vivres. Le pain et toutes les denrées alimentaires atteignirent à nouveau des prix excessifs. La misère publique était encore une fois à son comble. Cependant, les charges de l'occupation étrangère, loin de diminuer, augmentaient chaque jour.

La paix faite, beaucoup de militaires furent congédiés. On trouve, au registre des délibérations, la mention suivante :

« Liste nominative dressée dans les mois de 1816, des officiers et soldats retraités, domiciliés à Chalandry avec le montant de leur pension.

Vaillant Charles, sous-lieutenant	300 francs
Carlier Louis-Antoine, lieutenant	350 —
Lhôte Amand, brigadier	170 —
Gogart François, sergent	204 —
Lebrun Jean-Nicolas, fusilier	213 —
Létrichet Jean-François, fusilier	243 —
Barlois Jean-Charles, voltigeur	150 —
Dofémont Baptiste-Théodore, caporal	150 —
Vaillant Nicolas-Christophe, chasseur à cheval	150 — »

L'année 1817 fut meilleure. La culture reprit le dessus ; la nature plus clémente avait donné une bonne moisson. L'ennemi paraît d'ailleurs avoir évacué la contrée bien avant la Convention d'Aix-la-Chapelle (1818.)

V. — DE 1830 A 1870

RÉVOLUTION DE JUILLET 1830 ET AVÈNEMENT DE LOUIS-PHILIPPE ; LA GARDE NATIONALE. — RÉVOLUTION DE 1848 ; LE SUFFRAGE UNIVERSEL ; COUP D'ÉTAT DU DEUX-DÉCEMBRE. — LE SECOND EMPIRE.

La Révolution de juillet 1830 et l'avènement au trône du pacifique duc d'Orléans, sous le nom de Louis-Philippe 1er, semblent avoir été bien accueillis à Chalandry. Les principes libéraux du nouveau roi, les bonnes dispositions qu'il manifestait à l'égard du commerce et de la culture, paraissent en avoir été les causes premières. Toutefois, il ne s'est passé ici aucun fait digne d'être rapporté. Le Conseil municipal jura « *fidélité au roi des Français et obéissance à la charte constitutionnelle.* »

A cette époque, l'institution de la garde nationale reprit une nouvelle vie dans toute la France. En beaucoup d'endroits, même dans les petits villages, le zèle des citoyens qui en faisaient partie, rappelait les belles ardeurs de 1789. Chalandry suivit le mouvement, se conformant d'ailleurs en cela à une circulaire du préfet de l'Aisne du 10 septembre 1830. Le maire convoqua à la « maison commune les personnes inscrites au registre des susceptibles de faire partie de cette garde, pour procéder à l'élection des chefs de la compagnie. » A la majorité absolue des suffrages furent élus :

Capitaine : Balossier François-Nicolas, cultivateur ;
Lieutenant : Garot, propriétaire ;
Sous-lieutenant : Gauthier Athanase, tailleur d'habits ;
Sergent : Lhôte Pierre, propriétaire ;
Caporaux : Lanez François, manouvrier, et Dofémont Charles, tisserand.

La compagnie avait un effectif de 30 hommes ; elle faisait partie du bataillon de Crécy-sur-Serre.

La loi du 21 mars 1831 modifia la Constitution de l'an 8 ; elle conserva au Pouvoir central la nomination des maires et adjoints et laissa aux électeurs le choix des conseillers municipaux.

Le 24 février 1848 la deuxième République était proclamée et la Royauté « sous n'importe qu'elle forme abolie ». Le pays confiait le pouvoir législatif à une chambre unique et indissoluble, issue du suffrage universel direct, nommée Assemblée constituante et composée de 750 membres (4 mai 1848). Elle était assistée d'un Conseil d'Etat élu par elle. Le pouvoir exécutif appartenait à un président choisi dans les mêmes conditions, pour quatre ans.

L'une des causes du changement de gouvernement avait été la réclamation impérieuse de la réforme électorale, aussi, les 3-11 juillet 1848 l'Assemblée décréta-t-elle que le suffrage universel remplacerait désormais le suffrage restreint.

Il s'en suivit que le conseil municipal de Chalandry fut dès lors entièrement élu au suffrage universel. Le maire et l'adjoint étaient pris dans son sein (article 10) comme cela se pratique encore aujourd'hui.

On avait fixé au 10 décembre 1848 l'élection du président de la République. Deux candidats se trouvaient en présence : 1º le général Cavaignac, républicain sincère ; 2º et le prince Louis-Napoléon Bonaparte, fils de Louis Bonaparte, roi de Hollande et de Hortense de Beauharnais, neveu et héritier de Napoléon Ier. Ce dernier obtint une écrasante majorité. Le suffrage universel avait préféré à un républicain honnête et modéré, un prince qui par deux fois déjà avait essayé de renverser le gouvernement de Louis-Philippe. La République était fortement menacée. Le nom de Napoléon étant, en effet, resté populaire, beaucoup d'électeurs craignant pour leur tranquillité, si les républicains avancés et les socialistes arrivaient au pouvoir, avaient voté pour un Bonaparte, dans l'espoir de le voir devenir empereur et ainsi assurer la paix au pays.

Les conseillers municipaux prêtèrent alors serment d'après la formule suivante : « Je jure obéissance à la Constitution et fidélité au Président ».

L'Assemblée constituante ayant fait don à chaque commune de France d'un drapeau tricolore, le conseil municipal de Chalandry vota, le 12 décembre 1848, les frais nécessaires à son envoi. Ce drapeau existe encore. Il est grand, frangé et cravaté d'or. On l'arbore à la mairie, les jours de fête.

L'Assemblée législative remplaça la Constituante le 28 mai 1849. Composée en majorité de monarchistes, elle restreignit le suffrage universel, supprima la liberté de la presse et travailla à une Restauration monarchique. De son côté le président travaillait au rétablissement de l'Empire. Avec l'aide de l'armée ce fut ce dernier qui l'emporta. Le coup d'état du 2 décembre 1851, confirmé par le plébiscite des 21-22 décembre, même mois, lui donna la présidence décennale. C'était un acheminement vers l'Empire. Connaissant parfaitement les aspirations du pays, Louis-Napoléon Bonaparte répétait volontiers que « l'Empire c'est la paix » parole restée célèbre et que son règne devait cruellement démentir !

Le 7 novembre 1852 un sénatus-consulte rétablit la dignité impériale en faveur de Bonaparte. Un plébiscite le ratifia par 7.839.000 oui contre 253.000 non. Le président fut officiellement proclamé empereur des Français le 2 décembre suivant, sous le nom de Napoléon III. Il devait tomber avec la funeste guerre de 1870-1871.

Nous n'avons pu retrouver les résultats des différents plébiscites, pour Chalandry. Cependant tout nous fait croire qu'ils furent très favorables à Bonaparte.

Le changement de régime nécessita un nouveau serment. Le conseil municipal jura alors « obéissance à la Constitution et fidélité à l'Empereur. »

Les lois des 7 et 8 juillet 1852 et du 5 mai 1855 conféraient au préfet la nomination des maires et adjoints des communes ayant moins de 3.000 habitants. Comme pour les conseillers, leur mandat était de 5 ans.

1854-1855. — Guerre de Crimée. Siège et prise de Sébastopol par l'armée anglo-française, dont faisaient partie quatre Chalandréiens : Eugène Blondelle, Alexandre Gauthier, Etienne Hénon et Joseph Picon.

Les élections générales du mois de mai 1869 avaient démontré que l'opposition grandissait chaque jour. Paris commençait à s'agiter. Napoléon III fit alors élaborer par le Sénat, une Constitution bâtarde (20 avril 1870). Il la soumit ensuite à un plébiscite dont son gouvernement assura le succès par toutes espèces de manœuvres. On mettait les électeurs dans l'alternative d'approuver ladite Constitution ou de se jeter dans la Révolution et la Guerre. La veille du vote, on fit courir à dessein le bruit, qu'un vaste complot contre la vie de l'empereur, venait d'être découvert à Paris.

Il en résulta que la nouvelle constitution fut adoptée par 7.358.000 oui contre 1.571.000 non (8 mai). Nos villages se déclarèrent pour elle à la presque unanimité des suffrages.

VI. — GUERRE DE 1870-1871.

LA GUERRE ET L'OPINION. — OUVERTURE DES HOSTILITÉS ; PRINCIPAUX ÉVÉNEMENTS. — PROCLAMATION DE LA TROISIÈME RÉPUBLIQUE. — EXPLOSION DE LA CITADELLE DE LAON. — NOMS DES SOLDATS OU MOBILES DE CHALANDRY AYANT PRIS PART A LA GUERRE. — LA COMMISSION MUNICIPALE AVISE AU PAIEMENT PUIS AU REMBOURSEMENT DES RÉQUISITIONS, ETC.

Deux mois s'étaient à peine écoulés que le Gouvernement impérial déclarait la guerre à l'Allemagne (13-19 juillet). La nouvelle causa une profonde émotion dans la contrée.

« Devant l'inquiétude générale et la répugnance que montrait le pays à entrer dans la voie périlleuse des armes, on entreprit alors de lui persuader que c'était lui-même qui demandait la guerre et qu'en la déclarant, le gouvernement n'avait fait que céder à ses vœux. Les Conseils d'arrondissement se trouvaient à point réunis à ce moment : c'est à ces assemblées purement administratives et sans mandat politique, mais où les hommes dévoués au pouvoir étaient nombreux, qu'on demanda l'approbation de la politique impériale. Sous la pression préfectorale, le Conseil d'arrondissement de Laon votait le 18 juillet 1870, une adresse à l'Empereur, où on lisait cette phrase : *La cause que vous défendez, Sire, est celle de la grandeur et de la dignité françaises. Tous les cœurs sont avec vous et nous qui sommes les élus de cet arrondissement, nous croyons être ses fidèles interprètes auprès de V. M. en nous serrant autour d'Elle et en lui affirmant notre profond dévouement.* » (MELLEVILLE, *Dernier chapitre de l'Histoire de Laon. Récit de ce qui s'est passé dans cette ville et ses environs, avant et pendant l'occupation allemande.*)

La guerre déclarée, les soldats en congé et les hommes de la réserve habitant le département de l'Aisne, furent aussitôt appelés à Laon. « Le 18 juillet, ils s'y trouvèrent réunis en grand nombre ; mais bien que leur arrivée fût prévue et annoncée, rien n'était disposé pour les recevoir. A huit heures du soir, ils n'avaient pu obtenir encore ni un billet de logement, ni un morceau de pain. Le préfet et le maire étaient tout aussi introuvables que l'intendant militaire. » (MELLEVILLE, *loc. cit.*)

Cependant les hostilités étaient engagées. Nos troupes avaient passé la frontière et pris Saarbrück (3 août). Mais après ce semblant de succès, elles durent rentrer en France et laisser envahir le sol de la patrie. Les défaites se succédèrent rapidement (Wissembourg, Reischoffen, Forbach). L'armée principale, bloquée sous les murs de Metz, y livra de glorieux mais inutiles combats (Gravelotte, Saint-Privat, 16-18 août). Les nouvelles qui arrivaient jetaient partout la stupeur. Les esprits étaient agités par les sentiments les plus divers. Placés entre la confiance et le découragement, ils finirent par attendre passivement les évènements.

« L'organisation de la garde mobile venait d'être décrétée (août 1870). Les jeunes gens des cantons de La Fère, Crécy, etc., destinés à cette arme, furent convoqués à Laon le 14 août au nombre de 1.500 à 1.600. Rien n'avait été préparé pour les recevoir. Il leur fallut coucher à la belle étoile : heureusement le temps était superbe. Quant à leur nourriture ils durent y pourvoir eux-mêmes, au moyen d'une solde de 20 sous par jour que chacun d'eux reçut ». (MELLEVILLE, *loc. cit.*)

18 août. — Arrivée de 300 blessés français à Laon, où ils devaient être hospitalisés.

20 août. — Le général Thérémin d'Hame prend le commandement de la subdivision militaire de l'Aisne.

28 août. — A la nouvelle des premiers désastres de nos armées, le conseil municipal de Chalandry se réunit en session extraordinaire et vote une somme « de deux cents francs pour les militaires blessés. »

2 septembre. — Capitulation de Sedan où l'empereur est fait prisonnier avec 80.000 hommes. Parmi ces infortunés, figurait un concitoyen, Eusèbe Blondelle, combattant de Bazeilles.

5. — Le 13ᵉ Corps d'armée, commandé par le général Vinoy, n'ayant pu rejoindre à temps l'armée de Mac-Mahon à Sedan, arrivait, venant de Marle, par la route de Crécy. Il traînait à sa suite un matériel de guerre considérable et des chariots entiers de soldats blessés ou éclopés. L'armée campa sous les murs de Laon. « L'aspect de ces troupes n'était pas fait pour ramener la confiance, car le désordre qui régnait dans leurs rangs, donnait à leur marche l'aspect d'une déroute bien plutôt que celle d'une

retraite régulière. C'est que peu de jours avaient suffi pour jeter la démoralisation parmi elles, et l'indiscipline y avait fait de tels progrès que beaucoup de ces soldats égarés refusaient d'écouter la voix de leurs chefs. A quoi tenait cet état de choses ? A plusieurs causes, sans doute ; mais l'impopularité de cette guerre et la répugnance qu'elle inspirait généralement, en étaient assurément les principales. » (MELLEVILLE, *loc. cit.* p. 23.)

La majeure partie des habitants de Chalandry allèrent voir passer cette troupe sur la route de Crécy à Laon. Ils s'y rendirent d'autant plus volontiers qu'elle comprenait plusieurs enfants du village entre autres Eugène Blondelle et Hubert Sourdain qui furent plus tard au siège de Paris.

4 septembre. — Proclamation de la troisième République.

6 septembre. — Le général Vinoy quitte Laon avec toutes ses troupes, laissant la ville sans défense.

9 septembre. — Capitulation de Laon et explosion de la citadelle. La détonation, formidable, fut parfaitement entendue de Chalandry peu après midi. Les habitants se demandèrent si c'était le commencement d'une bataille dans les environs, car ils savaient que les Allemands poursuivaient de près le Corps du général Vinoy. D'un autre côté, l'ennemi était signalé depuis quelques jours à l'Est de Laon. La vérité fut bientôt connue.

Le général Thérémin d'Hame, commandant de cette place, s'était réfugié avec ses troupes dans la citadelle, abandonnant pour ainsi dire la ville même. La garnison n'était composée que de 650 hommes de la garde nationale, d'environ 1.500 mobiles et de quelques soldats convalescents récemment sortis des hôpitaux ; le tout mal armé et peu discipliné. Près de 200 mobiles furent tués dans la catastrophe et 150 blessés.

Chalandry y fut atteint dans plusieurs de ses enfants ; on compta, en effet, au nombre des morts Narcisse Lambert et Aubin Turquin. Parmi les autres mobiles, sortis plus ou moins indemnes de l'épouvantable explosion, citons : Alphonse Blondelle grièvement blessé, Gustave Carlier, atteint d'une balle prussienne, Théophile Blondelle, Emile Carlier, Alphonse Enseret, Cléophas Lambert, Virgile Lanez, Charles Poindron, Louis Turquin, Désile Vaillant, Isidore Varlot et d'autres venus depuis se fixer dans la commune, Emile Demay, Prudent Genaille et Jules Poignant.

Les soldats tués, non reconnus et non réclamés par leur famille, furent inhumés dans une fosse commune au cimetière de Laon. Depuis on y a élevé un monument commémoratif, où chaque année, au jour anniversaire, ou plus exactement au dimanche suivant, se rend en foule, la population de la ville et de la région, se recueillant dans une cérémonie émue et patriotique.

Les ennemis, maîtres de Laon, envoyèrent tous les jours, des détachements dans les villages de la contrée, pour opérer des réquisitions et désarmer les gardes nationaux ainsi que les pompiers.

C'est vers cette époque que l'ennemi se présenta pour la première fois à Chalandry, sous la forme de 6 uhlans. Ils arrivèrent un dimanche soir, par le chemin de Crécy et entrèrent dans le village par les jardins de l'ancienne maison Poquet (à l'ouest de la commune). Après avoir traversé Chalandry, pistolet au poing, sans rien demander, ils prirent le chemin de Barenton-sur-Serre. Ils étaient ivres et se chamaillèrent à la sortie du village. La population les regarda avec curiosité. Elle ne leur fit pas de mauvais parti, probablement dans la crainte de représailles.

20 septembre. — Décret du Gouvernement de la Défense nationale prononçant la dissolution des conseils municipaux et prescrivant de nouvelles élections. Il y était dit notamment : 1° que la liberté des électeurs n'existant pas dans les communes dépendant des pays occupés par l'ennemi, elles seraient provisoirement administrées par une commission municipale, composée des trois premiers conseillers inscrits au tableau ; 2° et que ceux-ci pourraient s'adjoindre, s'ils le jugeaient nécessaire, une ou plusieurs personnes prises dans le sein de l'ancien conseil ou en dehors.

30 septembre. — Arrêté préfectoral concernant l'organisation et les attributions des commissions municipales provisoires.

6 octobre. — Installation de la commission municipale de Chalandry qui était composée de :

M. Turquin Charles-François-Elzéar, président ;
M. Levent Remy-Félix-Alexis, vice-président ;
Et M. Brucelle Edmond-Léonard, secrétaire.

15 octobre. — Capitulation de Soissons.

16 octobre. — Aussitôt leur arrivée, les ennemis frappèrent le département de l'Aisne d'une amende d'un million, sous prétexte d'indemniser les Allemands expulsés de France, après la déclaration de guerre. La portion à la charge de la commune de Chalandry fut de 767 francs.

21 octobre. — Reddition de Saint-Quentin.

27 octobre. — Capitulation de Metz où furent faits prisonniers de guerre 175.000 hommes au nombre desquels se trouvaient Octave Levent, Eugène Lamotte, Charles Sébastien, Carlier aîné, Fleury Picon, tous de Chalandry.

31 octobre. — Chaque commune du département de l'Aisne reçoit l'ordre d'avoir à s'abonner au *Moniteur officiel allemand* publié en français à Reims, siège du quartier général ennemi pour la contrée (Aisne, Ardennes, Marne et Seine-et-Marne) et d'en payer sous huitaine le prix d'abonnement fixé à 16 francs par an, sous peine d'une amende de 30 à 200 francs.

4 novembre. — La commission municipale, assistée des notables habitants, décide à l'unanimité que toutes les réquisitions faites et à faire dans le village, pour le service de l'armée allemande, seraient supportées par la commune. Il devait être tenu note à la mairie de toutes ces dépenses.

Chalandry ne se trouvant pas sur les principaux passages des Allemands n'en logea que deux ou trois fois. Les Français y cantonnèrent à peu près autant de fois.

26 novembre. - Capitulation de La Fère.

8 décembre. — Réquisition au nom des autorités prussiennes de 12 chevaux et de 6 hommes, pour transporter le lendemain des munitions de Laon à Soissons.

19 décembre. — Bombardement de Marle.

19 janvier 1871. — Bataille de Saint-Quentin à laquelle prirent part Constant Lanez, Théophile Lambert et Adonis Turquin.

28 janvier. — Capitulation de Paris où se trouvèrent, avec les 3 Chalandréiens derniers nommés, Eugène Duplessis, Pierre

Hénon, Hubert Sourdain, Eugène Blondelle et Emile Vaillant (ces deux derniers sont morts à Paris pendant le siège.

D'autres enfants de Chalandry ont pris part à la guerre de 1870-1871. Ce sont Arthur Midelet (Armée de la Loire); Théophile Blondellé, Edouard Degoix, Eusèbe Hénon, Victor Lebrun, Edouard Sérusier, envoyés avec les jeunes recrues de la classe de 1870 à Cambrai et à Lille (Armée du Nord).

1er février. — Signature de l'armistice ; elle n'arrête pas les réquisitions militaires.

12 février. — Réunion de la commission municipale de Chalandry, à l'effet d'aviser aux moyens de payer les réquisitions en argent, imposées par l'ennemi. La délibération a lieu en présence des notables habitants et des plus haut imposés. Le président y rappela : 1° que la contribution de guerre dite du *million* (*voir suprà 16 octobre*) avait été payée au moyen d'un emprunt contracté au « citoyen Philippe-Charles Lefèvre » ; 2° que la deuxième réquisition dite *des trois douzièmes de 1870* qui s'était élevée à 1.607 francs par mois avait été fournie par les habitants par voie de répartition proportionnelle, basée sur les quatre contributions directes ; 3° et qu'il venait d'être infligé au village, une *troisième réquisition en argent pour* 1871, payable par douzième, se montant à 2.410 francs par mois, somme évidemment exagérée. Il ajouta que les habitants épuisés par les exactions précédentes et par le paiement de *l'impôt français* qui continuait à être perçu ne pouvaient plus y suffire. En conséquence, il proposa à l'assemblée, de décréter que les contribuables n'auraient à supporter par mois que la somme de 1.607 francs, ci-dessus, et que le surplus serait couvert par un emprunt communal amortissable, avec intérêt à cinq pour cent l'an, aussitôt le rétablissement de la paix. Proposition adoptée.

14 février. — Contribution prussienne de 355 francs.

26 février. — Signature des préliminaires de paix.

12 mars. — La commission municipale fait la récapitulation des mémoires présentés par les habitants de Chalandry qui ont fait des avances, pour le compte de la commune, afin de répondre à certaines réquisitions de l'autorité prussienne, dans les derniers mois de 1870. Le total s'est élevé à 916 francs 90. Il a été décidé

que cette somme serait payée aux ayants droit aussitôt que la commune connaîtrait la situation de ses finances.

10 mai. — Signature de la paix de Francfort.

25 juin. — Réunion du conseil municipal nouvellement réorganisé. M. Turquin, maire, ancien président de la commission provisoire y fit connaître que les 916 francs 90 ci-dessus avaient été payés par la commune, sur la somme de 1.900 francs, formant l'objet d'un boni, provenant de la vente des herbes de 1871.

Il rappela ensuite que suivant délibération du 12 février précédent il avait été autorisé à contracter différents emprunts dans le but de faire face aux contributions de guerre en sus de la somme de 8.035 francs, que les habitants avaient eu à supporter pour le paiement de la réquisition dite des 3/12, (5 mois à 1.607 francs l'un.) Il a emprunté dans ces conditions à :

MM. Lefèvre Philippe-Charles de Chalandry. . 767 francs.
    Blain André-Clovis,   d° . . 1.155 —
    Turquin Ernest, avocat à Paris. . . . . . 806 —

                                    Ensemble . . 2.728 —

(Approuvé.)

Cette somme a été remboursée avec le produit d'une vente d'arbres appartenant à la commune.

Le même jour, le conseil a décidé l'achat de 32 képis pour la garde nationale, moyennant 110 francs 25. La compagnie ne fut jamais organisée.

24 octobre. — Les dernières troupes allemandes quittent définitivement Laon, à la très grande satisfaction des habitants de la région.

29 Juin 1873. — Le conseil municipal admet le **mode de** remboursement proportionnel des impôts allemands sur l'application du marc-le-franc étant de 2,53 pour cent ; 5.855 francs sont ainsi remboursés.

CHAPITRE V

Statistiques.

I. — POPULATION. — CHEMIN DE FER. — POSTES

HYGIÈNE.

§ 1er. — POPULATION DU VILLAGE A DIFFÉRENTES ÉPOQUES.

§ 2. — CHEMIN DE FER DE LA VALLÉE DE LA SERRE ; SA CONSTRUCTION ; VENTE PAR LA COMMUNE ; INAUGURATION ; LOCALITÉS DESSERVIES, ETC.

§ 3. — SERVICE DES POSTES ; TÉLÉPHONE.

§ 4. — HYGIÈNE ET SALUBRITÉ PUBLIQUES.

§ 1er. — Le recensement de la population de la commune du 24 mars 1901 donne les résultats consignés au tableau suivant :

| | NOMBRE DE | | | | |
NOMS DES RUES	maisons	ménages	individus	français	étrangers
De Barenton-sur-Serre............	10	9	27	27	»
Crécy.....................	5	5	15	15	»
Laon.....................	8	8	29	29	»
d'En-Bas..................	10	10	34	34	»
du Carrefour...............	19	17	46	46	»
du Pont	11	9	22	22	»
du Presbytère	18	15	63	63	»
du Moulin	14	12	36	36	»
de la Chapelle..............	2	1	6	6	»
(ruelle) Balossier...........	5	5	15	15	»
de l'Eglise................	8	6	20	20	»
du Parvis.................	11	12	29	29	»
(ruelle) Janot..............	6	5	22	22	»
Totaux............	127	114	364	364	»

Treize maisons sont abandonnées et tombent en ruines !

Ce nombre de 364 habitants est le plus bas de ceux mentionnés par les différents recensements opérés depuis 1789. En outre des résultats constatés précédemment, dans l'étude des différents cimetières, voici quelques renseignements complémentaires sur la population de la localité à diverses époques :

1720. — 64 feux (1) ou 256 habitants (HIPPOLYTE SAUGRAIN, *Dénombrement de la France*). — 1745 ; 80 feux, 327 habitants. — 1760 ; 76 feux ou 286 individus : Culture, 14 charrues de terre (1.400 arpents), 180 arpents de prés, 20 arpents de jardinage (MELLEVILLE, *Dictionnaire historique du département de l'Aisne*). — 1787 ; 103 feux (A. A. H, 54.). — 1791 ; 445 h. (A. Cr.)

---

(1) Le mot *feu* dont on se servait alors équivalait à celui de *ménage* d'aujourd'hui, ordinairement on comptait 4 personnes par feu : le mari, la femme et deux enfants.

Au 1er vendémiaire an 9 (1800), 475. - 1813 ; 512. - 1814 ; 520. - 1815 ; 519. - 1816 ; 523. - 1818 ; 512. - 1820 ; 499. - 1821 ; 514. - 1823 ; 530. - 1824 ; 538. - 1826 ; 553. - 1827 : 546. - 1830 ; 528. - 1836 ; 528 h.

Dénombrements quinquennaux : 1846 ; 556. - 1851 ; 544. - 1856 ; 511. - 1861 ; 512. - 1866 ; 477. - 1871 ; 480. - 1876 ; 472. - 1881 ; 423. - 1886 ; 404. - 1891 ; 400. - 1896 ; 386. - 1901 ; 364 h.

Comme on le voit, le maximum d'habitants a été atteint en 1846 avec le nombre de 556. Au 24 mars 1901 il n'était plus que de 364, soit une énorme différence en moins de 192. Le maximum ci-dessus constaté correspond à l'époque où l'agriculture était la plus florissante. Elle attirait ou retenait beaucoup de bras, ce qui eut pour résultat direct de faire augmenter le prix des terres, fermes et locations. Le lecteur se rendra facilement compte du mouvement de la population, pendant le 19e siècle, en consultant le tableau ci-après, dressé d'après les tables décennales des actes de l'Etat-Civil.

PÉRIODES DÉCENNALES	NAISSANCES	MARIAGES	DÉCÈS	RECONNAISSANCES
1803—1812	168	41	127	0
1813—1822	229	82	172	0
1823—1832	198	42	168	0
1833—1842	185	106	123	0
1843—1852	185	53	148	2
1853—1862	142	76	159	0
1863—1872	115	53	107	3
1873—1882	131	33	115	1
1883—1892	80	36	105	3
1893—1902	109	35	101	2

§ 2. — Les riches sociétés sucrières, l'industrie, l'agriculture, le commerce et les habitants de la contrée, encore privés de chemin de fer, avaient, depuis le milieu du 19e siècle, formé le projet d'en construire un. Le 28 février 1876, eut lieu à la mairie de Crécy une première assemblée générale d'actionnaires pour arriver à la constitution définitive d'une société répondant à ce désir. Elle prit pour titre : « Société anonyme du Chemin de fer de Crécy-Mortiers à la Fère, par la Vallée de la Serre. »

Un décret signé à Versailles par le maréchal de Mac-Mahon, président de la République, le 6 février 1877, inséré à l'*Officiel* du samedi 17 février, même mois, reconnaissait d'utilité publique une voie ferrée d'intérêt local qui se détacherait à la gare de Crécy-Mortiers (aujourd'hui Dercy-Mortiers) de la ligne de Laon à Hirson et aboutirait à La Fère par Versigny, en suivant la rive gauche de la Serre. La ligne devait être livrée à l'exploitation dans un délai de quatre ans. Les travaux menés avec une grande vigueur étaient terminés en novembre 1879.

Pour l'établissement de la gare de Chalandry et de ses dépendances, la commune vendit à la Compagnie 1 hectare 49 ares 50 centiares de pâture, lieudit *Derrière le Moulin*, moyennant le prix principal de 11.000 francs (acte de M° Lécuyer, notaire à Crécy, du 21 octobre 1880). Dans sa séance du 17 novembre 1874, le conseil municipal avait voté une somme de 8.500 francs en faveur dudit chemin de fer; elle fut prélevée sur le prix de vente ci-dessus.

La ligne fut inaugurée solennellement le 11 novembre 1879, en présence d'une affluence considérable d'intéressés et de curieux. Prirent part à cette fête M. le Préfet de l'Aisne avec son secrétaire général et M. Baillet, conseiller de préfecture; M. Fouquet, député de la circonscription; plusieurs membres du conseil général et du conseil d'arrondissement; M. Turquin-Brucelle, président du conseil d'administration et maire de Chalandry, les industriels, fabricants de sucre et cultivateurs de la région, MM. Mazurier, Jadas, Viéville, Luzin, etc.; et enfin l'excellente musique de l'Ecole d'artillerie de La Fère.

Un train spécial préparé à Versigny, tête de ligne, attendait les invités venant de Laon, de Paris, de Saint-Quentin, de La Fère, etc. La machine avait été spécialement décorée pour la circonstance. Un magnifique bouquet se détachait sur la cheminée, et au milieu de drapeaux aux couleurs nationales, on lisait, sur un cartouche : « A MM. les Administrateurs de la Vallée de la Serre. — Agriculture. — Industrie. » Le train s'arrêta à chacune des stations jusqu'à Crécy. A toutes il rencontra, au milieu d'un grand concours de population les autorités, conseillers municipaux, fonctionnaires, sapeurs-pompiers, etc.

On arriva à Crécy exactement à onze heures du matin. Après les discours d'usage et la bénédiction d'une machine par Mgr Thibaudier, évêque de Soissons, tout le cortège officiel fit une courte excursion en chemin de fer jusqu'à la station de Chalandry. A midi et demi on était de retour à Crécy, où eut lieu un grand banquet servi dans les annexes de la gare et présidé par M. le Préfet.

La longueur exploitée est de 21 kilomètres. La ligne dessert les gares de Dercy-Mortiers, Chalandry, Crécy-sur-Serre, Pouilly (port-sec), Pouilly (Nord), Assis-sur-Serre, Remies, Pont-à-Bucy, Nouvion-le-Comte, Anguilcourt-le-Sart et Versigny (La Fère).

La gare de Chalandry, entièrement construite en bois, ayant été jugée trop petite et incommode, on vient d'en édifier une nouvelle en briques et bois plus spacieuse et mieux disposée pour le service (1902).

§ 3. — Le bureau de poste est à Crécy-sur-Serre. Un facteur passe chaque jour à Chalandry vers 7 heures du matin l'été et 8 heures l'hiver. Il dessert en même temps Barenton-sur-Serre et fait la levée de la boîte aux lettres en revenant de cette commune entre onze heures et midi, suivant la saison. L'expédition des lettres est facilitée par le chemin de fer de la Vallée de la Serre qui les prend à 11 heures du matin et à 6 heures du soir.

Il vient d'être sérieusement question d'installer ici une cabine téléphonique publique, comme c'est déjà fait dans plusieurs communes voisines. Nous souhaitons vivement que ce beau projet aboutisse au plus tôt, le téléphone rendant partout de nombreux services.

§ 4. — Un arrêté du maire du 10 février 1901 prescrit, à tous propriétaires ou locataires d'immeubles urbains, le balayage, chaque dimanche, des rues pavées et empierrées, se trouvant au-devant d'eux. L'opération est faite par moitié, c'est-à-dire que chaque famille nettoie de son côté, à partir du milieu de la chaussée. Du 1er octobre au 1er mars, le balayage doit être terminé à neuf heures du matin et à huit heures le reste de l'année.

II. — AGRICULTURE, COMMERCE ET INDUSTRIE

§ 1er. — CULTURES ANCIENNES ET MODERNES ; LE ROUTOIR ; LES CÉRÉALES ; ANCIENS MOULINS. — ASSOLEMENTS.

§ 2. — LE SOL ; FUMIERS, ENGRAIS ET AMENDEMENTS.

§ 3. — MACHINES AGRICOLES, PLANTES CULTIVÉES. — ANIMAUX ET INSECTES UTILES OU NUISIBLES ; RUCHERS ; SYNDICATS DU HANNETONAGE.

§ 4. — LA CHASSE ; SOCIÉTÉ DES CHASSEURS DE CHALANDRY ; « L'OUVERTURE ». — LA PÊCHE.

§ 5. — ÉCOULEMENT DES PRODUITS. — COMICE AGRICOLE DE MARLE, NOMBREUX OUVRIERS PRIMÉS ; LIVRET DE DOMESTIQUE ET USAGE LOCAL. — SITUATION MORALE DE L'AGRICULTURE A LA FIN DU SIÈCLE DERNIER ET DE NOS JOURS.

§ 6. — COMMERCE ET INDUSTRIE. — MINOTERIE DE M. J. POIGNANT.

§ 1er. — Chalandry a été de tout temps un pays essentiellement agricole (*voir suprà*).

La vigne y fut cultivée notamment sur les versants les mieux exposés des *Montagnes ;* le lieudit *les Vignettes* en témoigne, ainsi que *le Chemin des Vignes*, situé *Derrière les deux Monts*. Elle a été arrachée vers 1564 et non replantée depuis (*suprà*, l. 1er, ch. 5, § 3.)

Le lin et le chanvre y furent également cultivés avec profit. Un lieudit s'appelle encore actuellement *les Champs aux Lins*.

Le chanvre fournissait la filasse que bon nombre d'habitants tissaient l'hiver, chez eux, à l'aide de métiers spéciaux. Beaucoup étaient arrivés à fournir un travail irréprochable. La toile était utilisée aux besoins du ménage et le surplus vendu sur les marchés de Crécy-sur-Serre, de Marle et de Laon. Cela dura jusqu'à l'apparition des métiers mécaniques. Pour la préparation du chanvre, on construisit *le Routoir*, dont il va être question.

Le chanvre était surtout cultivé dans *les Bassières*. Les terres où il croissait s'appelaient « chènevière ». Il fallait qu'elles soient de bonne qualité. Conformément à une délibération du conseil municipal du 23 avril 1857, approuvée par M. le Préfet le 25 du même mois, la commune fut d'avis de faire construire un bassin destiné à « rouir » le chanvre. Suivant procès-verbal administratif du 3 mai 1857, Pierre-Sévère Barloy, entrepreneur à Barenton-sur-Serre, fut proclamé adjudicataire des travaux, moyennant la somme principale de 700 francs. Ces travaux furent reçus suivant procès-verbal du 2 mars 1858. Ledit bassin est situé dans la prairie communale de *Derrière les Aulnes* sur le côté droit et tout le long du chemin de Chalandry à Mortiers. Il a une longueur de 530 mètres, sur une largeur au plafond de 3 mètres et une profondeur moyenne de $0^m 71$; les talus sont inclinés à 45 degrés. Il est alimenté par l'eau de la Souche qui y est amenée par une rigole et une vanne situées au coude de la rivière, près le passage à niveau du Chemin de fer de la Vallée de la Serre, vers Mortiers. Après avoir traversé *le Routoir*, cette eau est rendue à la rivière par une autre rigole aboutissant au *Pont des Vaches*. Ce bassin existe encore ; il sert d'abreuvoir aux bestiaux en pâture.

On cultivait autrefois sur le terroir les mêmes céréales qu'aujourd'hui. Elles étaient généralement converties en farine sur place.

Il y eut ici jusqu'à quatre moulins « faisant de blé farine ». Celui dont les titres sont les plus anciens, appartenait à l'abbaye de Saint-Jean de Laon et s'élevait sur la rivière à l'emplacement du moulin actuel. Il en a été question à plusieurs reprises (pages 57, 59 et 186).

Un document sans date, de l'écriture du 14ᵉ siècle, existant aux *Archives nationales*, P, 134, fait aussi mention d'un autre moulin qui était possédé par le Chapitre de la Cathédrale de Laon [1]. Il était situé au point où la *Voye de Mortiers* traversait la rivière (*suprà*, p. 34 et 82). Il n'existait plus au 16ᵉ siècle. Quand les eaux sont basses, on voit encore quelques vestiges ayant appartenu soit à cette construction, soit au pont qui le touchait.

---

[1] « ...Item ..... à Chalendry ... (nous avons) 80 chappons et 8 gélines (poules), ung moulin bannier et aucuns prez qui peut valoir 60 sols. » (*Dénombrement général des Biens du Chapitre.*)

Enfin, à une époque beaucoup plus récente, deux moulins à vent furent construits, l'un sur le plateau de la *Grande-Montagne*, l'autre à gauche du chemin de Chalandry à Barenton-Cel, au sommet du *Blanc-Mont*. Le premier fut incendié dans la nuit du 1ᵉʳ au 2 novembre 1828.

Le second qui lui est postérieur, ne subsista que quelques années. Le canton sur lequel il était édifié, porte encore aujourd'hui le nom de *Risque-Tout*, à cause de la conduite aventureuse du meunier qui, ayant « risqué tout son bien » dans cette entreprise, n'eut pas la chance de réussir.

L'assolement autrefois adopté pour *les Champs*, était l'assolement triennal dans toute sa simplicité : 1ʳᵒ année, céréale d'hiver ; 2ᵉ année, céréale de printemps ; 3ᵉ année, jachère. Dans la sole en jachère, on voyait quelques rares champs de trèfle ou de pommes de terre, et dans les emblavures de céréales de printemps, quelques pièces de luzerne ou de sainfoin. Les terres fumées tous les six ans environ donnaient de bons rendements.

On pratiquait alors le système de culture *extensif*, c'est-à-dire celui où ce sont les agents naturels, comme le sol, le climat et les agents mécaniques ordinaires peu perfectionnés, qui concourent à la production.

Les Bassières n'étaient pas soumises à la jachère, ni aux soles on y cultivait les céréales, les légumineuses, le chanvre, le lin: l'œillette, le colza et surtout les prairies naturelles.

Depuis un demi-siècle environ, l'agriculture a fait dans la région de grands progrès ; on peut même dire qu'elle est sortie de l'ornière de la routine. Les nouveaux cultivateurs, se pénétrant des savants ouvrages des divers publicistes ruraux modernes, suivent maintenant la vraie voie culturale, la voie scientifique, faite de théorie et de pratique. A Chalandry, M. E. Walbaum sort de l'Ecole nationale d'Agriculture de Grignon ; MM. R. Levent et E. Brancourt sont décorés du Mérite agricole.

La système de culture actuellement en vigueur sur le terroir est celui dit *intensif*, c'est-à-dire avec une grande main-d'œuvre et des instruments très perfectionnés où dominent les forces physiques, comme les engrais et les amendements. On dépense ainsi beaucoup par hectare pour dépenser peu par quintal de grains ou par 1.000 kilos de betteraves.

Comme système économique c'est celui *des produits mixtes* qui y est aujourd'hui adopté ; c'est-à-dire qu'on élève des animaux pour vendre à la boucherie et pour faire le fumier, en même temps qu'on produit des céréales et des racines.

Pour appliquer convenablement le système de culture intensif au système économique mixte, il faut de 500 à 600 francs par hectare ; une charrue-brabant et 4 chevaux par 25 hectares.

Cette nouvelle méthode de culture a donné naissance à l'assolement quadriennal : 1ʳᵒ année, récolte sarclée sur fumier de ferme (betteraves ou pommes de terre); 2° année, céréale d'hiver avec semailles de trèfle ou autre « vivre » ; 3ᵉ année, luzerne, trèfle, sainfoin ou légumineuse ; 4° année, céréale de printemps (avoine, orge, etc.)

§ 2. — L'épaisseur de la couche du sol végétal est assez variable; celle de la couche du sol arable est en moyenne de 16 à 22 centimètres. Le sous-sol est généralement calcaire, cailouteux ou siliceux. Nous renvoyons, pour le surplus, au livre préliminaire du présent travail (*Géologie*).

On comprend bien ici que le fumier de ferme, formé des déjections solides et liquides des animaux et de paille ou litière, dont le mélange a subi une fermentation plus ou moins longue, est le premier des engrais par sa quantité et par sa qualité. Mais ce que l'on ne comprend pas du tout, c'est que le purin en constitue la meilleure partie. Il est, en effet, essentiellement formé d'urine, ce qui lui donne en moyenne une valeur 2 ou 3 fois plus considérable que les déjections solides qui sont, il est vrai, 2 ou 3 fois plus riches que les litières. Ce qui revient à dire que le purin qu'on laisse écouler dans les rues, est environ de 4 à 6 fois plus riche que les pailles, que l'on recueille avec soin !

Pour compléter le fumier de ferme, ou pour y suppléer, on emploie les engrais du commerce.

Comme engrais organique on se sert un peu de guano, de résidus de poisson de mer, de sang et viande desséchés, de déchets de laine, etc.

Il y a une trentaine d'années, chaque ferme, même de moyenne importance, avait son troupeau de moutons, dont les parcages agissaient comme engrais, mais surtout comme amendement. L'élevage du mouton est complètement abandonné depuis près de 20 ans, en raison surtout d'une terrible maladie, *le charbon*, vulgairement appelée *sang de rate* et par suite aussi de la culture intensive.

On donne le nom d'*amendement* à toutes les matières fertilisantes qu'on ajoute au sol, pour en corriger ou en atténuer sérieusement les défauts. A Chalandry on se sert surtout d'amendements calcaires, c'est-à-dire de la chaux ou de la marne, qui s'emploient sur les terrains argileux ou siliceux. La dose ordinaire de chaux est d'environ 25 hectolitres par hectare et celle de marne environ dix fois plus forte. La chaux et la marne en se combinant avec l'acide tannique ou gallique du sol en détruit l'acidité, si redoutable pour le blé et le trèfle. On rencontre souvent sur le terroir, d'anciens trous à marne, mal comblés, qui ont déjà donné lieu à des accidents de chevaux. On se sert encore comme amendement de défécations de sucrerie, qu'on charrie l'hiver.

§ 3. — On fait usage de tous les instruments perfectionnés, sauf de la charrue à vapeur.

On cultive : 1º Dans les *Champs* : beaucoup, le blé, la betterave et les prairies artificielles ; un peu, le seigle, l'hivernache et l'avoine ; très peu, l'orge, le maïs, le sarrazin, la féverolle, le lin et la pomme de terre.

2º Dans les *Bassières* : les prairies naturelles, plantées ou non de peupliers et de pommiers, les céréales et la betterave.

3º Et dans les jardins : les arbres fruitiers (pommiers, poiriers, pêchers, abricotiers, cerisiers, pruniers, noisetiers, la vigne en treille, etc.). Le terrible hiver de 1879-1880 a fait périr la plus grande partie des arbres alors existants. Ils ont été remplacés depuis. On cultive également les légumes ordinaires.

En résumé, toutes les plantes utiles ou nuisibles, composant la flore de la région de Paris, poussent ici : il n'est pas nécessaire de les énumérer plus longuement.

Il y a environ un demi-siècle, tous les cultivateurs de la commune élevaient eux-mêmes, chaque année, le nombre de chevaux nécessaires au remplacement de ceux qui allaient être hors d'usage. Ils en livraient même un certain nombre au commerce. Cet élevage ne se fait plus ; il faut en attribuer la cause au nouveau mode de culture adopté qui demande l'emploi continuel de tous les chevaux et ne permet plus de laisser inactive la jument en état de gestation, ou nourrissant son poulain.

Les bœufs sont employés concurremment avec les chevaux, aux travaux des champs. Ils viennent du Nivernais, de la

Champagne et de la Côte-d'Or. Après avoir travaillé plusieurs années, on les engraisse pour ensuite les vendre à la boucherie.

Les vaches ne sont généralement pas de race pure ; elles sont, le plus souvent, le produit du croisement de la race picarde, flamande, normande et hollandaise avec des reproducteurs divers. On les élève presque toujours dans le village.

Chaque ferme fait les porcs nécessaires à sa consommation et en vend quelques-uns à la charcuterie.

L'Apiculture, cette industrie charmante à la portée de tous, qui nous donne la plus saine et la plus agréable des nourritures le *miel*, la boisson la plus hygiénique et la plus naturelle l'*hydromel*, a été pratiquée de longue date à Chalandry.

Les anciens *cultivateurs d'abeilles*, qu'on dénommait *mouchetiers* ou *mouchiers*, se servaient de *paniers* dits *ruches vulgaires*, construits en paille ou en osier tressé. Ils obtenaient des récoltes médiocres en employant un système aujourd'hui condamné, consistant à *étouffer* les *mouches*, en brûlant du soufre, afin de s'emparer des *rayons* pour en extraire le miel par la pression ou la chaleur. Ces coutume barbare et routine vicieuse qui consistaient à détruire pour amasser, à briser la *cire* pour avoir le miel, alors que les abeilles et les rayons tout construits sont si importants au moment de la *miellée* pour la prospérité de la *colonie*, sont actuellement abandonnées.

Parmi les anciens ruchers aujourd'hui disparus, nous pouvons citer ceux des familles Dufour, Lhôte et Blondelle-Riche.

En 1892 une association appelée « Société d'Apiculture et d'Insectologie agricole du département de l'Aisne » fut créée à Laon dans le but, disent les statuts : « 1º de seconder le développement des progrès de l'Apiculture dans ce département et de vulgariser les bonnes méthodes sans distinction d'écoles ; 2º d'étudier les insectes utiles et nuisibles au point de vue agricole ». M. E. Brancourt en fut l'un des fondateurs. Depuis cette époque la culture des abeilles a pris une grande extension dans notre région ; il a été établi à Chalandry plusieurs *apiers* garnis de *ruches à cadres mobiles* construites d'après les derniers perfectionnements de l'art apicole (1). Citons ceux de M. E. Brancourt,

---

(1) Les cadres mobiles permettent d'extraire le miel sans faire mourir les abeilles et sans détruire leurs constructions, qui peuvent ainsi servir pendant plusieurs années. L'extraction se fait au moyen d'une turbine.

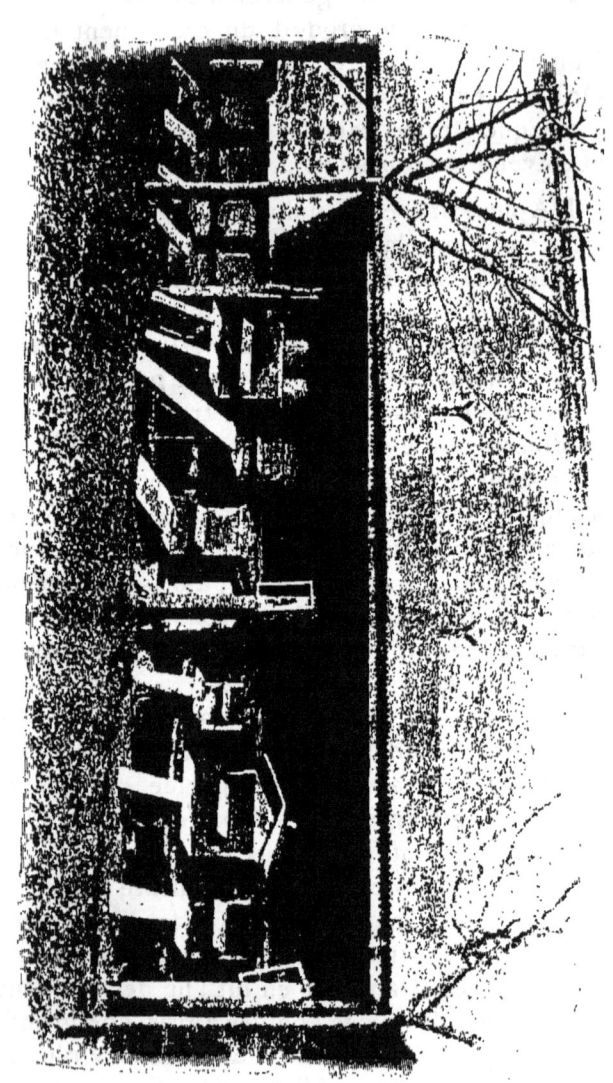

Cliché F. Barnaud, photog., édit, Laon.

RUCHER DE M. E. BRANCOURT

PLANCHE VI

de M. Vernhet et de M. Emile Demarisse, dont les possesseurs sont membres de la Société de l'Aisne. De plus, M. E. Brancourt est président et M. Vernhet, vice-président de la section d'Apiculture du canton de Crécy-sur-Serre.

M. E. Brancourt s'est occupé particulièrement de la transformation du miel en *hydromel*; depuis dix ans il a fait des essais et de nombreuses recherches qui l'ont conduit au succès. Aussi, il obtint de nombreuses récompenses dans les Concours de la Société de l'Aisne, dans les Comices ainsi que dans les Concours régionaux et généraux. Il fut notamment lauréat du Concours régional agricole de Soissons (1896) et du Concours général de Paris (1897).

En 1899 le Jury du Concours général de Paris lui attribua *la première médaille d'or* décernée en France à *l'hydromel*. A l'Exposition universelle de 1900, il obtint une médaille d'argent grand module; le Jury international le proposa pour la décoration : il fut nommé *Chevalier de l'Ordre national du Mérite agricole*, à la promotion dite de l'Exposition, par arrêté de M. le Ministre de l'Agriculture du 27 octobre 1900. A partir de cette époque il a été désigné chaque année, par M. le Ministre, comme Membre du Jury aux Concours généraux de Paris (Section des Produits agricoles, Miels, Cires et Hydromels).

A l'occasion du Concours Laurent M. E. Brancourt vient d'organiser la brillante Exposition internationale d'Apiculture de Crécy (4-7 juin 1903), à la suite de laquelle, en reconnaissance des services rendus à la Science apicole, la Société de l'Aisne lui a décerné sa plus haute récompense : *l'Abeille d'Or* qui signifie : *Activité. Travail. Dévouement.* Elle lui a remis de plus un diplôme d'honneur pour la bonne tenue de son rucher et pour son manuscrit sur *la propriété des abeilles et des essaims depuis les temps les plus reculés jusqu'à nos jours et la fabrication de l'hydromel*.

Au même Concours, M. Emile Demarisse a obtenu une médaille d'argent.

Les autres animaux et insectes nuisibles ou utiles, qui vivent ici, sont ceux de la région de Paris.

Les souris, très nombreuses sur le territoire en 1878 et en 1900 y causèrent des dégâts incalculables. Elles appartenaient à différentes variétés. Toutefois, les plus communes étaient : 1° le campagnol, aussi nommé courte-queue ou petit rat des champs ;

et 2° et le mulot, encore nommé souris à longue queue ou rat des champs. On les détruisit surtout par l'empoisonnement au moyen de virus préparé par la Station agronomique de l'Aisne et mis à la disposition des cultivateurs.

Justement alarmés des dégâts énormes causés aux récoltes par les vers blancs, les hannetons, les souris et autres ennemis des récoltes, les cultivateurs et les fabricants de sucre du canton de Crécy-sur-Serre formèrent un syndicat vers l'année 1879, dans le but de les détruire. Grâce aux sacrifices que s'imposèrent les Communes du canton, les Sucreries, les membres du syndicat, l'Etat, le Conseil général de l'Aisne et la Compagnie du chemin de fer du Nord, le syndicat, sous la présidence de M. Mazurier, conseiller général, chevalier de l'Ordre national de la Légion d'honneur, arriva bientôt à un joli résultat. Il fait chaque année, au moment de la sortie des hannetons, un appel aux habitants de toutes les communes de l'enclave pour les inviter à ramasser les insectes, contre paiement fait par le maire, au moment de chaque apport. Une commission composée de ce dernier, de conseillers municipaux et de l'instituteur, fonctionne à la mairie de chaque commune et procède à la réception et au pesage des hannetons recueillis sur son territoire. Un registre à souches mentionne les livraisons faites journellement. La totalité de la réception, ainsi faite à Chalandry, est envoyée tous les jours à la sucrerie de Pouilly-sur-Serre, où s'opère la destruction de ces coléoptères. En 1895, il en a été détruit ici 2.496 kilos, ce qui représente un très grand nombre d'individus.

§ 4. — Le gibier à poil (lièvres et lapins) et à plumes (perdrix, cailles, pigeons-ramiers, poules d'eau, canards sauvages, etc.) est assez abondant sur notre terroir. Aussi des associations concernant la chasse ont-elles été formées à différentes époques par les propriétaires terriens. Celle qui existe aujourd'hui porte le nom de : « Société des chasseurs de Chalandry »; elle a été constituée le 30 août 1901 : Cotisation annuelle : 10 francs; durée : 3 ans. Président : M. E. Walbaum; vice-président ; M. Lefèvre (Charles); secrétaire-trésorier : M. E. Brancourt. — Nombre d'adhérents : une douzaine.

Voici un extrait du règlement :

Le nombre de fusils attribué à chaque sociétaire, en plus du sien est de : un pour 10 à 20 hectares et d'un autre pour chaque **fraction de 20 hectares.**

On ne peut chasser avant 8 heures du matin. Les jours permis sont fixés à 3 par semaine jusque et y compris la première d'octobre, pour être ensuite réduits à deux jusqu'à la fermeture.

La chasse aux gibiers d'eau est permise tous les jours à condition de ne pas s'éloigner à plus de 20 mètres des bords de la rivière ; le tir à l'alouette est également autorisé tous les jours, au moment du passage, mais au miroir seulement.

Dans le but de conserver le gibier, la chasse peut être fermée par le comité, à partir du mois de novembre.

Le contrôle des jours autorisés est établi de la manière suivante : Une boîte est placée au centre du village ; une clef en est remise au garde et une autre au président. Chaque fois qu'un sociétaire veut chasser, il doit préalablement déposer dans cette boîte, un ticket extrait de son carnet, daté et signé par lui, à l'encre. Toutes les fois qu'il délivre des autorisations à ses invités, il doit remplir les noms des bénéficiaires ainsi que la date du jour fixé.

Les battues sont rigoureusement interdites, à moins d'être autorisées par le comité. Il est expressément défendu de chasser avec des rabatteurs, ou en voiture, ou accompagné d'une voiture ou d'un attelage quelconque ; ne sont pas considérés comme rabatteurs les porte-carniers en ligne et à moins de 30 mètres des chasseurs.

La première contravention est passible d'une amende de 10 francs ; en cas de récidive l'amende est portée au double et si c'est un invité qui en est l'objet, il sera exclu pour l'année en cours. Après la troisième contravention, le sociétaire peut être exclu pour la même année.

Le président a spécialement la police de la chasse et peut poursuivre seul tous délits et contraventions.

Les bois, les garennes et les pâtures baillées sont réservées par les propriétaires ou fermiers. En outre, M. E. Walbaum réserve les terres qu'il exploite entre la Souche et l'ancien chemin de Barenton-sur-Serre, lieudit *la Balastière*, y compris la grande pièce du *Sapin*.

Le jour de « l'ouverture » est un jour de fête pour les familles de chasseurs ; elles réunissent autant de « fusils » que le règlement leur permet.

Après un déjeuner matinal on entre en ligne dans la campagne, où à force de chiens et à grand effort du mollet; on abat quelques pièces de gibier. Celui qui en tue le plus est proclamé « roi de la chasse ».

Le partage du gibier, après le prélèvement fait pour le dîner, a lieu par tête de chasseur.

Ces réunions sont des plus cordiales ; elles se terminent le soir par un repas copieux, agrémenté d'histoires comme seuls en savent conter les disciples de Nemrod.

La pêche est libre ; elle a été louée pendant de longues années. On pêche dans la Souche : l'anguille, le brochet, le meunier, le goujon et généralement la plupart des poissons des petites rivières du Nord de la France. Il y en avait jadis beaucoup plus que de nos jours. On y rencontrait même des écrevisses en grand nombre. La cause principale de cette diminution est l'empoisonnement des eaux par suite du déversement des résidus d'usine dans la rivière.

§ 5. — Les cultivateurs vendent leurs récoltes aux agences aux grains de Laon (le mercredi de chaque semaine) et de Marle (le mardi). Les betteraves sont vendues aux sucreries de Pouilly-sur-Serre, d'Aulnois-sous-Laon et de Vervins.

Les produits de la basse-cour sont conduits aux marchés de Crécy-sur-Serre et aussi livrés aux « coquetiers ou cocassiers » qui les prennent à domicile pour les vendre aux marchés de Laon, de Crécy ou de Marle. Ce qui n'est pas vendu sert à la consommation sur place. Comme écoulement, il y a encore les deux foires annuelles de Crécy : (lundi suivant le 3ᵉ dimanche de carême et le 28 octobre) ainsi que le marché-franc du même lieu (dernier lundi de chaque mois) et celui de Marle (deuxième mardi du mois.)

Plusieurs cultivateurs de la commune font partie du Comice agricole de Marle, fondé le 26 septembre 1841 ; sa circonscription comprend les cantons de Marle, Rozoy-sur-Serre, Sissonne et Crécy.

Un concours a lieu chaque année, à tour de rôle, dans l'une des villes sus-désignées. On y récompense la moralité des différents serviteurs agricoles, l'habileté des laboureurs employés chez les sociétaires ; on y prime les constructeurs d'instruments agricoles nouveaux ou sérieusement perfectionnés, ainsi que les éleveurs des plus beaux animaux domestiques. Des secours en argent sont en outre donnés aux vieux ouvriers déjà primés et que l'âge ou les infirmités ont rendus nécessiteux.

Les prix consistent en médailles d'or, de vermeil, d'argent ou de bronze, accompagnés d'un diplôme et d'une somme d'argent.

La caisse est alimentée tant par les cotisations payées par les sociétaires (10 francs par an) que par les dons faits par le Conseil général de l'Aisne (pour l'espèce chevaline seulement) et par les personnes qui s'intéressent au progrès de l'agriculture.

Ce Comice rend de nombreux services dans la région ; il est en pleine prospérité et mérite à tous égards d'être encouragé. Beaucoup de serviteurs de l'agriculture, domiciliés à Chalandry, y ont été primés, ainsi qu'à celui de Laon. Voici les noms, classés par ordre alphabétique, de ceux que nous connaissons, priant les personnes qui auraient pu être oubliées de nous excuser.

MM. Prosper Blondelle. — Remy Blondelle. — Hippolyte Chevaillier. — Alexandre Gauthier. — Prosper Hénon et sa femme née Delphine Sérusier. — François Jonneaux. — Constant Jonneaux. — Ernest Jonneaux. — François-Chrysostome Jonneaux. — Remy Lanez. — Louis-Constant Lanez. — Constant-Eugène Lanez. — Louis Midelet. — Arthur Midelet et sa femme née Poindron. — Sophie Pagnon, épouse Plateau. — Charles-Isidore Sébastien. — Sérusier père. — Edouard Sérusier. — Léonard-François Sérusier. — Antoine Sourdain. — Léonard Séruzier (veuve), née Euphrasie Picon.

En outre, MM. Hénon-Sérusier, Constant Jonneaux, Remy Blondelle et Arthur Midelet, déjà nommés, ont obtenu la médaille d'honneur du Ministère de l'Agriculture.

Dans sa séance du 27 juin 1844 le Comice agricole de Marle adopta une formule de « Livret de domestique et règlement pour les gages et salaires ». Il contient, tant imprimées que manuscrites, les conventions arrêtées entre le maître et le domestique. Il y est expliqué notamment : 1º Que le louage des domestiques de ferme tels que : *valets de labour, bergers, parcours et servantes* est censé fait pour un an, sauf conventions contraires. — 2º Qu'ils seront pourvus d'un livret. — 3º Que le maître y inscrira les conditions des engagements, et au fur et à mesure les àcomptes versés. — 4º Qu'en même temps il inscrira le tout sur son grand livre. — 5º Que les conventions seront signées des deux parties. — 6º Qu'elles ne pourront être révoquées que **pour des motifs légitimes et qu'en cas de révocation, le gage sera** acquis, savoir : *pour les valets de labour, **parcours et servantes**;* du 11 novembre ou 11 mars pour 2/12, du 11 mars au 11 juillet pour 4/12, et du 11 juillet au 11 novembre pour 6/12. — Que *pour les bergers*, le gage sera acquis jour par jour, sans distinction de saison. — 7° Que celui qui aura occasionné la rupture de l'engagement, sans motifs légitimes, sera assujetti à des dommages-intérêts, à arbitrer par le juge. — 8° Que dans le cas où le maître n'aurait pas assujetti le domestique à prendre un livret et qu'il y aura rupture d'engagement, les gages du domestique, peu importe la catégorie dans laquelle il se trouve placé, lui seront acquis jour pour jour, sans distinction de saison et sans préjudice toutefois des dommages-intérêts ci-dessus mentionnés article 7. — 9° Et que MM. les juges de paix sont priés de prendre les termes dudit règlement pour bases de leurs décisions.

Formule des conventions. — « Nous soussignés (noms, prénoms), cultivateur, demeurant à (commune);

Et (noms, prénoms et qualité du domestique).

Convenons ce qui suit :

Moi (nom du domestique), je loue mes services à (nom du maître), en qualité de (emploi), à partir du. . . . . jusqu'au . . . .

Je m'oblige pendant tout ce temps, à faire mon service en bon et loyal serviteur, et à me conformer aux usages de la ferme.

Et moi (nom du maître) pour prix de ces services, je m'oblige à payer à (nom du domestique) à titre de gages ou salaire ; 1° la somme de . . . .

Fait en double dont un exemplaire est le présent livret qui a été remis à moi (nom du domestique) et l'autre, le registre de moi (nom du maître), sur lequel les présentes conventions ont été inscrites.

A. . . . . le . . . . »

Suivent quelques feuilles de compte d'après le modèle ci-après :

DATES DES PAIEMENTS	ARGENT	BLÉ	SEIGLE

Ce livret est adopté dans presque toutes les fermes ; il rend les erreurs impossibles.

Voici maintenant l' « usage local » pour les ouvriers qui n'ont pas de livret, c'est-à-dire de conventions écrites :

Les domestiques de ferme, parcours et servantes sont censés louer leurs services à l'année (à partir du 11 novembre, fête de Saint-Martin; les bouviers et les autres travailleurs agricoles, à toutes mains, au mois. Les parties peuvent résilier, à leur gré, leurs engagements à condition, soit de se prévenir 8 jours à l'avance, soit de payer ou de perdre le salaire représentatif de ce laps de temps ; le tout, sauf le cas d'inconduite notoire, de brutalité, etc. Les salaires s'acquièrent alors jour par jour, sans distinction de saison.

Pour les domestiques, quoique loués à l'année, leur salaire est cependant exigible tous les mois. Mais, le maître leur retient habituellement un mois de gage, pour garantie de l'exécution des engagements contractés ; on règle définitivement à la fin de la « campagne ».

Le délai pour se prévenir d'un changement quelconque, à la fin de l'année, est de 15 jours avant son expiration. A défaut d'avertissement, une nouvelle année recommence aux mêmes conditions que l'ancienne.

Lorsque le domestique, avec ou sans livret, loue ses services, (ou les reloue), il est d'usage que le maître lui donne des *arrhes*, qui varient de 5 à 10 francs. C'est le denier à Dieu (demi-adieu, comme on dit ici improprement.).

Les gages des ouvriers de moisson et des parcours sont plus élevés pendant le temps de la moisson qu'à d'autres moments à cause du surcroît de travail.

Les faucheurs s'engagent pour la durée de la moisson. Ils travaillent généralement à la tâche.

Malgré tous les efforts des cultivateurs pour produire dans de bonnes conditions, peu arrivent cependant à un résultat pécuniaire satisfaisant ; heureux sont ceux qui peuvent mettre les « deux bouts ensemble à la fin de l'année ».

C'est, qu'en effet, l'agriculture vient de subir une crise d'une intensité inouïe. « La baisse des prix des céréales a été à peu près générale au cours du dernier quart de siècle ; les prix de la viande et des produits de la laiterie y ont seuls échappé. Elle est un effet direct du développement des moyens de transport...... Dès le début de la crise les agriculteurs ont fait appel à l'intervention du gouvernement pour la supporter. Ils ont demandé le retour à la politique protectionniste abandonnée par l'Empire depuis 1860 et réclamé l'établissement de droits protecteurs sur les produits agricoles importés de l'étranger. Ils les ont obtenus mais ils n'ont pas trouvé dans cette mesure tout le secours qu'ils en espéraient..... Ils l'ont cherché dans les méthodes de culture nouvelles, dans l'emploi des engrais chimiques et des machines perfectionnées, dans les syndicats agricoles, dans l'enseignement agricole pratique, toutes choses qui contribuent à diminuer le prix de revient des productions du sol. » (A. VIALLATE, *la France économique de 1870 à nos jours*, extrait de *l'Histoire générale de* LAVISSE *et* RAMBAUD).

Le début de cette situation précaire a été signalée au ministre de l'agriculture, notamment par le comice agricole de Laon, à la suite de son assemblée générale du 6 septembre 1865. Depuis quelques années déjà, les cultivateurs ne trouvaient plus dans la vente de leurs produits un prix rémunérateur, à cause des charges de toute nature et des risques de toute espèce, qui pesaient sur eux. La situation ne faisant que s'aggraver d'année en année, M. le comte de Saint-Vallier, sénateur de l'Aisne, dans la séance du Sénat du 29 février 1884, après avoir fait le sombre tableau de l'agriculture française, affirmait que dans notre département 840 fermes, grandes ou petites, étaient en friches, ne trouvaient pas preneurs, ou avaient été abandonnées au cours du bail, par suite de la ruine de l'exploitant. Sur sa demande, le ministre de l'agriculture décida qu'il serait procédé à une enquête agricole spéciale (mais non contradictoire) au département de l'Aisne (arrêté du 17 mars 1884). Il en confia la direction à M. l'inspecteur général Heuzé, auquel il adjoignit cinq commissaires. M. Risler rédigea un rapport général, daté à Paris du 31 octobre 1884 ; c'était plutôt l'œuvre d'un théoricien que celle d'un praticien. Il y était toutefois constaté que l'agriculture était loin d'être prospère dans ce département. Quant aux remèdes, il n'en donnait pas qui soient capables de produire un effet utile et immédiat.

Le rapport de M. Risler était à peine publié, que le Comité agricole de l'Aisne, formé des six comices du département, se réunissait à Laon, sous la présidence de M. Alphonse Gentilliez, alors agriculteur à Voyenne, président du comice de Marle, conseiller général, (c'est le père de M. Charles Gentilliez, actuellement agriculteur à Voyenne, vice-président du comice de Marle, conseiller général et sénateur de l'Aisne) pour en contrôler les assertions. Le comité ému à bon droit des graves erreurs et des fausses interprétations que ce document renfermait, résolut de rechercher définitivement la vérité aux sources les plus certaines. Il décida, en conséquence, qu'une enquête nouvelle serait faite dans toutes les communes de l'Aisne, par l'intermédiaire des six comices. Un questionnaire fut rédigé et expédié en double exemplaire à tous les maires du département en décembre 1884, par chaque président de comice, avec prière de lui retourner répondu avant le 5 janvier suivant.

Voici la copie de ce document pour Chalandry :

« 1°. — Terres dont la culture a été abandonnée totalement ces dernières années et qui sont actuellement en friches? Sept hectares.

2°. — Terres ou fermes délaissées par les exploitants et que les propriétaires ont été forcés de cultiver eux-mêmes ne pouvant plus trouver de fermiers ? Sept hectares.

3°. — Moyenne des prix des baux antérieurs à 1879? Cent francs ;

Moyenne des prix des baux faits en 1884? quarante-cinq francs.

4°. — Terres, fermes ou exploitations qui ont été abandonnées au cours du bail par suite de la ruine de l'exploitant ? Trente-cinq hectares.

5°. — Le comice a jugé qu'il était utile de recueillir des renseignements sur l'écart qui existe entre le prix actuel de la propriété et celui pratiqué il y a cent ans? (Pas de réponse.)

Et de faire connaître le nombre et l'importance des ventes forcées? Nombre des ventes depuis trois ans ? Huit.

Importance des ventes ? Quarante hectares.

6°. — La crise agricole sévit-elle uniformément sur la grande, la moyenne et la petite culture? Oui.

7°. — Quelle est l'influence de la crise sur les prix des salaires ? Baisse de dix-sept pour cent ;

Quelle est son influence sur l'abondance du travail ? Rareté ;

Peut-on prévoir au point de vue du travail agricole, une modification de la situation actuelle ? Non.

Observations : Ouvriers sans travail mendiant. Maisons et bâtiments ruraux invendables. »

Au titre « compte-moral » qui termine l'ouvrage, il est mentionné ce qui suit pour le canton de Crécy-sur-Serre. « Emigration. — Découragement général. — La misère commence. — Nombreux mendiants. — On ne renouvelle pas les baux. — Plus d'améliorations agricoles. — Baisse générale des salaires. — Rareté du travail agricole. »

Telle était la fâcheuse situation de l'agriculture à Chalandry et dans le canton de Crécy en 1884 !

Les réponses de chaque commune de l'Aisne sont consignées dans un rapport rédigé par M. P.-V. Nice, alors conseiller général et président du comice de Laon, lu dans la séance extraordinaire du conseil général du 25 janvier 1885. Dans la même séance, MM. Lhotte, vice-président du comice de Laon et Carré, vice-président de celui de Château-Thierry, réfutèrent les erreurs du rapport de M. Risler. Leur réponse manuscrite, sérieusement étudiée, établissait la situation réellement malheureuse de l'agriculture dans notre contrée ; une copie en avait été préalablement adressée au Ministre pour contre-balancer le rapport de M. Risler. Le Conseil général décida que les travaux réunis de MM. Lhotte, Carré et Nice seraient tirés à 6.000 exemplaires, pour être distribués aux sénateurs, députés, conseillers généraux et d'arrondissement, maires du département, associations agricoles, etc.

Sous l'influence de cette crise, la valeur de la propriété foncière, non bâtie, qui avait augmenté beaucoup vers le milieu du 19e siècle, a été ensuite en diminuant. Les prix de l'hectare se sont abaissés successivement, pour devenir à l'aurore du 20e siècle, ceux qui sont consignés au tableau suivant :

CATÉGORIES	PRIX DE	
	VENTE	LOCATION
1re	2.000 à 3.000 francs	80 à 90 francs
2me	1.200 à 1.800 —	60 à 75 —
3me	800 à 1.200 —	moyenne de 45 francs
4me	400 à 600 —	moyenne de 25 —

Depuis, les salaires ont été en augmentant.

Quant à l'effectif de la population on a vu qu'elle va toujours en diminuant.

CHALANDRY

Cliché Edmond Brucelle phot. amat.

LE MOULIN

§ 6. — En dehors des transactions faites sur les produits agricoles et les animaux, il n'y a dans la commune que quelques commerces de bouche, nécessités par les besoins de chaque jour ; ils sont sans importance.

Comme il a été dit plus haut, le sous-sol contient beaucoup de craie à l'état plus ou moins compact et des cailloux. Autrefois on se servait des plus grosses pierres trouvées dans la craie, pour édifier maisons ou bâtiments ; aujourd'hui, on s'en sert uniquement pour l'entretien des chemins communaux.

On ne tire plus de cailloux pour le moment.

Le Moulin vient d'être remonté à neuf, d'après les derniers perfectionnements et augmenté d'une construction en ciment armé en forme de tour quadrangulaire qui lui donne des allures de forteresse (1900). A la force de l'eau, M. Jules Poignant, locataire actuel, a ajouté celle de la vapeur. Il arrive à produire chaque jour de 135 à 160 quintaux d'excellente farine.

Que l'antique moulin des religieux de l'abbaye de Saint-Jean de Laon qui s'élevait à la même place, est déjà loin de nous !

CHAPITRE VI

Biens Communaux et Œuvres Locales

§ 1er. — LA MAIRIE-ÉCOLE. DATE DE SA CONSTRUCTION ; DESCRIPTION SOMMAIRE. — MONTANT DES BUDGETS COMMUNAUX. — LISTE DES MAIRES APRÈS 1789.

§ 2. — L'ÉCOLE. — MUSÉE ET BIBLIOTHÈQUE SCOLAIRES. — LISTE DES INSTITUTEURS.

§ 3. — LA COMPAGNIE DE SAPEURS-POMPIERS ; ACHAT D'UNE POMPE A INCENDIE. — LISTE DES OFFICIERS, RÈGLEMENT.

§ 4. — LES PATURES COMMUNALES : ADJUDICATIONS D'HERBES ET DE PEUPLIERS ; PACAGE DES ANIMAUX, RÈGLEMENT.

§ 5. — LA TERRIÈRE ; CHEMINS, RUES, PLACES ET CALVAIRES.

§ 6. — ŒUVRES DE BIENFAISANCE : FONDATION PLACET. CONSTITUTION DE RENTE PAR Mme TURQUIN-BRUCELLE. — ABANDON DE BOIS MORT ; GLANAGE.

§ 1er. — Le procès-verbal de la séance du conseil municipal de Chalandry du 30 juin 1819, relate que les réunions se tenaient « à défaut de local spécial, dans une chambre dépendant du domicile de M. Vaillant, dépositaire des archives, depuis longtemps ». En conséquence, ledit conseil vota alors à ce dernier une indemnité locative et annuelle de 25 francs, à commencer par l'année en cours. La Maison-Ecole-Mairie dont s'agit, s'élevait sur l'emplacement actuel de la grange de Mme veuve Levent-Fraix, ainsi qu'il a déjà été dit (*suprà*, liv. I, ch. 10 § 1er). En 1828, elle fut transférée dans un bâtiment couvert en paille, édifié dans le jardin de la propriété appartenant aujourd'hui à la famille Hiblot-Levent.

L'immeuble qui sert maintenant de Mairie-Ecole est situé dans la rue de l'Eglise. Il a été édifié en 1838-1839, sur un terrain échangé avec Alexandre Hénon. Le 7 janvier 1837, le conseil municipal en approuvait les devis et plans ainsi que l'estimation s'élevant à 8.923 francs 43 centimes. Les adjudicataires furent Constant Chamaux, maçon et César Midoux, charpentier, demeurant tous deux à Montigny-sur-Crécy.

La maison construite en briques et couverte en ardoises, comprend au rez-de-chaussée : le logement de l'instituteur, la classe vaste et bien éclairée ; au 1er étage : la mairie, le greffe et deux autres pièces ; grenier sur le tout, surmonté d'un clocheton abritant une cloche d'un poids de 100 kilog. servant notamment aux usages suivants : 1° Annoncer l'heure de l'entrée et de la sortie des écoliers ; 2° donner l'alarme en cas d'incendie ; 3° rappeler l'heure des réunions du conseil municipal ; 4° publier que les nouveaux époux ont prononcé le oui qui les unit ; 5° annoncer les heures d'ouverture et de fermeture du scrutin. L'immeuble comprend en outre, par derrière, un jardin potager entouré de haies, et par devant, une cour ouverte sur la rue, où les écoliers jouent pendant les heures de récréation. A gauche de cette cour, se trouve le bâtiment de la pompe à incendie et le bûcher-remise de l'instituteur.

Voici exactement les sommes prévues au budget communal des trois dernières années :

Année 1901 ; Recettes 6.607 fr. 30 ; Dépenses 6.502 fr. 79.
— 1902 ; — 6.710 30 ; — 6.677 79.
— 1903 ; — 6.517 30 ; — 6.476 79.

La valeur du centime le franc était en 1901 pour la contribution foncière de 0,3379.

Suit la liste des maires après 1789 (*suprà* liv. I, page 100) :
1790-1792 ; François Turquin.
21 octobre 1792 (an 1) - 1795 (an 4) ; Alexandre Poquet.
17 brumaire an 4 - frimaire an 8, un agent municipal et un adjoint (les noms ont été indiqués *suprà*).

Prairial an 8 ; Jean-Pierre Balossier.

Thermidor an 8 - pluviôse an 9 (janvier 1800) ; Nicolas Jumaucourt.

An 9 - mai 1808 ; François Turquin.

1808 - 1ᵉʳ octobre 1814 ; Jean-François Turquin.

1814-1832 ; François-Charlemagne Brancourt.

1832-1846 ; Pierre-François Turquin.

Septembre 1846 - mars 1848, Pierre-Séverin Jumaucourt.

1848-1882 ; Charles-François-Elzéar Turquin. Conseiller d'arrondissement du canton de Crécy en 1862, il succéda en 1867, comme conseiller général du même canton à M. Viéville-Luzin, maire de Pouilly et conserva ce mandat pendant dix années. Cultivateur hors de pair et membre de la commission d'agriculture, il fut le promoteur des syndicats de hannetonnage. Premier président du conseil d'administration du chemin de fer de la Vallée de la Serre, il donna sa démission en 1889. Ne négligea rien pour mener à bonne fin la construction de l'église dont s'énorgueillit la commune. Décédé à Chalandry le 28 avril 1896, dans sa 78ᵉ année.

1882-1885 ; Edmond-Léonard Brucelle.

1885-19.. ; Jules Poignant, délégué cantonal.

Le conseil municipal, élu en 1900, est composé comme suit : Jules Poignant, maire ; Lefèvre-Claviez, adjoint ; conseillers : Blondelle Adhémar, Boutroy-Calland, Gantier Eusèbe, Gauthier Irénée, Lanez-Lhote, Lanez Virgile, Vernhet-Hazard, Walbaum Erwin.

§ 2. — L'instruction primaire est donnée dans une école mixte et laïque, fréquentée régulièrement par une moyenne de 40 à 50 élèves. La nouvelle loi scolaire est appliquée au mieux. Le matériel est à peu près complet. L'hiver (de novembre à mars exclusivement), il est fait un cours d'adultes, cinq fois la semaine, le soir, pendant une heure et demie.

Il existe un musée scolaire, composé notamment de collections de minéraux, donnés par des maisons industrielles, et d'objets intéressants, trouvés sur le territoire de la commune ou recueillis auprès des habitants. Il a été créé par M. Thiéfin, ancien instituteur.

La bibliothèque, fondée le 3 mai 1863, est alimentée par des fonds votés chaque année par le conseil municipal et par des dons privés. Elle comprend près de 400 ouvrages littéraires et agricoles, prêtés gratuitement tout à habitant qui en fait la demande ; chaque année il en sort ainsi plus des trois quarts.

Les maîtres qui ont enseigné à Chalandry depuis la Révolution (voir *suprà* les noms de leurs devanciers, livre I, page 132), sont :

1806-1828, Jean-Pierre Vaillant.
1828-1872, Remi Destrées.
1872-1896, Charles Thiéfin, en retraite à Aulnois-sous-Laon.
1896-19.., Irénée Tisserant.

A remarquer que dans l'espace de plus de deux siècles un quart (1668 à 1896), il n'y a eu à Chalandry que huit instituteurs, ce qui donne pour chacun d'eux la jolie moyenne de plus de 28 années d'exercice sur place.

Le délégué cantonal chargé de visiter l'école de Chalandry, est M. E. Brancourt, notaire à Crécy-sur-Serre, secrétaire de la délégation. Les autres membres du bureau sont : MM. Mazurier, de Pouilly, président et Armand Brazier, de Barenton-Cel, vice-président.

§ 3. — La commune a acheté sa pompe à incendie (à quatre roues, aspirante et foulante) à M. Lannois, marchand fondeur et pompier à Laon, rue Saint-Jean n° 22, suivant traité du 15 décembre 1844, approuvé par le préfet le 31 du même mois (prix : 1.500 francs.)

Une compagnie de Sapeurs-Pompiers fut créée aux termes d'une délibération du conseil municipal du 9 février 1845, approuvée à la préfecture le 4 mars suivant. Par cette délibération, le conseil accordait en même temps un crédit de 700 francs pour faire face à la dépense relative à l'uniforme. Celui-ci fut fourni par François Deloizy, marchand fripier à Laon, moyennant le prix total de 630 francs (27 avril 1845.)

Les différents officiers qui ont commandé la compagnie et dont les noms nous sont connus, sont : MM. Brancourt-Brazier (1845-1848). - Lefèvre Charles-Philippe (1848-....). - Brucelle Edmond (1876-1880) Gauthier Irénée (1884-1889.)

Sous-officiers : MM. Barloy Louis ; Blondelle Baptiste-Eloi (1845-1848). - Blondelle Jean-Baptiste ; Barloy Jean-Louis (1848-....). - Blondelle Adhémar (1876-1880) et Hénon-Sérusier (1884-1889).

Elle est dissoute depuis 1889.

Suivant adjudication administrative en date du 24 mars 1845, la construction d'un bâtiment devant servir d'un côté à recevoir la pompe à incendie et de l'autre de bûcher-remise pour l'instituteur fut confiée à MM. Joseph-Ambroise Blondelle et Paul-Amand Picon, tous deux maçons demeurant à Chalandry, moyennant le prix principal de 800 francs. Les travaux furent reçus le 27 juillet 1845, d'après procès-verbal dudit jour, approuvé par le préfet le 5 août suivant.

Aux termes du règlement du 8 mai 1845, chaque sapeur-pompier devait recevoir annuellement de la commune à titre d'indemnité et gratification une somme de 8 francs, donc 5 étaient pris sur les fonds libres, soit pour 22 sapeurs, 110 francs. Les 3 francs de surplus servaient à payer leur prestation personnelle et annnelle, portée à cette somme.

§ 4. — Chalandry possède depuis un temps immémorial 21 hectares environ d'excellentes prairies naturelles, en 2 immeubles; elles produisent des foins très estimés. Dans le courant de juin de chaque année, le maire fait une adjudication de ces foins; elle rapporte en moyenne de 1.200 à 1.500 francs.

Sur les limites de ces immeubles et sur les bas-côtés de quelques chemins, croissent de nombreux peupliers qui sont vendus au commerce.

Les deux prairies ci-dessus sont proches du village; la première, lieudit *le Pont des Vaches* ou *Derrière le Moulin*, ou encore *Derrière les Aulnes*, est traversée par le chemin de Chalandry à Mortiers et par la ligne du chemin de fer de la Vallée de la Serre. La seconde, à *Rhutil*, est traversée par l'ancien chemin de Chalandry à Crécy. Elles sont toutes deux limitées en partie par la Souche.

Les vaches ainsi que les juments nourrissant, ou ayant besoin d'être mises au vert, sont conduites et gardées dans ces prairies communales, par un pâtre nommé par le maire et agréé par le préfet. Un règlement du 18 juin 1899, qui en complète d'autres, régit aujourd'hui la matière. En voici les principales dispositions :

« Le pâtre sera porteur des objets nécessaires à son état, savoir : d'un cor et d'une corde pour se prémunir des chutes à l'eau que les bêtes pourraient faire.

Il sera muni, à ses frais, pour toutes saisons de l'année, d'un taureau approuvé par une commission composée de trois membres du conseil municipal ». Ce taureau doit toujours rester dans le troupeau.

« A partir du 1ᵉʳ mars de chaque année, jusqu'à la fauchaison des herbes, il se rendra dans la réserve de dix heures du matin à midi. Aussitôt l'enlèvement des foins, il ira en toute liberté dans les pâtures communales de 6 heures du matin à 6 heures du soir, jusqu'au 30 novembre de chaque année. »

Le départ du village, comme le retour, est annoncé au son du cor. Le pâtre est responsable des délits que son troupeau pourrait commettre ; il ne doit jamais le quitter.

Il lui est accordé pour salaire : 1° la récolte en foin du 16ᵉ lot de la pâture de Rhutil ; 2° celle de 43 ares, en regain seulement, à prendre sur le bout au couchant de la même pâture. Il reçoit en outre 50 francs, en argent, pendant chacun des mois de mars, avril, mai, juin, juillet, août, septembre, octobre et novembre, fournis par une taxe, pour chaque bête, égale au produit de la division de 50 francs par le nombre de têtes de bétail fréquentant le troupeau et payés par les propriétaires d'animaux envoyés au pacage.

§ 5. — Chalandry possède aussi depuis longtemps une *Terrière communale*.

On lit, à ce sujet, dans une délibération du conseil municipal du 11 mai 1823 : « Article 1ᵉʳ. Nous proposons à M. Brancourt, cultivateur et maire, en cette commune, l'échange de 9 ares 22 centiares de terre *Au delà du Pont*, dans la pâture commune en réserve, laquelle portion se trouve enclavée en triangle dans la propriété dudit sieur Brancourt, acceptant, contre 19 ares 31 centiares de terre, à lui appartenant, lieudit *l'Ancienne Terrière*, propre à bâtir pour l'utilité de laditte commune. »

Par cette délibération, le conseil priait le préfet d'autoriser cet échange « pour le bien général de la commune ». Ce document prouve qu'une « terrière », existait ici, bien avant 1823.

L'expertise nécessitée par l'échange proposé, fut faite par M. Placet (pour M. Brancourt), et par M. Jumaucourt, pour la commune.

En vertu d'une autorisation préfectorale datée du 25 novembre 1842, la commune acquit encore de M. Isidore-Athanase Gauthier, tailleur d'habits à Chalandry, par acte passé devant

Mᵉ Lobjois, notaire à Crécy-sur-Serre, le 15 janvier suivant 8 ares 75 centiares de terre, au même lieudit tenant d'un bout à l'échange de M. Brancourt, ci-dessus, moyennant 400 francs de prix principal, pour agrandir la terrière communale. Elle a encore été agrandie en 1901 au moyen d'un achat fait à M. le Vicaire général Brancourt de Soissons.

Cette terrière est située sur le chemin de Chalandry à Pouilly, à la limite du territoire. On y trouve de la terre, du sable et de la craie, en pierres plus ou moins grosses (cran), que la commune ou les habitants peuvent prendre gratuitement pour leurs besoins communs ou personnels seulement.

Aucun des chemins qui traversent le territoire n'est classé dans la grande vicinalité. La commune a, de ce fait, à entretenir, chaque année 9.308 mètres de voies de petite communication, ou autrement dit de chemins vicinaux ordinaires.

Le réseau des voies partant de Chalandry, pour aller à chacun des villages voisins, a été construit, ou plus exactement mis en état de viabilité, à partir de 1836. C'est en effet, à cette époque, que fut créé le service vicinal, dans toute la France. Antérieurement, il n'existait que le service des Ponts et Chaussées, dont les soins étaient limités aux routes nationales et départementales. Le service vicinal organisé par canton, s'occupe des chemins conduisant de commune à commune.

Suivent les renseignements pour Chalandry dûs à l'obligeante communication de M. Lagny, agent-voyer à Crécy.

Chemin vicinal	De Chalandry à :	Construit en :	Longueur
Nᵒ 1	Pouilly-sur-Serre........	1841	960
— 2	Barenton-sur-Serre......	1847	1960
— 3	Chéry-les-Pouilly.......	1849	2040
— 4	Mortiers...............	1852	1700
— 5	Crécy-sur-Serre.........	1879	605
— 6	Barenton-Cel...........	1869	2043
		Egalité...	9308 m.

Les noms des rues et des ruelles ont été indiqués *suprà*, l. II, ch. 5, § 1ᵉʳ.

Les places sont au nombre de deux : 1º l'ancienne ou *la Croix du Village* ou même simplement *la Croix*, elle est située dans une montée assez rapide, entre la rue du presbytère, les fermes de MM. Boutroy-Calland et Brucelle-Brancourt et les maisons de MM. Parhuitte-Charly et Demay-Vollereaux ; il en a été question précédemment. Il n'y a pas bien longtemps on y dansait encore, le mardi de la fête communale, probablement en souvenir de son ancienne destination. 2º Et la *Place publique* actuelle; plus spacieuse et moins escarpée que la première, elle s'étend sur le côté droit de l'église.

Il y a trois calvaires : 1º la *Croix du Village* ou la *Croix* qui a donné son nom à la première place dont il vient d'être parlé ; il existait déjà en 1458 et a été réparé maintes fois, notamment en 1851 à l'aide de fonds provenant de la commune et en 1897 à l'aide d'une souscription publique. 2º le *Calvaire* ; il est situé au croisement des deux chemins menant à Barenton-sur-Serre. Inauguré en 1851, il a été comme le précédent réparé en 1897 au moyen d'une souscription. 3º Et le *Calvaire du chemin de Chéry*, érigé aux frais de M. le Vicaire général Brancourt et de Mˡˡᵉ Marie Brancourt sa sœur, sur une propriété particulière, à l'intersection des chemins de Chéry et de Laon, à la sortie du village.

Ces calvaires ont été bénits solennellement par M. le Vicaire général sus-nommé : celui du chemin de Chéry en septembre 1889 et les deux autres le lundi de Pâques, 19 avril 1897. (A. P. et *Semaine relig. du Diocèse.*)

§ 6. — Les ressources du bureau de bienfaisance (1) sont malheureusement trop modestes. Elles se composent de : 1º Soixante-douze francs de rente annuelle, léguée par M. Onésime Placet déjà nommé, enfant du pays où il est décédé le 6 mai 1891 ; — 2º de cent vingt francs de même rente, donnée par Mᵐᵉ veuve Turquin-Brucelle, suivant acte reçu par Mᵉ Bondon, notaire à Crécy-sur-Serre, le 5 juillet 1901, pour séjour et

---

(1) Voir ce qui a été dit précédemment sur ce sujet, liv. I, page 136.

entretien de malades pauvres de la commune à l'Hôtel-Dieu de Crécy ; — 3° de sommes votées par le conseil municipal ; — et 4° du produit de souscriptions volontaires faites de temps à autre dans la commune.

Le bureau fait des dons en nature, surtout pendant l'hiver, aux malheureux qui y sont inscrits.

Hommage respectueux soit rendu aux deux personnes dont les noms figurent ci-dessus ! Souhaitons que de si beaux exemples inspirent à d'autres la même générosité, en faveur des infortunés!

Trente personnes peuvent recevoir gratuitement les soins du médecin et les médicaments du pharmacien. Dans ce but, il est versé deux francs par individu et par an. La commune, le département et le bureau de bienfaisance contribuent dans différentes proportions à la dépense.

Le bois mort qui tombe des arbres plantés sur les biens communaux, est abandonné aux indigents qui demandent et obtiennent du maire l'autorisation de le ramasser. Les propriétaires de bois donnent à leurs anciens ouvriers dans le besoin, la même autorisation.

Pendant la moisson, les indigents vont glaner, sous la surveillance du garde-champêtre, presque tous les jours, dès six heures du matin. Ils ne peuvent entrer isolément dans une terre, même entièrement dépouillée de sa récolte et doivent marcher en ligne ou par groupe sous l'œil du garde.

Un propriétaire ne peut pas autoriser un indigent à glaner isolément sur sa terre, même avant l'enlèvement complet de la récolte.

Dans les champs qui sortent de céréales, le glanage doit se faire à la main ; dans ceux qui sortent de vivres, il peut se faire au râteau. Le glanage n'est plus guère productif depuis l'emploi des moissonneuses-lieuses et des râteaux à cheval qui ne laissent que très peu de chose sur le sol.

CHAPITRE VII

Biens Communaux et Œuvres locales

(SUITE ET FIN)

§ 1er. — L'ÉGLISE NEUVE : APPROBATION DES PLAN ET DEVIS ; ADJUDICATION, POSE ET BÉNÉDICTION DE LA PREMIÈRE PIERRE ; RÉCEPTION ET ÉVALUATION DES TRAVAUX.

§ 2. — BÉNÉDICTION DE L'ÉGLISE ; PROCÈS-VERBAL OFFICIEL ET COMPTE-RENDU DE LA CÉRÉMONIE.

§ 3. — DESCRIPTION DU MONUMENT.

§ 4. — LE MOBILIER DE L'ÉGLISE.

§ 5. — VITRAUX ; TABLEAUX ; CHEMIN DE CROIX.

§ 6. — RELIQUE DE LA SAINTE ÉPINE, SON HISTORIQUE ; DEUX AUTRES PETITS RELIQUAIRES.

§ 7. — LA CLOCHE ET SON INSCRIPTION ; L'HORLOGE ; LE CIMETIÈRE.

§ 8. — LE PRESBYTÈRE.

§ 9. — ECCLÉSIASTIQUES NÉS A CHALANDRY. NOTES BIOGRAPHIQUES SUR L'ABBÉ POQUET.

§ 10. — NOMS DES DESSERVANTS DEPUIS LA RÉVOLUTION.

§ 1er. — En 1864, le conseil municipal de Chalandry, de concert avec le conseil de fabrique, adopta le projet de reconstruire l'église. Les plan et devis, œuvre de M. Pierre Bénard architecte à Saint-Quentin, reçurent l'approbation officielle deux ans plus tard.

L'adjudication des travaux eut lieu le 10 juin 1866, en la mairie de Chalandry, sur la mise à prix de 37.556 fr. 85 ; M. Blondelle, entrepreneur à Crécy-sur-Serre, devint adjudicataire avec un rabais de 7 o/o. Mais la somme prévue fut de beaucoup dépassée, car, au cours des travaux, les habitants n'épargnèrent rien pour arriver à faire quelque chose de parfait, à élever un véritable chef-d'œuvre.

Les fondations furent ouvertes dans le courant de l'été de l'année 1866, sur l'emplacement de l'ancienne église du 12ᵉ siècle précédemment décrite.

La pose et la bénédiction de la première pierre eurent lieu le 25 mars suivant, ainsi que le constate l'inscription suivante, gravée sur plomb (28 × 40^{cm}) et incrustée dans ladite pierre placée au côté droit du portail : « *Anno Domini MDCCCLXVII. hoc templum sub S^{ti} Albini invocatione dicatum. piâ munificentiâ Chalandry incolæ reædificaverunt. Ideo die Incarnationis Domini Martii XXV. in testimonium Me primum lapidem posuit E Blat Creciaci Decanus a Reverendissimo J. J. Dours Suessionensi Episcopo Delegatus. Præsente hujus Parochiæ Parocho J. P. Vaillant. Erat Vici Major C. Turquin-Brucelle. Magister operis hujus Petrus Benard. Faber Structuræ Blondelle.* » (A. P.) (1).

L'adjudicataire étant tombé malade peu après, l'entreprise fut continuée sous son nom et menée à bien par le maire lui-même, secondé dans cette tâche par d'habiles ouvriers du pays, entre autres par MM Dufour-Jacquart, maître de chantier, Hubert Plateau, F. Carlier, Pr. Picon et autres.

---

(1) L'an du Seigneur 1867, les habitants de Chalandry ont réédifié avec une pieuse munificence ce temple dédié sous l'invocation de St-Aubin. C'est pourquoi, le 25 mars, jour de l'Incarnation du Seigneur, en témoignage, E. Blat, doyen de Crécy, délégué par Révérendissime J.-J. Dours, Evêque de Soissons, posa Moi, première pierre, en présence du curé de cette paroisse J.-P. Vaillant. Etait Maire du village C. Turquin-Brucelle, Maître d'œuvre Pierre Bénard, Constructeur Blondelle.

Le 5 juin 1869, on procéda aux métrage, mesurage et réception des travaux. Le procès-verbal qui fut alors dressé, évalue :

1° Les sommes dues à l'entrepreneur (déduction faite du rabais et de la valeur des matériaux provenant de la démolition de l'ancienne église estimés 2,000 francs) à. . . .   62.757^f 31

2° Les honoraires et frais de l'architecte, à . .   3.795   25

3° Et les dépenses non prévues (supplément pour pierres de Bièvres) à   97   80

Ensemble. . . , .   66.650^f 36

qui furent payés au moyen de dons et subventions provenant de :

1° La commune pour . . . .   40.000^f »
2° La fabrique. . . . .   8.000 »
3° L'Etat.   7.500 »
4" Et plusieurs particuliers. 11.150 36

Egalité . . . .   66.650^f 36

(A. C.)

A signaler que les charrois de matériaux furent faits gracieusement par les différents cultivateurs du pays.

Rappelons que la chaux a été fabriquée aux *Carrières* et les briques au *Calvaire (suprà,* p. 15 et 16).

§ 2. — « L'an de grâce 1869, le 20e jour du mois de juillet, en la fête de saint Jérôme-Emilien et sous les auspices de la Vierge Marie, de saint Aubin notre bienheureux patron et de tous les saints, il a été procédé avec solennité et selon les prescriptions liturgiques par Mgr Jean-Jules Dours, Evêque de Soissons et Laon, Doyen et premier Suffragant de la province de Reims, Assistant au trône pontifical, à la Bénédiction de la nouvelle Eglise de Chalandry, que la foi, le dévouement, l'union du conseil municipal et du conseil de fabrique, de tous les fidèles enfin et bienfaiteurs de la localité, sous la puissante et généreuse impulsion du premier Magistrat de cette commune, M. Charles Turquin, Maire et Membre du Conseil général de l'Aisne, ont élevé de concert, sur les ruines de l'ancienne Eglise, à la gloire de Dieu, d'après les plan et devis de M. Pierre Bénard, architecte à Saint-Quentin, dont la science solide et modeste sait si bien s'inspirer des sentiments de la foi.

Cette intéressante cérémonie fut présidée et la Bénédiction faite par Mgr l'Evêque, assisté dans ses augustes fonctions de M. Jean Dours, son frère, Vicaire général honoraire du diocèse, de M. Tévenart, archiprêtre de Laon, de MM. les curés du canton de Crécy-sur-Serre . . . . (suivent 25 autres noms d'ecclésiastiques) en présence de MM. les membres du conseil municipal : Charles Turquin, maire, Charles-Philippe Lefèvre, adjoint, Jean-Pierre-Gabriel Dufour, Jean-Baptiste Lefèvre, Dufour-Jacquart, Remy Levent, Edmond Brucelle, Jules Delhorbe, François Vollereaux, Alexis Maillet, Joseph Barloy, Remy-Florimond Destrées, secrétaire-instituteur ; des membres du conseil de fabrique : Charles-Philippe Lefèvre, président, Charles Turquin, maire, Jean-Pierre Vaillant, desservant, membres de droit tous deux, Jean-Baptiste Lefèvre, trésorier, Remy Levent, secrétaire, Gabriel Dufour et Louis Létrichet, suivis des employés de l'église, de M. Pierre Bénard, architecte, Blondelle, entrepreneur avec son personnel, de toute la paroisse enfin et d'une multitude de pieux fidèles accourus par sympathie et piété des pays circonvoisins. Fait en l'Eglise de Saint-Aubin de Chalandry le 20 juillet 1869. » (A. P.)

Une note de l'abbé Poquet, historiographe du diocèse, insérée dans la *Foi Picarde* (n° du 8 août 1869) complète le procès-verbal ci-dessus et retrace la physionomie de la fête.

« . . . Dès le matin, une foule compacte, composée des habitants du lieu et de beaucoup d'étrangers, attendait Sa Grandeur. Aussitôt que la présence du vénérable prélat fut signalée, on se porta en foule à la ferme du Château où il faisait sa descente et recevait une hospitalité gracieuse et empressée. Bientôt une longue procession était organisée et défilait majestueusement et en bon ordre, pour gagner l'église en parcourant les rues du village. Les chants des nombreux prêtres alternaient durant le trajet avec les symphonies de la musique de Crécy, jalouse de prêter son concours harmonieux à cette fête.

Aux approches de l'église, sous une arcade triomphale décorée à ses armes, Monseigneur fut complimenté par M. Turquin, maire, qui après l'avoir remercié avec effusion de la démarche que la commune devait à son zèle, retraça en quelques mots bien sentis les avantages de cette œuvre religieuse. Avec une rare modestie il voulut en attribuer le mérite à la générosité des habitants, mais il nous appartient de dire qu'il en a été l'âme et **la cheville ouvrière.**

Mgr sut dans sa réponse, faire la part de ce noble désintéressement, tout en félicitant gracieusement les habitants de leur concours généreux et spontané, il restitua à M. le maire les éloges qui lui revenaient de droit dans cette circonstance solennelle.

A l'entrée de l'église dont les portes devaient rester fermées, d'après les prescriptions rubricaires, Mgr fit d'abord la bénédiction de l'eau ; puis, portant à la main un bouquet de plantes aromatiques, entremêlées de fleurs, il fit le tour de la nouvelle construction, en aspergeant les murs et les contreforts ; ensuite les portes s'ouvrirent et le prélat pénétra dans l'intérieur qui était resté vide et sans ornementation ; après quoi, il renouvela à l'intérieur les bénédictions dont nous venons de parler, en commençant par l'autel.

Ces prières achevées, Sa Grandeur se disposait à célébrer la Sainte Messe, mais M. le curé voulait adresser à son évêque les paroles de bienvenue. Dans un langage élevé, rempli de sentiments délicats et prononcé d'une voix nette et accentuée, M. l'abbé Vaillant raconta au prélat ému l'histoire de son église, les sacrifices de ses paroissiens, leur piété, leur foi pour élever au Seigneur un temple digne de lui. Il n'eut garde d'oublier les bienfaiteurs du pays et les étrangers qui avaient pris part à cette bonne œuvre, le gouvernement de l'Empereur, et surtout l'initiative de M. le maire. Tout cela fut rappelé en termes excellents. Mgr répondit en félicitant chaleureusement et avec cette éloquence d'à-propos qu'on lui connaît, les habitants de Chalandry et surtout leur bon et zélé curé. Il fit ressortir en même temps, le côté spirituel et matériel de ces édifices consacrés à la religion. Aussi loua-t-il, et c'était justice, la beauté de cette construction et le talent remarquable de l'architecte.

M. l'abbé Dours, vicaire général prit la parole après l'évangile et, dans une instruction solide, appuyée sur l'histoire sainte, il fit comprendre à son auditoire attentif la grandeur et la destination de nos églises, ainsi que tous les avantages moraux et spirituels que les bons fidèles de Chalandry devaient en retirer.

A la suite de cette cérémonie, un banquet de cent couverts réunissait chez M. Turquin : Mgr, le clergé, les autorités du canton et quelques autres personnes distinguées entre autres M. Lemaître, trésorier-payeur général du département.. »

Le soir un salut solennel et le lendemain un service pour les défunts complétèrent la fête. Les quêtes produisirent :

A la messe	415 fr. 20
Au salut	84 07
Et à l'office du lendemain	19 60
Ensemble	518 fr. 87

§ 3. — Petite cathédrale du canton, ainsi fut qualifiée, dès son apparition, l'église de Chalandry, tant elle produit à l'intérieur comme à l'extérieur, de loin comme de près, un effet satisfaisant. La petite éminence sur laquelle elle s'élève, ainsi que les grands vides qui la dégagent, contribuent beaucoup à lui donner son superbe aspect monumental.

Bâtie dans le style du 13ᵉ siècle, elle a la beauté sévère, l'élévation et l'élégance des constructions religieuses de cette époque. Aussi fait-elle l'admiration des vrais connaisseurs et la gloire des habitants de la commune.

Son plan est en forme de croix avec abside polygonale (1). La construction extérieure est en pierres de Braye-en-Laonnois et en briques ; la construction intérieure est tout en pierres dudit Braye ; celles du soubassement ont été extraites à Bièvres.

Le monument se compose :

1º D'une *tour carrée* à quatre étages. L'étage inférieur est le *narthex* ou *porche* auquel on accède, après avoir gravi quelques marches d'escalier en pierre dure, par une grande porte à deux battants, formant la principale entrée de l'église ; — le 2º étage contient la *tribune* éclairée par une grande et magnifique rosace ; — le 3º étage s'élève sur la hauteur du comble de la nef; — puis vient le 4º étage comprenant le *beffroi* ou *cage du clocher* Cette tour est flanquée de deux tourillons dans lesquels se trouvent les escaliers qui mènent aux étages supérieurs ; ils sont surmontés de toits coniques chargés d'un riche épi.

2º D'une *nef* principale à quatre travées flanquées de deux ailes latérales à chaque pignon desquelles se trouve une petite porte. Au-dessus sont les combles.

---

(1) Quelques notes de l'abbé Vaillant, que nous a gracieusement communiquées M. Ch. Thiéfin, ancien instituteur, déjà nommé, nous ont beaucoup servi pour rédiger le présent paragraphe. Nous les avons complétées par des renseignements puisés aux archives de l'église et auprès de particuliers surtout auprès de M. Dufour-Jacquart.

CHALANDRY

Cliché Edmond Brucelle, phot. amat.

La Nouvelle Église

PLANCHE VIII

3° De deux *transepts* symétriques, composés chacun de deux travées dans les pignons desquelles existe une grande rosace.

4° D'une *abside* à cinq pans.

5° Et d'une *sacristie* située dans l'angle extérieur formé par l'abside et le transept nord ; porte de sortie par derrière.

Une *galerie* (ou *triforium*) formée par des enfoncements rectangulaires, biseautés dans le haut, se déroule autour de l'église. Ouverte dans la nef pour laisser un passage pris sur les combles des bas-côtés, elle est aveugle dans l'abside et les transepts, excepté dans les pignons où elle est à jour et sert de fenêtre. La partie inférieure des bas-côtés est éclairée par des fenêtres simples ; mais, dans la partie supérieure de la nef et de l'abside, ce sont de grandes fenêtres à meneaux, timbrées d'un quatrefeuille.

Le bâtiment de l'église a hors d'œuvre 31^m 48 de longueur, mesurés sur l'axe au-dessus du soubassement et de dehors en dehors des contreforts extrêmes ; et 21^m 86 de largeur mesurés sur l'axe des transepts également au-dessus du soubassement et de dehors en dehors des contreforts extrêmes desdits transepts. Le vaisseau a 12^m 11 de hauteur depuis le niveau du carrelage de la nef jusqu'au-dessus de la corniche de l'entablement de cette même nef et 11^m 50 jusqu'aux clés de voûtes.

La tour carrée mesure 21^m 35 de hauteur depuis le niveau de la marche supérieure jusqu'au-dessus de la corniche de couronnement. Elle est surmontée d'une flèche qui se dresse gracieusement dans les airs ; une croix et un coq servant de girouette la terminent. L'ensemble (tour et flèche) atteint près de 36^m 50 d'élévation.

§ 4. — En tête du mobilier de l'église, il y a lieu de placer le Maître-Autel qui décore dignement le fond de l'abside. Il a été exécuté par la maison Durieux, de Reims (1869, — prix 2.400 francs (1). C'est un véritable reliquaire de haute dimension. Il est tout en pierres jusqu'au-dessus du tabernacle, le reste est en bois peint couleur pierre et agrémenté de quelques légères dorures. La longue pierre d'autel est supportée par des colonnes,

---

(1) Les chiffres entre parenthèses indiquent les dates de pose ou d'acquisition des objets, ainsi que les prix connus.

sises à chacune de ses extrémités. Le gradin est orné sur toute sa partie antérieure d'une guirlande courante de feuillage. Au milieu de quatre reliquaires à colonnes et de forme ogivale s'élève le tabernacle avec son exposition imposante, surmontée d'une flèche pyramidale qui s'arrête à la naissance de la croisée du fond. Deux édicules surmontés de pyramides un peu moins élevées l'escortent avec grâce et modestie, et complètent la décoration.

L'abside est fermée par une grille ou appui de communion en fer forgé, petit chef-d'œuvre de patience, de délicatesse et de solidité, dû au talent de l'architecte et parfaitement exécuté par la maison Vilfort de Saint-Quentin (avril 1876 ; prix 1.352 fr. 45.)

Les autels latéraux sont en chêne et sortent des ateliers de M. Aubry, de Gespunsart (Ardennes). A droite se trouve l'autel de saint Aubin, il fait face à la nef latérale sud ; à gauche est l'autel de la sainte Vierge vis-à-vis la nef latérale nord. Archéologiquement leur place était sous la grande rosace de chacun des pignons des transepts ; mais liturgiquement leur emplacement actuel s'explique comme répondant mieux à la décoration de l'église ; car, de cette façon, les fidèles peuvent, de leur place et d'un seul coup d'œil, embrasser et admirer les proportions sveltes et harmonieuses de ces travaux à forme ogivale surbaissée, encadrant dans leur milieu les belles statues de saint Aubin et de la sainte Vierge (1871 ; prix d'ensemble des autels 2.000 francs ; des statues, 640 francs.)

Dans le même style que ces deux autels et au milieu de la première travée de la nef, côté de l'Évangile, s'élève une magnifique chaire à prêcher, contenant dans ses divers panneaux les quatre évangélistes. Elle porte la cime de son abat-voix, découpée comme une dentelle, jusqu'à la naissance de la croisée supérieure (1871 ; prix, 1.200 francs.)

La décoration des trois autels, de l'appui de communion et de la chaire est l'œuvre de M. Alphonse Jacquier, de Paris (1878 ; prix, 863 fr. 20). Les sculptures des chapiteaux, colonnettes et pilastres, très soignées, sont dues au ciseau de M. Darius Deyrieu, de Laon (1876-1877 ; prix 1.000 francs moins échafaudage).

Les bénitiers de marbre, très distingués, ont été acquis en 1870, (prix 450 francs). Les bancs en chêne, parquetés dans la grande nef, ont été façonnés en 1870-1871 (prix 2.522 fr. 82).

CHALANDRY

Cliché Duterne, phot. amat.

INTÉRIEUR DE LA NOUVELLE ÉGLISE

PLANCHE IX

Le carrelage en céramique et marbre, du sanctuaire, fut posé en 1869; celui des allées, en 1875 (le tout environ 3.000 francs.)

Le baptistère, en pierre blanche décorée d'une peinture imitant le marbre, et le confessionnal en chêne sont ceux de l'ancienne église ; ils n'ont point de style.

§ 5. — Les vitraux de l'abside sortent, comme les grandes rosaces des transepts et de la tribune, des ateliers célèbres de M. Maréchal, de Metz (1869) On ne peut rien, croyons-nous, de plus riche de ton, de dessin et de souplesse dans les médaillons des rosaces, comme dans les divers personnages qui ornent particulièrement les trois doubles croisées du fond de l'abside : saint Aubin et saint Hubert, saint Eloi et sainte Barbe, saint Nicolas et sainte Catherine, dons de personnes pieuses qui ont désiré garder l'anonyme (3.856 fr. 45 plus 172 francs de pose). Au-dessus de la croisée du milieu on lit toutefois : « Souvenir de la famille Sallandre de Colligis. »

C'est successivement que l'église a vu les vitres blanches faire place à de splendides vitraux : — en 1881, elle reçut la riche verrière géminée figurant l'Annonciation (don de M. Turquin-Brucelle) ; — en 1883, celle qui représente saint Aubin bénissant les enfants, tableau ou mieux paysage d'un effet ravissant ; (prix 900 fr. posé). Ces deux pièces sortent de la maison Champigneulle de Paris. — En 1884 et 1885, on a posé les vitraux des transepts et ceux du portail (de la maison Mouilleron); — de 1891 à 1893, les bas-côtés ont reçu les leurs.

Les vitraux du bas-côté Sud expriment quelques scènes de la vie du patron de la paroisse : 1º saint Aubin en prière dans sa cellule ; — 2º guérissant un malade ; — 3º faisant remettre en liberté une femme injustement emprisonnée ; — 4º délivrant miraculeusement des prisonniers. Ceux du bas-côté Nord retracent : 1º la conversion de saint Hubert ; — 2º son sacre ; — 3º la guérison d'une malade ; — 4º l'irruption d'une bête enragée dans Chalandry en 1727 (*suprà* l. I, page 124). Ils portent la signature de Ch. Champigneulle fils, de Paris (prix par unité 500 fr. — M. Onésime Placet en a payé un, au moyen d'un legs fait en 1891.)

Les grisailles des grandes fenêtres à meneaux de la partie supérieure de la nef principale viennent de la même maison (prix de l'unité 300 fr.)

L'église possède quatre tableaux : 1° *le Mariage mystique de sainte Catherine*, dû au pinceau de Madame Ernest Turquin de Paris (1869) ; — 2° une copie de *la Vierge à la Chaise*, don de M. Lemaitre de Laon (1871) ; — 3° *la Vision de saint Antoine de Padoue*, œuvre et don de Madame Ernest Turquin (1899) ; — et 4° *le Sommeil de l'Enfant-Jésus*, don posthume de l'abbé Poquet (1899).

« Rien n'est ordinaire et commun dans l'église de Chalandry », écrivait M. l'abbé Palant, dans son compte-rendu de la bénédiction du Chemin de Croix, du 2 mars 1876 ; nous en extrayons ce qui concerne la description de l'œuvre d'art elle-même.

Ce chemin de Croix « n'est point une peinture sur toile, un *tableau* ; il n'est point non plus une sculpture en bois, pierre ou plâtre, un *bas-relief* ; il est en émail. Sur un fond ou excipient en cuivre, sont appliquées ces couleurs vitrifiées et solides, de teintes variées, qui, semblables au vernis de la faïence ou de la porcelaine, donnent un brillant tableau résistant comme le métal. Les émaux de Chalandry sont du genre que les artistes appellent *champlevés* ; ils sont incrustés sur un fond de cuivre légèrement enlevé et creusé pour les recevoir, mais laissant çà et là apparaître la feuille de métal, là où elle est nécessaire, pour y figurer la tête et les nimbes des personnages : ce mélange d'or et de couleurs est du plus harmonieux effet et donne au travail un caractère de richesse et d'antiquité (1). Nos connaissances ne nous permettent guère de juger cette œuvre artistique, d'en signaler tous les mérites et aussi les défauts, s'il en existe : toutefois nous avons quasi pris scandale en voyant Pilate, un personnage odieux, couronné et *fleurdelisé* comme notre saint Louis ! Le 13° siècle commandait peut-être cette exigence, et le réalisme devait être sacrifié aux traditions artistiques : d'ailleurs nous pouvons nous confier quasi aveuglément à la main qui a fait exécuter ce chemin de croix, à M. Poussielgue-Rusand de Paris . . . .

---

(1) Le fond de chaque médaillon est en émail bleu ; les personnages s'y trouvent au nombre de 3 ou 4, jamais plus ; les chairs sont dessinées sur le cuivre en traits noirs, les vêtements sont des émaux cloisonnés de teintes diverses ; une légende en caractères gothiques indique le sujet de la station. **(Note des auteurs.)**

Les médaillons émaillés de chaque station ont la forme d'un quatrefeuilles de 40 à 50 centimètres de diamètre; ils sont harmonieusement disposés au centre d'une croix latine, en chêne, enrichie d'applications dorées et mesurant un peu plus d'un mètre de hauteur. . . . . . . Ces croix sont placées deux à deux dans les bas-côtés ou collatéraux de l'église, entre chaque fenêtre, sauf deux stations placées au fond de la nef, de chaque côté de l'entrée principale : un placement n'est pas une chose indifférente ; c'est la mise en scène. On a voulu sans doute éviter, en isolant les stations les unes des autres, d'en amoindrir l'effet. . . . . . .

Les émaux de Chalandry forment un ensemble d'une grande distinction, du meilleur goût, d'une grande valeur artistique et d'un caractère particulièrement religieux ; d'ailleurs choisis et placés par M. Bénard, nous pouvons nous incliner et dire : *Magister dixit*. . . . . . . Un maître a passé par là . . . . . »
(*Semaine Religieuse*, 15 mars et 8 avril 1876.)

Cette œuvre d'art a coûté 2.400 fr. Bien qu'elle ait été offerte sous le voile de l'anonymat, nous croyons pouvoir écrire ici le nom de Mademoiselle Adélina Turquin qui a contribué pour la plus large part à son acquisition.

§ 6. — L'église de Chalandry possède, entre autres reliques, une Epine de la Couronne de Jésus-Christ. Elle était jadis en vénération à l'abbaye du Val Saint-Pierre (commune de Braye-en-Thiérache) ; un religieux, profès et sacristain, qui l'avait soustraite au vandalisme de la Révolution, Dom Paul Bataillau, en fit don à l'église de Chalandry quand il en devint le pasteur en 1802. Cette relique mesure 46 millimètres de longueur ; elle est placée dans une petite châsse oblongue en cuivre doré, munie d'un seul verre ; le tout encastré dans une croix argentée. Elle est liée et rattachée avec un cordonnet de soie rouge à un morceau d'étoffe semblable portant au revers un double sceau épiscopal de cire rouge. La première reconnaissance de son authenticité porte la date du 25 juillet 1806 et la dernière du 27 juin 1834 (A. P.)

Voici son historique d'après les dépositions et enquêtes de 1806 : de temps immémorial, au Val Saint-Pierre, on l'exposait à la vénération publique pendant les octaves des grandes solennités. Il en est fait une mention spéciale, sans que son authenticité soit contestée, dans l'histoire latine manuscrite de la

Chartreuse du Val Saint-Pierre par Dom Ganneron profès du Mont-Dieu en 1639. Elle avait été donnée au monastère en 1185 par Ingelbert, son 3ᵉ prieur, ex-évêque de Chalon-sur-Saône, qui l'avait apportée de Cologne, son pays. Là se bornent les renseignements précis.

Avant le 12ᵉ siècle, on ne peut que faire des conjectures. Nous savons par les auteurs, entre autres par Rohault de Fleury, l'historien des Instruments de la Passion, 1º que la ville de Cologne posséda jadis quatre épines ; 2º que sainte Hélène, mère de Constantin-le-Grand, offrit à la métropole de Trèves une branche de la sainte Couronne ; et 3º que Charlemagne reçut d'un empereur de Constantinople et du patriarche de Jérusalem beaucoup de trésors et de reliques. (*Hist. des Instruments de la Passion*, pages 202 et suiv.)

Dessin de Madame Ernest Turquin

LA SAINTE EPINE

L'Epine d'Ingelbert était-elle l'une de celles-ci ou de celles-là ? De qui l'avait-il reçue ? La tradition n'en est point parvenue jusqu'à nous.

Quant à préciser de quelle essence ou de quel bois elle est, cela nous devient, avouons-le, difficile. Elle ne peut provenir, vu sa dimension, que d'une plante exotique ; elle est d'ailleurs conforme à celles que décrit Rohault de Fleury et qu'il désigne sous le nom de *Ziziphus Spina Christi* ou *Jujubier de Palestine*.

L'histoire précitée reproduit en gravure la branche donnée par sainte Hélène à l'église de Trèves et qui offre, au dire de savants antiquaires, un grand caractère d'authenticité. Plusieurs pointes en ont été détachées jadis au profit d'autres églises. . . . . de celle de Cologne peut-être ? Quoi qu'il en soit, l'Epine de Chalandry, droite, d'un marron clair, a beaucoup de ressemblance avec celles de Trèves.

Après avoir fait sa déposition sur l'authenticité des reliques vénérées publiquement au Val Saint-Pierre, Dom Bataillau s'exprimait ainsi : « Je certifie en outre. . . . . que lesdits Reliquaires et ce qu'ils contenaient ont été transférés en 1791 et apportés dans l'église de Vervins, qu'au moment de la cessation du culte les autorités constituées, alors que j'étais vicaire de Vervins, m'ont forcé d'évaluer les Reliquaires et d'enterrer les Reliques, que deux heures après je les ai retirées de terre ; j'en ai distribué une partie à quelques fidèles, ayant toujours conservé l'Epine de la Couronne. . . . . ; que le 1er septembre 1801 j'ai apporté ce qui me restait desdites reliques à l'Hôtel-Dieu de Laon et les ai confiées aux Dames Religieuses avec ce qu'il y avait d'authentique, en présence de MM. Patran et Fouan, résidents alors audit Hôtel-Dieu qui ont signé, Patran ancien chanoine de l'église de Laon, Fouan curé de Chamouille, missionnaire en chef, sœur Saint-Etienne, religieuse sacristine de cet établissement. » (A. P.)

Ainsi léguée à l'église de Chalandry, la sainte Epine fut depuis vénérée le Vendredi-Saint à l'Office du matin où le prêtre la présente à baiser à chaque fidèle.

Le 1er juillet 1838, la sainte Epine avait été cédée à l'église de Marle ou plutôt échangée contre un ornement en drap d'or de 160 francs. Le conseil municipal en réclama la restitution en juillet 1839. La fabrique, après avoir remboursé le prix de l'ornement, rentra en possession de la relique (A. P.)

L'église possède encore deux autres reliquaires comprenant : le premier, des reliques de saint Quentin, martyr du Vermandois, de saint Eloi évêque de Noyon, de saint Léger évêque-martyr d'Autun, de saint Sébastien martyr et de saint Victoric martyr, et le second, des reliques de saint Laurent lévite martyr, de saint Boniface évêque, de sainte Hunégonde abbesse d'Homblières, et de sainte Euphémie vierge. Ils sont placés dans les édicules latéraux qui surmontent le maître-autel, celui du milieu étant réservé pour le reliquaire de la sainte Epine. Le dernier authentique est du 9 novembre 1875 et la bénédiction du 2 mars 1876. Ces dernières reliques sont un don de Monsieur le Vicaire général Brancourt.

Outre les objets mobiliers ci-dessus énumérés, on pourrait en citer plusieurs autres dont quelques-uns furent offerts par la piété privée des fidèles. Mais l'inventaire en serait difficile et trop long.

§ 7. — Voici l'inscription qui se trouve sur la cloche:

« L'AN 1816 J'AI ÉTÉ BÉNITE PAR Mr PIERRE DUPLESSIS CURÉ-DOYEN DE CRÉCY-SUR-SERRE —— ASSISTÉ DE Mr BRIHAYE CURÉ DU LIEU. JE SUIT NOMMÉE MARIE PAR Mr FRANÇOIS CHARLEMAGNE BRANCOURT —— PAREIN, CULTIVATEUR ET MAIRE DE LA PAROISSE DE CHALANDRY ET MARIE JOSÉPHINE FÉLICITÉ LABRUSSE ÉPOUSE —— DE FRANÇOIS PIERRE TURQUIN PROPre CULTIVATEUR AU CHATEAU DUDIT CHALANDRY. J. P. VAILLANT Mc D'ÉCOLE. ALEXANDRE POQUET ADJOINT. »

La cloche sort des ateliers de M. Cavillier (Somme), pèse 600 kilogs, donne la note *la* et jouit d'une belle sonorité.

Dans la flèche pyramidale du clocher, contribuant à son décor et bien en vue, existent quatre beaux cadrans émaillés de 1m 10 de diamètre. Ils font partie de l'horloge publique qui vient d'être placée par les soins de la commune, à la grande satisfaction de tous les habitants. Cette horloge est à échappement avec remontoir d'égalité ; elle a été fournie par la maison Renard, de Ferrière (Seine-et-Oise). Une plaque de cuivre, fixée sur le bâti en fonte qui soutient les corps de rouages, porte la mention suivante : « Érigé en avril 1902. Jules Poignant, maire de Chalandry. »

Autour de l'église se trouve le cimetière ; il est fermé de murs en grès et briques recouverts d'un chapeau de pierre et d'une grille en fer. Cette dernière, posée en 1900, a été achetée avec les fonds provenant de :

1° Souscription publique	927 fr.
2° Don de la fabrique	300 —
3° — du département	250 —
4° — de la commune, environ	423 —
Ensemble	1.900 fr.

Elle encadre bien l'édifice.

On entre dans le cimetière par deux portes en fer dont l'une, monumentale, à deux battants, s'ouvre en face du portail et l'autre, plus petite, derrière la sacristie.

Parmi les inscriptions tombales, on remarque la suivante, gravée sur plaque de cuivre, fixée au pilier gauche du portail :

Ici repose
Attendant la Résurrection
le corps de
Maître Jean-Pierre Vaillant
Curé de Chalandry
de 1863 à 1883
Sous l'administration de qui
Cette église fut construite.
Décédé dans la paix du Seigneur
le 23 août 1883
A l'âge de 73 ans.
Requiescat in pace !

§ 8. — Enfin, comme propriété communale, il y a le presbytère dont il a déjà été question (pages 187 et 188). C'est une construction très ancienne et de médiocre apparence, le grès du pays y entre principalement, la brique n'est qu'un simple revêtement sur la façade Nord.

Suivant contrat reçu par M° Labouret, notaire à Crécy-sur-Serre, le 12 avril 1850, la commune a acheté à l'abbé Thomain, ancien curé de Chalandry, moyennant le prix principal de 1.300 francs, la partie de l'immeuble comprenant la porte cochère, la cuisine et l'aile droite du jardin. Celui-ci, complètement entouré de murs, a une superficie totale de 12 ares environ.

§ 9. — Disons, pour terminer, que Chalandry est la patrie notamment des ecclésiastiques dont les noms suivent :

POQUET (Eusèbe-Alexandre), né le 19 avril 1808, d'Alexandre Poquet, cultivateur, ancien maire, puis adjoint de la commune et de Marie-Philippine Dréant.

Il commença ses études primaires à l'école de Chalandry, avec Jean Pierre Vaillant comme maître, et ses études classiques au presbytère paroissial avec l'abbé Brihaye curé, comme professeur ; il les continua à partir de la Quatrième, au petit Séminaire de Soissons (alors Séminaire Saint-Charles). Il entra ensuite au grand Séminaire de cette ville et fut ordonné prêtre le 22 décembre 1832.

Voici les étapes de sa vie ecclésiastique : il fut d'abord nommé curé de Nogentel, près de Château-Thierry (1833), puis, en 1843, directeur de l'Institution naissante des Sourds-Muets et jeunes Aveugles de Saint-Médard-lès-Soissons. Chanoine honoraire le 21 avril 1848, puis missionnaire apostolique, il devint le 7 novembre 1853 aumônier du dépôt de mendicité du département de la Seine, établi dans l'ancien château de Villers-Cotterêts. Enfin le 1er novembre 1857, il fut nommé curé de Berry-au-Bac, comme doyen du canton de Neufchâtel-sur-Aisne. Il ne devait plus quitter Berry-au-Bac dont il fit reconstruire l'église, aujourd'hui un vrai bijou d'architecture. Décédé en son presbytère le mercredi 29 décembre 1897, dans sa 90° année, il avait voulu être inhumé à l'ombre du temple magnifique qu'il avait fait réédifier ; ce qui eut lieu le 3 janvier 1898.

Le peu de temps que lui laissaient ses nombreuses occupations sacerdotales était consacré à l'étude et à la propagation de l'Histoire et de l'Archéologie locales. Dès 1839, il publia l'*Histoire de Château-Thierry*, en deux volumes illustrés. L'un des fondateurs de la Société historique et archéologique de Soissons (1846), il en fut le premier secrétaire. Les Bulletins de Laon, de Soissons, de Château-Thierry et l'*Almanach-Annuaire Matot-Braine,* publié à Reims, etc., contiennent de nombreux articles écrits par cet infatigable archéologue qui fit beaucoup d'autres publications historiques dont voici les titres des principales : *Histoire de Château-Thierry* (1839). — *Les Annales des Sourds-Muets de Saint-Médard* (1848-1849) ; — *Notice historique de l'abbaye de Saint-Léger* (avec M. de la Prairie, 1850) ; — *Histoire de l'abbaye de Longpont* ; — *de Fervaques* ; — *Histoire de Fère en-Tardenois* (1852) ; — *de Vic-sur-Aisne* (1853) ; — *de la Ferté-Milon* ; — *de Chézy-sur-Marne* ; — *d'Ambleny* ; — *d'Essommes* ; — *de Cœuvres*, etc ; - *le Département de l'Aisne*; — *Histoire de Notre-Dame de Soissons et de Saint-Pierre au Parvis* ; — *de la cathédrale de Soissons;* — *Le cérémonial du sacre des évêques de Soissons et Laon;* — *Le Rituel de la cathédrale de cette ville, dit Rituel de Nivelon du 13° siècle* ; — *Les Miracles de la Sainte-Vierge*, par GAUTHIER DE COINCY, poète du 13ᵉ siècle avec 64 miniatures et un frontispice in-folio ; — *L'Entrée de Jules César dans la Gaule-*

CHALANDRY

L'Abbé Poquet

Planche X.

Belgique, avec plans ; — *Les légendes historiques du département de l'Aisne ;* etc., etc.

Les pièces qu'il avait recueillies sur l'Histoire locale et les manuscrits qu'il possédait faisaient de sa bibliothèque une des plus importantes et des plus curieuses du département de l'Aisne.

« Indépendamment des pièces imprimées, M. Poquet laisse aussi un assez grand nombre de manuscrits. M. A. Brancourt, vicaire général honoraire, son parent, son compatriote et légataire, en fera sans doute un judicieux usage. Nous avons exprimé le vœu par ailleurs qu'il y ait une part donnée à l'importante *Collection Perin*, qui a centralisé à la Bibliothèque de Soissons tant d'épaves, tant de pièces rares concernant le département de l'Aisne, et dont le catalogue ne comprend pas moins de trois volumes in-8 imprimés » (Chanoine PALANT, curé de Cilly, *au bulletin de la Soc. hist. et arch. de Château-Thierry de 1898*). (1).

Son travail sur *l'Entrée de Jules César dans la Gaule-Belgique* était paru, lorsque l'empereur Napoléon III entreprit d'écrire l'Histoire dn célèbre général romain (publiée en 1865-1866). Ce souverain alla souvent voir l'abbé Poquet au presbytère de Berry-au-Bac et déjeuner avec lui, au moment de la reconnaissance qu'il fit du camp de César à Mauchamp (Bataille de l'Aisne entre Berry-au-Bac et Pontavert, commencement de juillet 57 avant J.-C. — *Suprà*, p. 29). Une colonne commémorative fut inaugurée sur cet emplacement par l'empereur lui-même, en présence notamment de l'abbé Poquet, le 19 novembre 1862.

C'est au cours de l'une de ces visites, ainsi que nous l'a raconté Mademoiselle Octavie Poquet, sa sœur, qui restait avec lui, que

---

(1) On doit regretter que notre érudit et laborieux compatriote n'ait pas écrit l'Histoire de son village natal. Il l'aurait certainement mieux faite que nous ! Il nous a dit qu'il y avait pensé bien des fois, mais que ses occupations incessantes ne lui avaient permis de réunir que quelques renseignements sur Chalandry. En nous félicitant de notre intention de doter ce village de son Histoire, il nous communiqua fort obligeamment tous les articles qu'il avait en sa possession et publiés tant par lui (nous en avons tiré un large parti, ainsi qu'on l'a vu) que par d'autres Historiens locaux. Enfin, en nous encourageant fortement à mener à bien cette étude, il nous promit de nous « aider dans notre patriotique besogne ». En effet, il nous écrivit en 1894 et en 1896, pour nous donner quelques détails complémentaires. Mais ses forces l'abandonnant, il ne put suivre plus loin nos travaux, que nous aurions tant désiré lui soumettre avant que de les publier !

l'empereur proposa à ce trop timide enfant de Chalandry de devenir le précepteur du prince impérial ; l'abbé Poquet refusa net. Combien d'autres, à sa place, auraient accepté avec empressement !

Les nombreux écrits de ce modeste mais infatigable chercheur lui valurent le titre de correspondant des comités historiques du ministère de l'Instruction publique et des Beaux-Arts. Sous l'Empire, il fut nommé officier d'Académie et choisi comme inspecteur des Monuments historiques du département de l'Aisne. Longtemps secrétaire de la Société archéologique de Soissons, il fut aussi inspecteur des Académies de Reims, de Beauvais, de Laon et Historiographe du diocèse.

TURQUIN François-Louis (1812-1880). Il fut successivement professeur de Quatrième au Séminaire de Laon, curé de Voyenne, aumônier de la Croix de Saint-Quentin pendant 25 ans, chanoine en 1853.

A Chalandry est né aussi, le 6 septembre 1834, Monsieur Alphonse BRANCOURT. Il fut successivement curé de Fluquières, aumônier de la Croix de Saint-Quentin, doyen de La Capelle, archidiacre du diocèse et vicaire général de Mgr Duval. Il est aujourd'hui chanoine titulaire et vicaire général honoraire, en résidence à Soissons.

§ 10. — Les desservants de Chalandry, depuis la Révolution, sont :

1802 (janvier à octobre), Gorus, desservant provisoire après la mort de Pierre Lemaire.

1802-1808, Dom Paul Bataillau.

1808-1831, Brihaye. (Ces deux derniers décédés dans leur cure).

1831-1842, Chrétien, décédé curé de Cœuvres.

1842-1849, Thomain François-Alexis, décédé curé de Berny-Rivière.

1849-1863, Décarsin, décédé curé de Savy.

1863-1883, Vaillant Jean-Pierre, décédé à Chalandry.

1883-1889, Lanoue Arthur, actuellement curé de Laigny.

1889-1894, Canonne Auguste, aujourd'hui directeur de l'Institution des Sourds-Muets de Saint-Médard-les-Soissons.

1894-...., Lefèvre Jules-Paul-Armand.

LIVRE ADDITIONNEL

La Vie Rurale d'Autrefois et celle d'Aujourd'hui

CHAPITRE I

§ 1ᵉʳ. — OBJET DU PRÉSENT CHAPITRE. — LA MASURE ET LA MAISON ; LES MATÉRIAUX DE CONSTRUCTION.

§ 2. — LES APPARTEMENTS ET LE MOBILIER ; — INVENTAIRES DE MEUBLES; SITUATIONS DE FORTUNE ; DISPOSITION INTÉRIEURE DU MOBILIER ; PROGRÈS DU CONFORTABLE AU 17ᵉ SIÈCLE, LES MEUBLES SCULPTÉS, LA VAISSELLE DE FAÏENCE ; LES VÊTEMENTS ; L'ALIMENTATION ; COMPARAISON ENTRE LE PASSÉ ET LE PRÉSENT.

§ 3. — LES GRANDS PROPRIÉTAIRES FONCIERS ; NOMBRE DES FERMIERS ET IMPORTANCE DE LEUR EXPLOITATION. — SITUATION ACTUELLE.

§ 1ᵉʳ. — « Si l'on ouvre les histoires des villages, on y lit la plupart du temps la généalogie des seigneurs qui les ont possédés, et, s'il y avait une abbaye, la description de cette abbaye et la liste de ses abbés ; sur les paysans presque rien ; la mention de quelques procès de la communauté, la nomenclature de quelques syndics, la quotité des impôts royaux et des charges seigneuriales. Rien de plus ; la *vie matérielle et morale* a échappé aux recherches, tant les *documents écrits* sont rares, tant les *traditions locales* disparaissent rapidement ! » (A. BABEAU, *Vie Rurale.*)

Il nous reste donc, pour compléter notre tâche, à décrire la vie matérielle de nos ancêtres, la maison, le mobilier, l'exploitation agricole, etc., et à relater quelques traits relatifs à d'anciens usages et aux mœurs ; sur quoi nous avons, fort heureusement, pu découvrir quelques « documents écrits » et recueillir quelques « traditions locales ».

Le villageois, passant la majeure partie de son existence aux champs, a toujours été plus fier de ses biens au soleil, que le citadin de son pignon sur rue. Son habitation d'autrefois était la *masure*, de rustique et miséreuse apparence, à l'aspect cependant pittoresque, sous les arbres d'un verger ombreux. On se représente cette masure, étroite, bâtie en *torchis* ou argile broyée avec de la paille, n'ayant d'autre ouverture que la porte, une toiture peu élevée et toute en chaume. Les dénombrements seigneuriaux, notamment ceux de 1536 et de 1606, déjà cités, ne mentionnent plus guère que 5 ou 6 demeures de ce genre. Il semble même que l'habitation commençait déjà à se transformer ; on y rencontre en effet des indications comme celle-ci : « Jean Vendisi pour sa *maison* qui jadis estoit *masure*, 3 sols » (A. A. H, 55. — Ces maisons n'allaient jamais sans leur *pourpris* (clos ou jardin fermé) : ce qui indique bien le nouveau caractère de la demeure rurale. Lorsque le jardin était plus beau et plus spacieux, on lui donnait le nom de *courtil* : le *courtil du Moustier*, le *courtil des hoirs* (héritiers) *de M. de Cigny*, la *maison et le courtil de l'Arche*. On disait encore, au 16e siècle, le *manoir de l'Arche* parce qu'il était entouré de murailles et de fossés. Au 18e siècle, il n'était plus question que de maisons et de jardins.

Les matériaux utilisés pour la construction étaient fournis par le sol environnant ; c'était la glaise qui se préparait sur place, la pierre blanche des carrières locales et surtout le grès qui se rencontrait en abondance dans les parages des buttes de Saint-Aubin. Le château, le presbytère, la plupart des fermes et maisons du village, ainsi construites comptent plusieurs centaines d'années d'existence.

Les murs extérieurs, d'une épaisseur de 0ᵐ 60 à 0ᵐ 70 et les entrefends presque aussi larges défiaient l'effort des siècles. La maison n'avait le plus souvent qu'un rez-de-chaussée, un peu en contre-bas du sol de la rue, rarement un étage supérieur, (le château, le presbytère en avaient un). Les fenêtres étroites, souvent de forme ronde ou ovale, étaient garnies de volets ; mais avant le 18ᵉ siècle, les vitres devaient être un luxe que seules pouvaient se permettre les familles aisées. Les toitures étaient généralement en *chaume* ; toutefois, on se servait de la tuile depuis l'époque gallo-romaine, ainsi qu'on l'a vu plus haut.

Le dénombrement seigneurial de 1536 mentionne que la maison de la Motte « est couverte en tuiles ». Un compte des recettes et dépenses de l'église paroissiale (A. A. B, 3001) porte aussi : « . . . . Item avoir donné à Remy Latruffe pour des *tuilles* qu'il a amenez a l'église de Saint-Aubin pour la réfection de ladite église en 1658, 6 livres. Item pour 600 de *tuilles* et pour avoir couvert sur l'enceinte là ou demeure l'ermite la somme de 6 livres. . . . . ».

L'*ardoise* venant de loin était plus rare sans être tout-à-fait inconnue. Dans les comptes de recettes et de dépenses de l'église de Crécy, de 1577, le marguillier écrit ceci : « pour l'herbe de la cimetière demeurée à Anthoine Hazard il n'a eu aulcune chose, attendu les bœufs qui amenoient les *ardoises* pour couvrir la dicte église et le clochet, ont tout paissé. » (A. P. Crécy.)

§ 2. — L'intérieur de ces habitations étaient ordinairement divisé en deux ou trois pièces : 1°, la pièce d'entrée ou *maison*, servant tout à la fois de cuisine, de salle à manger et même de chambre à coucher ; 2°, la *chambre* ; 3° le *fournil*. Le sol de toutes ces pièces était en terre battue.

Chacune d'elles avait un mobilier en rapport avec sa destination spéciale, avec les besoins et les ressources de l'habitant. Nous allons reproduire quelques inventaires locaux, trouvés aux Archives de l'Aisne. (B, 3001 et 3003.) A l'aide de ces documents authentiques, le lecteur pourra facilement se faire une idée de la situation matérielle de nos aïeux et ainsi la comparer plus utilement à la nôtre ; ils indiquent en effet la valeur des objets mobiliers et animaux de ce temps, et peuvent ainsi servir de point de comparaison.

« Inventaire faict par nous Jean Mahieu, bailly. . . . . après décès de Claudine Lambin femme de Pierre Dangie de Chalandry. . . . . du 19° jour de janvier 1637 :

En la Cuisine : une cramaille de fer prisée, 6 sols ; deux lumières de fer, 3 s. ; un fourgon de fer et une pesle à four, 8 s.; un couverseau à four de fer, 15 s.; deux plats d'estaing et de fer blanc, 16 s.; deux écuelles et cinq cuillers d'estaing, 12 s.; une pelle à four de fer, 8 s.; une marmitte de fer, 15 s; une *casse* de cuivre, 8 s.; un grand chaudron, 30 s.; un moien chaudron, 20 s.; un petit chaudron de cuivre garni d'anse et de cercles en fer, 15 s.; quatre quadres de bois, 8 s.; une grande saille et un petit seau de bois, 30 s.; une table de bois de chesne et chassis, 16 s.; une potière de bois de chesne à 4 étages, 12 s.; un escabeau avec cinq chaizes de paille, 6 sols ; sept cloiettes d'osier à fromages, 6 s.; une écuelle de blanc bois, 2 s.; un blocque avec une panne et un paslon, 12 s.; un cuveau, un seau et un pasion, 8 s.

En la Chambre : une paire chennon de fer prisés, 8 s.; deux chalit de bois de noyer, 4 s.; un lict, un traversin de plume et une couverte, 10 livres ; un autre lict, traversin, deux oreillers de plume et une couverture bleue, 12 l.; un passet de bois de chesne garni de clef et fermoir, 15 s.; une petite table sur deux tréteaux, 10 s.; un lardier garni de serrure sans clef, 8 s.; une paire de draps d'estouppe, 30 s.; une paire de draps de toile d'estouppe, 25 s.; une paire de draps de toile de chanvre, 5 s.; une autre paire de draps de toile d'estouppe, 16 s.; trois serviettes de toile de chanvre, 20 s.; deux chemises de toile de chanvre et cinq collets à usage de femme, 48 s.; un rouet, 4 s.; et vingt-et-une livres de fillé d'estouppes à 6 sols la livre, 6 livres 6 s.

En l'Escurie : une jument soubz poil rouge, 15 l.; une cavalle soubz poil gris, 14 l.; un cheval soubz poil de souris, 9 l.; une autre cavalle sous poil gris, 18 l.; une autre cavalle sous poil noir, 15 liv.; deux poullains, 7 liv. 10 s.; cinq colliers bride et une paire de collerons, 7 l. 10 s.; un fourchet et un hoyault, 4 s.; un panneau et une sellette, 25 s.

En l'Estable à vaches : une vache soubz poil rouge et l'autre gaillé les deux 28 l.; trois jeunes génisses à 8 liv. la pièce, 24 l.

Au Grenier de ladite Estable : quatre voitures de foing, 45 l., deux fourchets de fer, 4 s.

En la Grange : un mille de gerbes, 20 l.; un cent de foraiges,

40 s.; une voiture de vesce ou dravières, 4 l.; deux binois un monté et l'autre non, 50 s.

En l'Estable à porc : une truye, 7 l.

En la Court : un charriot bandé de fer avec 4 roues, 18 l.; deux herses, 25 s.

Dans le Fournil : une maie de bois à faire le pain, 12 s.

Dans le Grenier de la Chambre : une asnée de seigle à 13 sols le quartel ; une asnée d'orge ou pamelle à 9 s. le quartel ; cinq asnées de seigle à 13 s. le q. ; cinq asnées d'avoine à 13 s. le q.

Ledit Dangic a déclaré avoir mené dans le chasteau de la Motte cinq asnées de seigle et cinq asnées d'avoine. Mené à Laon au logis de M⁰ Anthoine Gauger, chanoine et chantre de Nostre-Dame dudit lieu, sept asnées de seigle ; et au logis de M⁰ Anthoine le Moyne, advocat son maistre, dix-sept asnées d'avoine et plusieurs autres meubles. Item avoir déposé ès mains de la nourrice du sieur de Couvron, demeurant au chasteau de la Motte, ung demi-sain d'argent (ceinture que portaient les paysannes aisées), estimé 24 livres.

Meubles conduits à Laon à cause des troubles : un coffre de bois de chesne et la clef, 4 liv.; dix aulnes de toile de chanvre, 40 s.; quatre paires de draps, 12 liv.; deux garnitures de lict et six panneaux de toile garnie de lassis, 4 l.; sept serviettes tant ouvragées qu'en toile, 60 s.; une douzaine de serviettes ouvragées, 6 liv.; quatre chemises neufves de toile de chanvre rayé, 6 liv.; un cotillon supporté de serge violette, 60 s.; un autre cotillon avec le corps de drap noir bandé de tringles de velours, 18 l.; une devanture de drap noir, 60 s.; une paire de manches de drap noir, une garde-robbe (vêtement de dessus) de serge noire, 4 liv.; une garniture de lict de couleur verte, 10 liv.; une couverture de même couleur, 10 liv.; cinq sacqs de toile, 100 sols. un coffre de bois de chesne, 48 s.; dans lequel a esté trouvé un lit de plumes avec sa couverture et son traversin, 12 l; trois draps de toile d'estouppe, 60 s; une pesle à feu, 16 s.; un grille de fer, 10 s.; trois chandeliers de cuivre, 60 s.; huit grands plats d'estaing, 6 l.; deux autres petits plats d'estaing, 20 s.; une douzaine d'assiettes d'estaing, 6 l.; quatre écuelles d'estaing, 40 s.; un pot d'estaing mesure de Laon, 20 s.; une grande paire de chenet de fer, 30 s.; deux trousseaux de chanvre poizant environ 20 livres 8 sols la l., 8 l.; quatre serviettes, 30 s.;

un lardier de blanc bois garni de clef, 24 s. » (A. A. B, 3003.)

Tel est l'inventaire d'une succession de laboureur aisé en 1637.

Les plus beaux meubles avaient été mis en sûreté à Laon à cause de l'invasion des armées espagnoles : A noter parmi ceux-ci les vêtements de toilette à usage de femme depuis le « demi-ceint » ou ceinture d'argent estimée 24 livres jusqu'au « cotillon avec corps de drap paré de passementeries de velours » estimé 18 livres, c'est-à-dire plus que le prix d'un cheval de l'époque.

« Inventaire des meubles délaissés par Pierre L...., en son vivant simple manouvrier, à Chalandry, du 30 juin 1704 :

Une cramaille prisée, 15 s.; une paire de chainet et une marmitte, 15 s.; un couverseau à four, 5 s.; une pelle à four et fourgon, 15 s.; un chaudron d'airain, 4 l., 16 s.; un autre petit chaudron d'airain, 40 s.; un chaudron de fer, 25 s.; une *casse* d'étain, 30 s.; une grande pelle à frire et une petite, 30 s.; vingt-et-une livres d'estain à 14 sols la livre, 14 l. 14 s.; 8 cuillers d'estain, 16 s.; un fer à retendre, 10 s.; un seau bandé de fer, 30 s.; une sereine avec couverseaux et battreille, 12 s.; deux telles de bois, 13 s.; trois telles de terre, 9 s.; deux pots de terre à fromage, 10 s.; deux plats de terre, une écuelle de terre et une pinte de terre, 5 s.; cinq *cloiettes* avec un couloir et deux petites écuelles de bois, 8 s.; la potierre de blanc bois, 30 s.; une may, 12 s.; un coffre de bois de chêne avec clef et serrure, 5 livres. Trouvé dedans le coffre cinq paires de drap de chanvre à 4 livres 10 s. la paire : 22 l. 10 s.; une douzaine de serviettes tant d'étoupe que de chanvre, 4 l. 5 s.; une table de bois de chêne, 3 l.; une fourchette de blanc bois, 35 s.; une couverture de laine verte, 7 l.; une paillasse d'étoupe, 48 s.; un travers de paille en toile d'étoupe, 7 s.; un oreillet garni de plumes avec deux toyettes, 3 l. 4 s.; un lardiet de blanc bois avec une mande d'osier, 20 s; deux chèzes de blanc bois couvertes de paille avec un cadot, 10 s.; un rateau de fer, 10 s.; une lumière et la bouteille à huile, 5 s.; un rouet à filer chanvre, 10 s.; une vache sous poil rouge, 18 l.; un cartel de chenevis semé, 4 l.

La vefve a déclaré qu'elle avait la somme de 21 livres ; qu'elle devait trois pots de sel qui se monte à 4 livres, 8 sols, 3 deniers.

Item. appartient auxdits mineurs une maison, bâtiment et jardin en dépendant ». (A. A. B, 3003.)

« Inventaire pardevant nous Jean Gasse lieutenant en la justice terre et seigneurie de la Motte à Chalandry, à la requette de Marie Duchenois veuve de Jacques Blain vivant manouvrier demeurant audit Chalandry.... (1714) :

Une cramaille avec une paire chainet, prisées 20 sous ; une pelle, un fourgon, un couverseau à fourt, 15 s.; un *saloïs* pour mettre du sel, 20 s.; deux coffres de chenne, 8 liv.; une sereine avec batreille, couverseau et balance, 30 s.; trois chaudrons de cuivre, 9 l. et un de fer, 45 s.; deux seaux bandés de fer, 40 s.; un *treois* (*seau à traire*) avec un *coulois* d'estain, 10 s.; cinq telles de bois, 40 s.; trois terrines avec deux écuelles de terre et trois pots de terre, 15 s.; une pelle à frire et une *casse à boire* d'airain, 10 s.; une bouteille de verre avec deux juittes à huile, 8 s.; une ratière avec un vieux fer à retandre, 6 s.; treize livres et demy d'estain estimez la livre 13 sous le tout se monte à 8 livres 15 sous 6 deniers ; une marmitte et son couverseau, 10 s.; une lanterne, 8 s.; un tamis de sois et un autre tamis tel quel, 15 s.; une potière de planche, 10 s.; un pagnier d'osier et une mande, 3 s. ; un vieux hoyaux et une vielle hache, 6 s. ; un loucet avec une cerpe, 30 s.; un pesons à peser le file, 30 s.; une vieille faux toute montée avec le marteau et *l'anglumiaux*, 25 s.; une table de chenne, 20 s.; un vieux blocque, 20 s.; deux serant à chanvre, 9 livr.; une cage avec une vieille hotte d'osier, 10 s.; un bultoire, 6 s.; un crible, 5 s.; deux tinettes, 14 s.; deux retiaux et une fourchette de bois, 10 s.; deux *broyons* à broyer de la chanvre, 50 s.; une somme à bourrique avec les panié, 15 s.; une sivière avec une échelle, 10 s.; un baque fait avec deux planches de bois de chenne, 10 s.; un fourchet, 5 s.; trois lumières avec les *lumirons* de terre, 10 s.; un van d'osier avec un fléau d'osier, 8 s.; trois chese couvert de paille, 7 s.; un lit fait avec des planches, 10 s.; un chalit de blanc bois avec les drats la palliace la couverte et le travers. . . trente-huit livres de file d'étoupe à 7 s. la livre, 13 livres 6 s.; dix-sept liv. de fil de chanvre à 17 s. la livre, 14 livres 9 sous ; dix-huit livres de chanvre fait à serand estimez la livre 11 sous, 9 livres 18 sous ; soixante-huit livres de chanvre a efanger à 7 sous la livre, 23 livres 16 s.; sept livres d'étouppe, 14 s.; trois cartels de chennevis estimez 50 sous le cartel, 7 liv. 10 s.; six cartels de blez estimez à 64 sous le quartel (prix exceptionnel) le tout se monte à 19 liv. 4 sous ; deux bands, 2 s.; deux paires de drap d'étoupe, 50 s.; six cerviettes de chanvre et étoupe, 20 s.; une vache sous poil rouge, 38 l.; une autre vache sous poil noir, 38 l.; une autre vache *gayette* rouge, 15 l.; un vieux bourique, 6 l.; un demi carteron de foin, 25 s.; deux jerbées, 5 s.; deux vieux saque, 5 s.; un cussin garni de plume, 10 s.; un rouet à filé, 10 s.; un métier à faire de la toille avec les enarnachures, 3 l. 10 s.

Item la maison et jardin aquis par deffunt Jacques Blain et Marie Duchenois sa femme a esté estimez à la somme de 15 l. de revenus.

Total 281 livres 15 sols 6 deniers.

Dettes passives : la veuve a déclaré devoir à Mme Picon 24 livres pour fait de marchandises; pour la taille au sieur Gasse collecteur, 16 livres compris la capitation et ustensille ; au collecteur du sel de Janvier et d'Avril, 3 pots ; un cartel de seigle au M^e d'école. La veuve a déclaré avoir 5 cartels de chanvre empouillé ; et un jardin aquis en communauté pour la somme de 120 livres à Charlotte Masson et à Clément Duchenois son frère. » (A. A. B, 3001.)

Les situations de fortune qu'établissent ces inventaires n'étaient probablement pas parmi les plus hautes ni parmi les plus basses. Mais le petit nombre de ces sortes de documents ne nous permet pas de généraliser et de conclure. Cependant ceux que nous venons de transcrire et d'autres que nous avons lus, nous autorisent à penser qu'il y avait déjà une bonne aisance chez les habitants de nos campagnes des siècles derniers.

Ces meubles inventoriés il y a deux et trois cents ans ne ressemblent-ils pas d'ailleurs à ceux qu'on voyait encore, il y a un quart de siècle à peine, dans la plupart des fermes ou maisons de village ? Dans la cuisine (maison), sous le large manteau de la cheminée, mêmes accessoires et mêmes ustensiles. « La cheminée n'est pas seulement le lieu où la famille, au retour du travail, vient se sécher, se réchauffer et se réjouir à la flamme des ramées; le coin où les parents sur les escabeaux de bois passent les veillées d'hiver ; où le vieillard malade dégourdit ses membres glacés par l'âge; c'est l'endroit où chaque jour, dans la chaudière ou la marmite, se préparent et cuisent les aliments qui servent à la nourriture de la famille. Aussi, de toutes parts, aux abords de la cheminée sont accrochés ou posés les divers ustensiles de cuisine, le gril, le poêle et le poêlon, les pots de terre, les chaudrons de fer, de cuivre et d'airain ». (BABEAU, *Vie Rurale*, page 23). Lorsque le fagot flambait, sa lueur suffisait à éclairer la chambre, le soir ; quand il ne flambait pas, la lumière ou lampe à tige de fer avec son godet ou lumeron plein d'huile (récoltée dans le champ familial et fabriquée au moulin banal), répandait une douce et timide clarté. Dans la même pièce on trouvait une table, tantôt posée sur des tréteaux, tantôt sur des pieds solides ; le long des murs, blanchis à la chaux, les bancs et les chaises ; dans un angle, l'évier avec sa seille à eau et la *casse de cuivre* ou d'étain, suspendue à un clou ; le lit dans une alcove en planches ; la potière ou étagère sur laquelle brillait la belle vaisselle d'étain ; enfin, souvent placé près de la fenêtre le rouet, ce fidèle et modeste compagnon de nos aïeules, délaissé aujourd'hui au point que la jeune génération ne le connaît que de nom ! C'était une petite machine en bois, à roue, marchant au pied et aidant la main de la fileuse à transformer le chanvre ou le lin en fil, qu'on livrait ensuite au métier pour en faire une toile inusable. On en rencontre encore dans quelques greniers.

Dans la chambre, on plaçait le coffre ou bahut, ordinairement de trois à six pieds de long, servant à serrer les effets, le linge et les vêtements de fête ; il rappelle la vie nomade. La même pièce servait à coucher les enfants dans des lits en planches placés bout à bout, garnis de longue paille et d'une « pailleuse » de balles d'avoine, de draps grossiers et d'une épaisse couverture dans les ménages pauvres, mais aussi façonnés en bois de noyer ou de chêne sculpté, garnis d'un matelas de plumes et recouverts de langes de serge bleue ou rouge, dans ceux plus riches.

Dans le fournil adjoint aux maisons les plus confortables se trouvait la maie, où la femme pétrissait le pain de ménage si savoureux et qui fut cuit pendant longtemps au four banal ; les ustensiles à cuire et le four mentionné dans presque chaque maison aux inventaires ci-dessus rapportés, laisseraient croire que le four banal n'existait plus au 17e siècle. Là, étaient déposés aussi les outils particuliers à la profession des habitants, la faux du moissonneur, les fourches, bêches, râteaux, pelles du manouvrier, la serpe et le chevalet du boquillon, les instruments de jardinage, etc. Dans un coin, la provision de combustible, bois, tourbes et charbon. Un grenier, « un caveau », une petite cour avec quelques volailles, quelquefois une loge à porcs, formaient le complément de ces habitations anciennes dont quelques-unes sont encore existantes.

Le lecteur aura remarqué, parmi les meubles inventoriés plus haut, les écuelles de terre et de bois, les plats et assiettes d'étain, les cuillers de même métal ; mais les fourchettes à manger, les couteaux, les verres à boire manquent totalement. Les articles de toilette brillent par leur absence et la rareté des miroirs rappelle ces vers de Florian :

> Un enfant élevé dans un pauvre village
> Revint chez ses parents et fut surpris d'y voir
> Un miroir.

La vie intérieure se bornait au strict nécessaire. Le confortable fit de grands progrès sous le règne de Louis XV. Indiquons comme datant de cette époque, les belles armoires en chêne sculpté, avec leurs portes ornées d'écussons et parfois de figurines originales ou *marmousets*; puis la vaisselle de faïence qu'on dressait sur les rayons des étagères et dont l'émail brillant, chargé de couleurs voyantes, égayait l'intérieur sombre de la chaumière. Un des motifs les plus gentils de cette antique vaisselle, fabriquée par les Fayard de Sinceny, était un coq orgueilleusement perché sur une riche corbeille de fleurs ; d'autres pièces étaient finement décorées d'œillets, de marguerites, de tulipes et de roses. Meubles et faïences, aujourd'hui très rares, font l'envie de riches collectionneurs, trop heureux quand le paysan, né malin, ne refuse point de s'en défaire à un juste prix ! Citons aussi comme datant de cette époque les belles taques à feu armoiriées comme nous en connaissons dans plusieurs maisons de Chalandry ; enfin les caisses ou boîtes à horloge qui firent leur apparition sous Louis XVI.

De nos jours, les conditions hygiéniques de beaucoup de maisons du village se sont sensiblement améliorées ; les toitures de chaume ont presque totalement disparu pour faire place à l'ardoise et à la tuile ; le carrelage a remplacé le terré ; la cheminée a des proportions moins grandes ; à sa place se trouve maintenant une coquette cuisinière toujours bien brillante. Les fenêtres sont plus grandes ; des rideaux plus ou moins riches les garnissent ; ils sont éloignés des vitres dans le bas par des dossiers de chaises ; l'espace ainsi laissé libre entre les vitres et les rideaux forme une sorte de petite serre où les fleurs et la verdure ne manquent presque jamais. Ce qui reste de la cheminée et les murs sont ornés de portraits de famille, de diplômes rappelant les succès scolaires, le passage sous les drapeaux ou les prix obtenus dans les comices agricoles, de tableaux de la vie des saints ou de faits de guerre, le tout aux couleurs éclatantes. L'armoire a remplacé le coffre ; les lits sont plus moelleux et mieux décorés. Plusieurs ménages aisés ont tout le confortable moderne.

Autrefois, femmes et demoiselles se coiffaient, les dimanches et jours de fête, du bonnet blanc à un ou plusieurs rangs de tuyautés, plus ou moins agrémenté de rubans de couleur. Les femmes portaient une pointe blanche claire ou noire, croisée et épinglée sur leur poitrine, en guise de col. Sur leur robe faite d'un tissu presque inusable, elles jetaient un châle plié en triangle dont la pointe descendait jusqu'au bas des reins. Des gros souliers ou même des sabots formaient leur chaussure. Les jeunes filles ne s'en distinguaient que par des étoffes plus claires et par une certaine recherche dans le choix d'objets divers de toilette.

Les hommes s'habillaient aussi simplement. Une culotte d'étoffe grossière, une rouyère de toile bleue, un gilet, une chemise de toile au large col recevant une cravate volumineuse, des sabots l'hiver, de gros souliers l'été, une casquette (un bonnet de coton bleu ou blanc dans la semaine) composaient leur habillement.

La mode du jour, avec ses fantaisies coûteuses, n'a pas fait trop d'adeptes à Chalandry.

On a vu précédemment que nos ancêtres campagnards mangeaient le pain qu'ils fabriquaient et cuisaient eux-mêmes dès le 17º siècle. Dans les bonnes années, le pain était fait avec la seule farine du froment que le laboureur récoltait ou que le travailleur gagnait. Si l'année était mauvaise, le blé était mélangé avec du seigle ou de l'orge. Les légumes, le lait, le beurre, les œufs, le hareng salé, complétaient leur nourriture. Les dimanches, la tranche de lard salé ou un morceau de porc (il y en avait toujours de suspendu d'avance au plafond), variait le menu. A la fête on achetait un morceau de viande au boucher ou bien on tuait une volaille ou un lapin pour le repas de famille. Pour le dessert, la ménagère « démêlait quelques ratons ». Comme boisson, c'était le cidre. Malgré une nourriture aussi simple et aussi peu variée nos aïeux, végétariens par nécessité, arrivaient cependant à une extrême vieillesse.

De nos jours, le fond de l'alimentation du plus grand nombre n'a guère varié. La consommation du salé, de la volaille et de la viande de boucherie s'est cependant multipliée. On boit aussi du vin et de la bière (surtout dans les auberges), du café et de l'eau-de-vie.

En résumé l'augmentation du bien-être de l'ouvrier et du cultivateur est une chose acquise ; mais les dépenses ont suivi la même progression ascendante que les salaires et les progrès de l'agriculture.

§ 3. — La propriété immobilière exploitée à Chalandry, à la veille de la Révolution est évaluée sur les statistiques des Généralités à 14 charrues de terre (1.400 arpents), 180 arpents de prés et 20 de jardinage.

Elle était répartie de la façon suivante :

La Congrégation de Laon	250 arpents.
Abbaye de Saint-Jean.	110 »
Hôtel-Dieu (environ)	130 »
Chapitre de Saint-Jean-au-Bourg	117 »
Chapitre cathédral de Laon.	57 »
Chapelains de Saint-Corneil.	53 »
Total environ	717 »

D'autres abbayes de Laon ou ordres religieux, y possédèrent également quelques terres ; tels que les Minimes, les Templiers, le Sauvoir, etc. (1).

---

(1) Au sujet des possessions de cette dernière abbaye, un document de 1293 mentionne que Philippe-le-Bel « par charité et afin d'assurer le repos de son âme », lui fit remise de 111 livres parisis dues pour « droicts d'acquisition de plusieurs pièces de terres dans le Laonnois », notamment : « ...*et super alioprato sito ante villam de Chalendri contiguo prato Erine et super quodam prato sito in territorio dicte ville juxta pasturagia ville de Chalendri prædicte...* » c'est-à-dire à l'occasion d'un autre pré situé devant le village de Chalendri et tenant au pré d'Erine ; et sur un certain pré situé sur le territoire dudit village, près des pâtures dudit Chalendri... » (*Recueil de documents inédits concernant la Picardie*, par VICTOR DE BEAUVILLÉ.)

Le seigneur de Couvron possédait à Chalandry 57 arpents, la famille Gouge de la Motte 30 ; plusieurs étrangers étaient propriétaires de moins grandes parcelles. On a déjà vu que la communauté jouissait de « biens communaux » évalués à environ 43 faulx. L'église de son côté, avait la propriété de 39 jalois ou arpents, la cure d'une dizaine.

D'un rôle dressé en 1774 par le greffier Dufour et portant comme titre : « *Déclaration des terres et prez que chaque laboureur tiennent à ferme et en propre sur le terroir et prairie de Chalandry où est tiré sur chaque contribuable un cinquième* », il résulte : 1º, que 17 habitants du lieu possédaient une quantité totale de 35 arpents de terres ; 2º et que ces propriétaires fonciers en louaient et cultivaient, en même temps, 950. Le plus gros fermier avait une exploitation de 182 arpents ; un autre de 168 ; un troisième de 127 ; un quatrième de 87 ; un cinquième de 74 ; un sixième de 50 ; et ainsi de suite jusqu'au plus petit qui n'en avait que trois. Si l'on compare ces fermes à celles d'aujourd'hui, au point de vue de l'importance, on pourra constater que les choses n'ont pas beaucoup changé.

Le nombre des propriétaires résidents est également resté à peu près le même ; mais, quelques-uns ont une fortune immobilière bien plus grande qu'alors.

CHAPITRE II

La Vie Rurale d'Autrefois et celle d'Aujourd'hui

(SUITE ET FIN)

§ 4. — LE DIMANCHE ET LES JEUX D'AUTREFOIS ; FÊTES ET COUTUMES RELIGIEUSES : NOEL, (LES BRANDONS), PAQUES, ETC. ; LA FÊTE CIVILE OU COMMUNALE ; LA « CHANSON DES PAYS » ; LA FÊTE NATIONALE ; LA TARTE.

§ 5. — RAPPORT CONTENANT DES DÉTAILS TYPIQUES SUR LES MŒURS LOCALES AU 18e SIÈCLE ; UN PROCÈS EN DIFFAMATION ; CONTRAT DE MARIAGE D'UNE ROSIÈRE DE CHALANDRY EN 1751 ; LE GOUT DES SENTENCES MORALES.

§ 6. — REVUE RAPIDE DE L'ÉTAT ACTUEL : 1° IDÉES RELIGIEUSES, IDÉES POLITIQUES, SUPERSTITIONS ; 2° HABITUDES ET CARACTÈRES ; 3° LE LANGAGE.

§ 4. — L'habitant des campagnes d'autrefois, disent les anciens, était plus sociable et plus gai que celui d'aujourd'hui. Telle est aussi l'opinion de l'Historien de la *Vie Rurale avant 1789*. « Chaque dimanche, écrit-il, les habitants se réunissent dans l'église et à ses alentours. Après les offices, viennent les assemblées, les longs colloques, les jeux, la danse. S'il s'agit d'affaires sérieuses,

> La Commune s'assemble. En hâte, on délibère
> Et chacun comme à l'ordinaire
> Parle beaucoup et ne dit rien.

Aux réunions communales dont médit Florian, succèdent des exercices d'un autre genre. Les parties se forment ; les jeunes gens s'emparent des boules et des quilles. Au 16° et même au 17° siècle, le seigneur ne dédaignait pas de prendre part à leurs jeux ; il va même danser sous l'ormeau avec les garçons du village. Le curé lui-même, mettant bas la soutane, lançait la balle ou jouait à la longue paume avec ses paroissiens. » (*loc. cit.* page 187.)

Ces jeux étaient encore en faveur à Chalandry, il y a un demi-siècle à peine. La paume s'appelait *le jeu de tamis*. On s'y livrait le dimanche, entre messe et vêpres, sur la place près de l'église ; le curé comme les autres, le fermier comme l'ouvrier, y prenaient part.

Un des jeux les plus populaires ici était le tir à l'oison ; il se pratiquait surtout entre les garçons le mardi de la fête patronale, puis les trois dimanches après la Toussaint ; et entre les conscrits le jour du tirage « à la milice » ou le jour de la révision. On suspendait un oison à une potence, puis chacun des joueurs, placé à une certaine distance, essayait à l'aide d'un gourdin habilement lancé de rompre la ficelle qui tenait pendu le volatile. On festoyait ensuite ; cela s'appelait « manger l'oie. »

On a vu précédemment avec quelle solennité la fête paroissiale ou religieuse était célébrée à Chalandry, (*supra*, l. I, ch. 9. II. § 2).

Ne parlons que pour mémoire des fêtes de saint Eloi, de sainte Barbe, de saint Nicolas et de sainte Catherine, dont la première et la dernière ont subsisté, sans avoir gardé toutefois la sympathie et l'enthousiasme d'antan.

On célébrait, chaque année, à Noël, la plus poétique des fêtes chrétiennes, *la fête des Bergers* ; tous les pasteurs du village au nombre de 3 ou 4, se réunissaient à la Messe de Minuit, revêtus ou porteurs des différents attributs de leur profession, en outre, chacun d'eux emportait sous son large manteau le dernier né du troupeau dont il avait la garde. Au cours de l'office, ils allaient ainsi processionnellement jusqu'à l'autel pour faire bénir ces jeunes agneaux. Etait-ce un souvenir des mœurs patriarcales des Hébreux ? Cette coutume, à la fois touchante et naïve, a disparu depuis qu'il n'y a plus de moutons ici.

Cependant, quelques vieux *Noëls* simples et plaisants, se sont perpétués d'âge en âge, pour arriver jusqu'à nous. En voici un tout-à-fait local, probablement œuvre inédite de quelque pasteur d'hommes ayant vécu à Chalandry :

1

(VOIX DU PEUPLE)
Cessez d'être surpris
Bergers, faites silence,
Reprenez vos esprits
Et en reconnaissance
Chantez :
(VOIX DES CHANTRES)
Kyrie eleison (1)

2

Ne craignez pas, bergers,
D'une troupe fidèle
Ce sont les messagers
D'une bonne nouvelle,
Chantez :
Kyrie eleison.

3

Réjouissez-vous tous,
La paix va se conclure,
Car un Dieu prend pour nous
Une naissance obscure,
Chantez :
Kyrie eleison.

4

Les Cieux sont satisfaits.
Les grâces vont paraître,
En marque de la paix
Le Sauveur vient de naître,
Chantez :
Kyrie eleison.

5

Allez, bergers, allez,
Allez lui rendre hommage :
Vous êtes appelés
Par un divin message ;
Chantez :
Kyrie eleison.

6

Partez, voilà le lieu
Où il a pris naissance ;
Allez voir votre Dieu,
Et en reconnaissance
Chantez :
Kyrie eleison.

---

(1) C'est ce qu'on appelait autrefois un *Kyrie farsi.*

7

L'Enfant n'a qu'un lambeau
Et quelques pauvres langes,
Il n'a pour son berceau
Que la crèche et la fange,
Chantez :
Kyrie eleison.

8

Nous l'entendons pleurer
D'aussi loin que nous sommes,
Nous l'entendons pleurer,
Est-ce qu'on l'abandonne ?
Chantez :
Kyrie eleison.

9

Pour nous dans ce saint Lieu,
Sur un ton de musique,
Nous allons à ce Dieu
Entonner un cantique,
Chantez :
Kyrie eleison.

10

Ministre de l'autel,
Chantez gloire et louanges
Au Fils de l'Eternel,
En vous joignant aux Anges
Chantez :
(VOIX DU CÉLÉBRANT)
Gloria in excelsis Deo, etc....

Un article du Rentère paroissial, daté du 21 décembre 1718, laisse supposer qu'on fêtait jadis les « Brandons ». Un champ, nommé *la Carbonnière* (d'une contenance de trois cartels, traversant le chemin de Liesse, près la Grande Montagne), devait à l'église deux *vans de charbon* pour la Messe à Minuit. (A. P.) Cette rente était-elle une redevance imposée, sur ce champ, à partir de l'époque où les Brandons ne furent plus célébrés ?

La fête de Pâques était solennisée, comme dans tous les environs d'ailleurs, avec un éclat extraordinaire. Une ancienne coutume, s'y rattachant, et tombée en désuétude depuis une quinzaine d'années, était la suivante : le jeudi et le vendredi de la Semaine Sainte, ce n'était pas la cloche de l'église qui appelait les fidèles aux différents offices, (on disait aux enfants qu'elle était partie à Rome, mettre sa chemise blanche et chercher des œufs de Pâques). Cette tâche était remplie par les enfants de chœur qui, parcourant les rues du village un peu avant l'heure des cérémonies, annonçaient celles-ci au bruit des castagnettes et des crécelles. Ils s'interrompaient pour crier à tue-tête : « Allez à la messe (ou au salut, etc, suivant le cas), si vous le voulez, voilà le premier (deuxième ou dernier) qui va sonner. » Puis le lundi de Pâques ils allaient quêter à la porte de toutes les maisons en révélant leur présence par le chant du premier couplet de « O filii et filiæ » suivi de cet autre, exécuté sur le même rythme qui semble une parodie enfantine et innocente du couplet latin :

> O fils des fils, soyez joyeux,
> Donnez des œufs à ces enfants de chœur ;
> Un jour viendra
> Où Dieu vous les rendra,
> Alleluia ! etc.....

On leur donnait alors des sous ou des œufs rouges.

Comme pratique religieuse subsistant, mentionnons la suivante : chaque dimanche, une fillette de famille pauvre ou une femme âgée passe dans chaque maison avant la messe ; elle porte de l'eau bénite dans un vase et en présente avec un petit goupillon aux personnes qu'elle rencontre. Celles-ci en prennent, font le signe de la croix et donnent une petite aumône à la porteuse. Avant 1789, cette charge incombait généralement au clerc-laïc.

Autre coutume d'ancienne date à signaler : quand une personne meurt en état de célibat, on recouvre son cercueil d'un drap blanc. L'usage local veut que la femme, la fille ou la parente la plus proche du défunt ou de la défunte, porte à la main « un cierge bénit » pendant la cérémonie funèbre.

La fête civile ou communale, complément de la fête patronale, dut primitivement se célébrer, dans l'octave de celle-ci. Elle est actuellement fixée au dimanche suivant l'Ascension :

« Considérant que cette fête fut autrefois remise à la fin de septembre. . . . . , que le jour anciennement adopté pouvait très bien convenir dans un temps où la culture du chanvre était moins considérable dans la commune, où l'agriculture laissait, à cette saison, quelque repos au laboureur ; qu'aujourd'hui l'industrie des chanvres, ayant pris un notable accroissement, occupe dans cette saison la presque totalité des habitants ; que maintenant, l'agriculture s'étant singulièrement développée, cette saison réclame du cultivateur les soins. les plus assidus, pour la rentrée des dernières récoltes et le commencement des couvraines ; il s'en suit que cette fête est intempestive ». Le maire ayant proposé le dimanche qui suit l'Ascension, sa proposition fut adoptée. (A. C. *Délibération du Conseil municipal du 10 février 1839.*)

Cette fête a toujours été et est encore le prétexte à quelques réunions de parents et d'amis, au cours desquelles on banquète ferme et bruyamment. Elle dure deux jours et quelquefois même trois. Comme c'est une des premières de l'année, elle attire quand le temps est beau, un grand nombre de personnes des pays voisins. Le dimanche suivant est encore un jour de réjouissance, on le nomme « requêt de la fête. » On danse beaucoup, on chante et on trinque ensemble.

Dans ces réunions, les anciens avaient coutume de dire avec plaisir « la Chanson des pàys », dont nous avons pu nous procurer les quelques couplets suivants auprès de M. Louis Lambert, père. Elle est composée d'une suite de noms de villages ou de lieux dits voisins, réunis en quatrains. Les couplets sont originaux et ont au moins le mérite de l'inédit. Il est temps de la recueillir, car elle se perd au point qu'elle est maintenant à peu près inconnue ici. On la chante sur l'air de l'hymne de saint Jean : « *Ut queant laxis, resonare fibris. . . .* ».

Mortiers, Chalandry, Crécy, Bois et Pargny,
Sons et Châtillon, Marcy, Voyenne, Erlon,
Toulis et Dercy, Autremencourt, Froidmont,
Cohartil', Barenton.

Thiernu, Montigny, Lugny, Marle, Rogny,
Laneuvill', Bosmont, Cilly, Saint-Pierremont,
Mâchecourt, Cuirieux, Missy, Fay, Grandlup,
Favière et Chantrud.

Beautor, Andelain, Saint-Nicolas-aux-Bois,
Saint-Jean, Saint-Martin, Danizy, Saint-Firmin,
La Fèr', Fressancourt, Versigny, Rogécourt,
Catillon, Le Sart.

. . . .

On fête également le 14 juillet. Le matin il y a distribution de pain et de viande aux indigents ; l'après-midi, jeux divers sur la place publique, où la commune offre aux habitants un tonneau de cidre, à boire sur place ; le soir bal public et gratuit.

Chaque cultivateur de Chalandry conserve la bonne habitude de gratifier son personnel d'une fête particulière dès que la récolte de l'année est rentrée.

Les domestiques ornent leur dernier chariot de gerbes, de fleurs des champs, de branchages et de guirlandes de verdure ; au sommet du tout et bien en vue ils placent un gros coq, plein de vie, habillé de rubans de toutes couleurs. Ils entrent à la ferme au claquement des fouets. Le conducteur de l'attelage qui est généralement le premier domestique, prend le plus beau bouquet et vient, en compagnie de ses camarades, l'offrir à la fermière ; elle le reçoit avec plaisir et sert des rafraîchissements.

Le soir, le cultivateur et sa famille réunissent tous leurs ouvriers autour d'une table bien garnie, ornée du bouquet offert à la fermière et des plus belles fleurs qui décoraient la voiture. La principale pièce de résistance de ce plantureux festin est le fameux coq qui trônait naguère au haut du chariot.

La conversation roule surtout sur les divers incidents de la moisson terminée, sur la qualité et la quantité de la récolte, etc.; elle est seulement suspendue pour laisser à chacun le plaisir de faire entendre une petite chanson.

La fête prend fin bien après minuit ; on l'appelle *la Tarte* (1).

Cette fête de fin de moisson n'est pas seulement une récompense offerte à tous les travailleurs qui ont participé à récolter les produits de l'année, c'est surtout une réjouissance familiale ; les petits cultivateurs qui rentrent leur récolte eux-mêmes, c'est-à-dire sans l'aide d'ouvriers, font aussi la tarte.

C'est une expression dont on se sert couramment pour indiquer qu'un travail est terminé. Les cultivateurs qui sèment beaucoup de betteraves font aussi la *tarte des betteraves*.

§ 5. — Autréfois, les fêtes religieuses étaient nombreuses. Il était rigoureusement interdit de travailler les jours où elles tombaient ainsi que le dimanche : c'était le chômage forcé.

---

(1) Ce mot vient probablement de *tarte* (*flan*), mais la fête existait sans doute avant ce nom sous une autre appellation.

L'infraction à cet article des règlements de police rurale était punie d'une amende de trois livres lorsque venaient les *Plaids généraux*.

Citons ici un rapport dont les détails typiques constituent une peinture de la société de l'époque (cours du 18e siècle). Sur ce document, œuvre d'un procureur d'office grincheux, chaque ménage est indiqué et numéroté ; les individus répréhensibles y sont mal notés, entre autres :

« Charles Peteau, sergent, qui est souvent au cabaret pendant la nuit et le service divin, à qui en donnant cinq sols on peut faire toute sorte de dégas dans la campagne lorsqu'on y est trouvé par son honorable personne.

Elizabeth J.... fille riche en biens fonds tenant ménage et ne voulant jamais rendre à son tour le pain bény.

Jacques Serveux, braconnier, a qui on devroit deffendre les armes.

François Broyart, berger, qui n'attend point que les gerbes soient mises en dizeaux pour faire entrer son troupeau dans le champ. C'est ce qui expose les glaneuses à voler pendant la moisson ; a fait paître nombre de fois son troupeau dans les pâtures de Rutile, aussy bien que Pierre V..., berger, demeurant sur la Justice de Saint-Jean. Ledit François Broyart a pris sur la place, à côté de sa maison, six pieds en largeur pour faire une écurie, une remise à porc et pour agrandir et élargir son jardin. C'est un homme qui l'hiver fait toujours du bruit dans le cabaret.

Alexandre P.... donnant à boire pendant le service divin et la nuit, à qui il serait absolument nécessaire de deffendre le port d'armes, qu'il dit en avoir droit par raport à une pandoulière qu'il aurait faussement tenue de Mr de Belguise. On sçait le contraire de Mrs de la Justice dudit seigneur de Couvron.

X..., Maistre d'école, allant souvent la nuit a des heures induites au cabaret de P... tel que les 10 et 11 octobre 17.., où il a passé toute la nuit à boire et à chanter et le 9 décembre de la même année, où il est resté jusqu'à minuit à boire avec Charles Gauderlot en disant « Buvons en dépit du. . . .» et nombre de fois qui ne sont pas à ma connaissance.

Jean Pandelier, homme veuf, il a battu du bled et autres grains et fanez le foin de son jardin à la moisson, le jour de la dédicace de l'église et le dimanche avant ce jour-là, le jour de la Nativité de la Sainte Vierge, et le dimanche suivant a vanné du hauton de bled et d'autres grains sans demander permission qu'on ne luy auroit point accordé, parce qu'il n'y avait point de nécessité.

Madeleine Tourneur, veuve de François Sorbay, s'est ingérée de faire les fonctions de sage-femme, sans être approuvée ; il est censé qu'il est mort par sa faute depuis les derniers *plaids généraux* au moins quatre enfans et une femme nommé Marie Claude Raverdy épouse d'Antoine Herbin, qui a pensé mourir avec son enfan par la faute de laditte Tourneur, qui est ignorante sur la Religion et sur toutes autres choses. Si elle ne faisait point de menaces il y aurait déjà eu une sage-femme approuvée qui serait venue s'établir.

George Clément, pastre, conduit continuellement avec luy huit à dix brebis dans les pâtures et prez où il met plusieurs vaches, un cheval et un poulain ; plus il a tellement gaté pour agrandir sa chennevière le chemin de Rutil, qu'à peine une personne seule peut y passer à pied, pendant qu'on y passait il y a deux ans à cheval. Le même a *rattendu* dans le chemin du Routil à Crécy Jean Houde, qu'il a bien battu et qu'il aurait fait dévoré par ses chiens, s'il n'était venu du monde, au mois de mars dernier.

François H..., a vané le jour de l'Assomption, du grain, sans permission, et rend le passage de la rue impraticable parce qu'il y met son fumier pendant qu'il a une cour et sa charrette ou plusieurs personnes ont manqué d'y périr la nuit en s'y heurtant, plus il a jeté presque tout rouge de la cendre de son four sur ledit fumier, ce qui pouvait causer un incendie.

Les moissonneurs ont tous passé sur les derniers ordres qu'on leur a donné aux derniers *plaids généraux* en marquant, ou siant, ou fauchant, avec le bled tout le chaume de la campagne, qu'ils enlèvent avant le 8 septembre, comme les ordonnances le portent ; en sorte que les pauvres gens qui ne font point de moissons ne peuvent pas avoir de chaume et si quelqu'un d'eux en fait ils sont maltraités.

Ce serait un grand bien de faire visitter les poids et mesures du cabaretier P...., et de faire la visite des fours et cheminées. » (A. A. B, 3003.)

Les procès seraient matière à exploiter, si nous ne craignions des longueurs. Les injures et diffamations y sont fréquentes, surtout entre femmes ; quelques-unes sont punies de fortes amendes et même d'assez gros dommages-intérêts ; tel le procès de François Daniel « procureur d'office, accusé, muni d'une arquebuse qu'il tenait, lequel avec une effronterie et impudence très mal séante à toute personne d'honneur, spécialement à un officier de justice, a prononcé des paroles abominables contre Martin Bully : par la Mort Dieu, bougre de coquin, il faut que je te tue ; ta femme est etc.... laquelle est décédée depuis par suite de ces injures. L'accusé a demandé pardon à Dieu et reconnu l'honneur de Bully et de sa femme. » Il n'en fut pas moins condamné à une amende de 40 livres et à faire brûler un gros cierge dans l'église en témoignage de réparation, (A. A. B, 3001).

Tous ces faits et d'autres de même nature prouvent que l'imperfection humaine est de tous les temps.

Il est heureusement d'autres événements qui témoignent de bonnes mœurs. Nous n'en voulons pour preuve que le mariage d'une jeune fille de Chalandry, d'une *rosière*, accompli dans les conditions suivantes :

Louis-Joseph-Xavier de Bourbon, duc de Bourgogne, deuxième enfant du Dauphin Louis et de Marie-Josèphe de Saxe, sa seconde femme, était né à Versailles le 13 septembre 1751. « En action de grâce et en considération de ce mémorable événement les fonctionnaires de la bonne ville de Soissons ne trouvèrent rien de mieux que de manifester, à leur façon, la légitime allégresse qui, en la circonstance, faisait tressaillir le cœur de tous les Français. Ils décidèrent, d'un commun accord, de pourvoir à l'établissement de dix jeunes filles pauvres, lesdites filles ayant indiqué les garçons qui se sont présentés pour leur recherche et qu'elles avaient agréés pour leurs futurs époux. »

Mr Méliand, intendant de la généralité de Soissons, prit à sa charge exclusive de fournir à six d'entre elles, chacune une dot de cent livres. A l'égard des quatre autres, elles furent gratifiées de semblable somme par le corps de l'échevinage. Une minutieuse enquête du curé avait, dans chaque paroisse, officiellement désigné les jeunes filles jugées dignes de cette insigne faveur. La constitution de dot fut l'objet d'un contrat collectif rédigé par Maitres Boulleye et Moutonnet, notaires à Soissons (actuellement aux minutes de Me Thomas, notaire en cette ville), le 21 décembre 1751.

Entourés d'une assistance aussi nombreuse que distinguée, les dix heureux couples reçurent le même jour la bénédiction nuptiale dans l'église cathédrale de Soissons, en la paroisse des Fonts, par les mains de Mr Delacroix, grand vicaire.

Dans le contrat de mariage en question et parmi les filles à doter de la part de la ville de Soissons, on relève le nom de Marie-Adrienne Martin, âgée de 24 ans, fille d'Henry Martin, employé (des fermes), demeurant à Chalandry et de Marie-Claudie Vidin, qui a agréé pour futur époux François Descobart, âgé de 24 ans, natif de Neuilly-Saint-Front, fils de Robert Descobart, manouvrier, demeurant audit lieu et de défunte Jeanne Batteux (*Un contrat de mariage à Soissons en 1751*, par PAUL PELLOT, bibliothécaire à Rethel. — Document dû à l'obligeante communication de M. Collet, secrétaire de la Société historique de Soissons).

Le goût des sentences était très répandu autrefois. On en gravait même jusque sur la pierre des habitations.

On peut lire celle-ci sur la façade d'une maison sise rue du presbytère, appartenant à Mr Adonis Turquin : « l'homme sage panse à sa faim. 1752). Ainsi écrite, elle prête à un double sens.

Au milieu du pignon de la maison de Madame veuve Levent-Fraix, vers l'église, on lit cette autre maxime, littéralement extraite de la première épître de saint Paul aux Corinthiens, versets 29 et 31 : « Le temps est court, la figure de ce monde passe. — 1810 : Jean-Pierre Vaillant. » C'était le maître d'école dont il a déjà été parlé.

M. Turquin-Sallandre fit placer dans le pignon de sa demeure dite « la Maison Neuve », une pierre qui existe toujours avec l'inscription suivante : « Celui qui vit content en ce monde aura ma maison : 1819 ». On raconte qu'une personne ayant lu cela vint lui demander de tenir sa promesse : « Mon ami, lui répondit-il, vous ne vivez pas content puisque vous désirez quelque chose. Dans ce cas, je n'ai rien à vous donner ».

§ 6. — Ce qui précède peut donner quelque idée de la « Vie matérielle et morale », selon l'expression de l'Historien déjà cité, des habitants de Chalandry, à diverses époques.

Nous achèverons cette Etude historique en esquissant à grands traits les idées, le caractère, le langage et les mœurs de la population actuelle.

Constatons d'abord que les habitants ont conservé un fonds de religiosité qui survit même chez beaucoup à la négligence des pratiques cultuelles. Le dimanche, une personne au moins de presque chaque maison assiste à la messe ; les jours de fête, à Pâques, à Noël, à Saint-Aubin, l'église est remplie de fidèles qui, bien souvent, avant l'entrée ou à la sortie, se rendent à la tombe familiale pour y déposer un modeste bouquet, y faire une prière et montrer aux défunts que leur souvenir est conservé. Le lundi de la fête communale toutes les familles assistent à la « messe des morts », après avoir fait au préalable la toilette des tombes.

Les dimanches ordinaires, la majeure partie « des gens de Chalandry » travaillent aux champs et aux jardins. Les moins fortunés ont généralement un petit coin de terre, qu'ils ont acheté à force d'économies ; à défaut, ils en louent un, afin de récolter des légumes pour leur consommation.

Les jours de fête, quand les hommes n'ont rien à faire, ils « vont à l'auberge », où ils jouent aux cartes, au billard, ou causent entre eux des travaux et des affaires du temps.

En politique, la majorité des habitants de la commune a des opinions modérées.

Quelques habitants, un peu superstitieux, croient encore aux sorciers et vont consulter les somnambules. Pour beaucoup, la vue d'une araignée au matin, le cri d'une chouette ou d'un corbeau, annonce un malheur prochain ; le vendredi est un jour néfaste dans lequel ils n'entreprendront jamais un voyage ou une affaire quelconque. Le berger y a joui longtemps de la réputation usurpée de « jeteur de sort » et de « guérisseur de bestiaux ». Ces superstitions sont fort en baisse.

Les habitants ont en général une constitution saine et robuste.

Le père de famille, simple d'allures, est par nature porté au travail ; il ne se laisse pas aller aux habitudes d'oisiveté et de dissipation ; en dehors des fêtes publiques ou de famille, il ne pense qu'à sa besogne, à sa femme et à ses enfants. Les jeunes gens sont aussi de bons travailleurs.

Les femmes, excellentes ménagères, ne travaillent guère aux champs qu'au moment de la moisson et des betteraves. Entre temps elles aident leur mari aux travaux du jardinage et se chargent spécialement de la basse-cour.

Les habitants paraissent à première vue froids et réservés, bien que leur accueil soit sympathique ; défiants envers les étrangers, ils deviennent assez vite communicatifs. Très fermes pour tout ce qui touche à leurs intérêts privés, ils ne se laissent pas prendre aux belles paroles des exploiteurs.

Le langage est assez correct ; il se ressent cependant du patois des environs, lequel dérive du picard ; on trouve son explication dans une étymologie bien reconnaissable. Il n'y a plus guère que les personnes âgées qui parlent patois aujourd'hui.

Par suite de l'instruction plus répandue, de la plus grande facilité des communications et du service militaire obligatoire pour tous, la nouvelle génération parle un français suffisamment pur. Le degré d'instruction des jeunes gens est d'ailleurs satisfaisant ; en effet depuis 1867, tous les actes de l'Etat-Civil sont signés et tous les conscrits savent lire. écrire et compter.

FIN

I. – TABLE DES MATIÈRES

	Pages.
Dédicaces.	VII-IX
Aux Lecteurs.	XI
Table des principales abréviations.	XIII
Corrigenda.	XIV

LIVRE PRÉLIMINAIRE

INTRODUCTION TOPOGRAPHIQUE

I. — GÉOGRAPHIE. — Situation géographique et astronomique de Chalandry. — Bornes et superficie du territoire. — Les Champs, les Bassières, le Village ; Altitudes. — Le Cadastre; lieux dits............ 1

II. — HYDROGRAPHIE. — La Souche, ses anciens noms. — Les Ponts ; Origine du pont des Vaches. — Le Revers ou Déversoir du Moulin; Rivelotte ou rivièrette du Château ; le Routoir............ 8

III. — GÉOLOGIE. — 1° *Les Bassières :* Alluvions modernes de la Serre et de la Souche, le Diluvium caillouteux, analyse de la terre de Récolet par M. Gaillot. — Profondeur des puits dans le village........ 10

2° *Les Champs :* Les deux Monts, point culminant du territoire. — Formation tertiaire, grès, sable et argile. — La Fontaine Saint-Aubin, sa coupe, etc., etc............ 13

LIVRE PREMIER

Histoire de Chalandry depuis les Temps préhistoriques jusqu'en 1789

CHAPITRE I

Epoque Préhistorique

                                                                             Pages

§ 1er. — L'âge de la Pierre : Ateliers de Silex à Chalandry........... 20

§ 2. — Trouvailles provenant des Carrières locales..... 20

§ 3. — Opinions diverses sur leur antiquité....................... 22

§ 4. — Une Haute-Bonde ou Menhir 23

§ 5. — L'homme de cette époque................................. 24

CHAPITRE II

Epoque Celtique ou Gauloise

§ 1er. — L'âge des Métaux. — Hachette en bronze, poteries et monnaie gauloises découvertes à Chalandry...................... 25

§ 2. — La Grande-Montagne autrefois le Mont d'Eze ou du dieu Esus ; poste fortifié ; légende de Gargantua.................... 27

§ 3. — Invasion romaine.. 28

CHAPITRE III

Epoque Gallo-Romaine

§ 1er. — Civilisation gallo-romaine............................... 31

§ 2. — Etymologies du mot Chalandry........................... 32

§ 3. — Anciennes voies... 34

§ 4. — La fontaine de Saint-Aubin à cette époque................. 35
§ 5. — Un mobilier de métairie gallo-romaine. — Vestiges d'autres habitations...................................... 36
§ 6. — Monnaies et Médailles............................... 39
§ 7. — Meules... 40
§ 8. — Tombes.. 41
§ 9. — Invasion des Barbares ; diffusion du Christianisme ; Le Moustier de Chalandry..................................... 41

CHAPITRE IV

Epoque Franco-Carlovingienne

§ 1er. — L'Invasion franque et les premiers rois................. 45
§ 2. — Population du village................................. 47
§ 3. — Un ancien cimetière ; nombre, dates initiale et finale, situation, profondeur, intégrité des sépultures. Inventaire des fouilles.. 47
§ 4. — Petit aperçu historique................................ 51

CHAPITRE V

La Seigneurie de Chalandry

§ 1er. — Trois chartes de 1134 et de 1136. Hommage au roi en 1385... 53
§ 2. — Propriétés appartenant à l'abbaye de Saint-Jean de Laon : la Trésorerie ; la Prévôté ; la Cense de Pierrecourt ; le Moulin ; le four banal....................................... 57
§ 3. — Ses autres revenus ; droits de justice, de mutation, de cens, d'afforage, de taille, etc.: la dîme...................... 61
§ 4. — Les avoués des seigneuries de Saint-Jean................ 64
§ 5. — Faits locaux divers ; ventes par Henri IV et par plusieurs. — Conflit de juridiction entre l'Abbaye et le Seigneur de la Motte ; un procès qui dura 15 ans....................... 66

CHAPITRE VI

Seigneuries Secondaires : La Motte, L'Arche et Brissy

§ 1er. — Le village au 9e siècle. — Origine des fiefs, aperçu sur la féodalité.. 73

§ 2. — Le fief de la Motte ; Description du Château ; Parties conservées de l'ancien édifice ; Moyens de défense ; Faits de guerre.. 75

§ 3. — Suzerain et Vassaux ; Justice de la Motte................... 79

§ 4. — Aveu et dénombrement authentique de 1606 concernant ces trois seigneuries. Désignation des bâtiments, terres, prés, bois et garennes de la Motte ; Limites, etc., etc............... 80

CHAPITRE VII

Seigneuries Secondaires : La Motte l'Arche et Brissy (SUITE ET FIN).

§ 1er. — Les Seigneurs de la Motte.................................. 85

§ 2. — Acquisition du fief en 1684 par les religieuses de la Congrégation de Laon ; fermiers, baux, arpentage..................... 90

§ 3. — Parties éclipsées de cette seigneurie........................ 91

§ 4. — Le fief de l'Arche et ses Seigneurs ; contenance, désignation, limites. — Legs à la fabrique de l'église, présentation d'homme vivant et mourant.......................... 92

§ 5. — Les Seigneurs de Brissy ; limites ; legs au chapitre de la Cathédrale de Laon ; vente du surplus....................... 95

CHAPITRE VIII

La Communauté des Habitants de Chalandry

§ 1er. — Intérêt de cette étude..................................... 96

§ 2. — Coup d'œil sur la Communauté à partir du Moyen Age. Organisation communale d'après les registres de délibération du 16e siècle. Un mode inédit de suffrage universel. Election et réception du maire ; ses principales attributions ; Liste des maires de Chalandry jusqu'à la Révolution. Election du procureur-syndic, etc.. 97

§ 3. — Administration communale. Rôle du maire. Importance des assemblées générales. — Différents procès soutenus par la Communauté.. 102

§ 4. — Rapports de la Communauté avec l'Administration supérieure ; Contrôle des Intendants dès le 18e siècle............... 107

CHAPITRE IX

Biens et Droits de la Communauté des Habtiants

I. — LES COMMUNAUX.

Origines, superficie. — Droits de parcours et de vaine pâture ; étendue. — Traité de 1610 avec le pâtre communal. — Vente d'herbes et d'arbres.. 110

II. — ANCIENNE ÉGLISE ; PATRONS ; PÈLERINAGE.

§ 1er. — La Maison d'Église près la Croix. — La Vieille Église, description, histoire sommaire ; plusieurs inventaires du mobilier du culte.. 113

§ 2. — Le patron Saint-Aubin. — Une planche de cuivre représentant l'ancien pèlerinage. — Popularité et description de ce pèlerinage tel qu'il est de nos jours. La Fontaine actuelle de Saint-Aubin. — Confrérie de Saint-Hubert ; son origine ; Histoire du Loup-Cervier ; Solennité de la fête............ 118

§ 3. — Revenus et propriétés de l'église avant 1789. — Manse primitive ; évaluation des terres. — Quelques noms de bienfaiteurs.. 126

§ 4. — Biens de cure. — Le curé décimateur et celui à portion congrue; Liste des desservants jusqu'à la Révolution.............. 128

CHAPITRE X

Biens et Droits de la Communauté des Habitants (SUITE ET FIN).

III. — ÉCOLE ET INSTRUCTION.

§ 1er. — Ancienneté de l'école de Chalandry ; noms des maîtres connus jusqu'à la Révolution. — Élection, fonctions, émoluments ; traité entre les habitants et Jean-Pierre Vaillant. — Emplacement de l'ancienne école............. 131

§ 2. — Les signataires des actes publics ; Degré d'instruction à diverses époques 134

IV. — HOTEL-DIEU.

Jouissance gratuite de 2 lits à l'Hôtel-Dieu de Laon pour les malades de Chalandry ; origines supposées de ce droit. — Enumération des Immeubles possédés par l'Hôtel-Dieu sur le terroir; suppression dudit droit en 1855............................... 136

CHAPITRE XI

Impôts. — Corvées. — Faits de guerre

I. — IMPOTS.

Montant et mode de perception des impôts principaux payés à Chalandry, tels que Tailles seigneuriale et royale, Taillon, Capitation ; Gabelle, etc.; Dîmes, grosse et menue.................................. 139

II. — CORVÉES.

§ 1ᵉʳ. — Corvées de route 143
§ 2. — Construction d'un canal de dessèchement dans la Vallée de la Serre ; Enquête de la Maîtrise des eaux et forêts ; enquête de l'Intendance ; devis et impositions. Faits divers relatifs à ce canal... 144

III. — FAITS DE GUERRE.

§ 1ᵉʳ. — Thomas de Marle... 150
§ 2. — Guerre de Cent ans et avec la maison d'Autriche........... 151
§ 3. — Guerres de religion. — Guerre avec l'Espagne et l'Autriche... 154
§ 4. — Les milices provinciales...................................... 160

LIVRE SECOND

Histoire et Statistique Contemporaines

CHAPITRE I

Les Préliminaires de la Révolution

§ 1ᵉʳ. — Les causes de la Révolution ; état des esprits à Chalandry. — Disette et terrible hiver de 1788-1789.................. 164

§ 2. — Les accapareurs ; on arrête les blatiers ; nombreux mendiants. — Statistique de la Généralité de Soissons. — Prix du blé-méteil à Chalandry en 1789.......................... 165

§ 3. — Lettres-patentes du roi convoquant les Etats généraux ; le Cahier des Doléances de Chalandry ; Salendre et Jumaucourt sont nommés délégués ; noms des députés de chaque ordre aux Etats généraux.................................... 167

CHAPITRE II
La Révolution

§ 1er. — Ouverture des Etats généraux. — Division de la France en départements, districts, etc. : Municipalité de Chalandry, sa composition de 1790 à 1794 ; Registres de l'Etat-Civil, les officiers publics. — Constitution de l'an 3 et administration municipale du canton de Crécy ; agents municipaux de Chalandry de 1795 à 1799. — Constitution de l'an 8. — Justice de paix du canton de Crécy.................... 172

§ 2. — La Révolution s'attaque aux propriétés ecclésiastiques. — Biens du Clergé déclarés propriété de la Nation ; origine du budget des Cultes. — Réalisation du mobilier des églises ; inventaire de l'argenterie trouvée en celle de Chalandry ; compte du marguillier de 1792-1793 ; — Vente de tout le mobilier restant... 177

§ 3. — Les Biens nationaux à Chalandry ; on commence à vendre en janvier 1791 ; procès-verbal d'adjudication d'un marché de terres ; aliénations diverses ; le Château « est acheté pour un bœuf »; les Assignats ; adjudication du Moulin et d'autres immeubles ; biens-fonds provenant de la ci-devant église ; vente du Presbytère, son rachat par la Commune en 1818. — Autorisation de partager, puis de vendre les Communaux... 181

CHAPITRE III
La Révolution (SUITE ET FIN)

§ 4. — La Révolution s'attaque à l'Ordre du Clergé, puis au Culte. — Constitution civile du Clergé. Lois de déportation contre les « Réfractaires »; la Terreur............................. 191

§ 5. — Période de réaction : la Mission laonnoise à Chalandry. — La seconde Terreur ; l'abbé Noiron de Mortiers condamné à la déportation. — Coup d'Etat du 18 brumaire an 8 ; période de calme et de réorganisation ; le Concordat. — Détails particuliers sur Pierre Lemaire, curé de la paroisse; mariages et baptêmes à Chalandry ; on officie dans les bois, dans les caves et au Château. — Ce que devint l'école............. 194

§ 6. — La première Coalition européenne ; réquisitions d'hommes, d'argent et de nourriture. — Marchés aux grains et troubles qu'ils suscitent. — Série de faits divers intéressant Chalandry et les environs... 203

CHAPITRE IV

Du premier Empire à nos jours

I. — LE PREMIER EMPIRE.

La Commune à cette époque. — Victor Delorme tué à Essling ; levée de 4 gardes nationaux en 1809. — Campagne de France (1814) ; réquisitions de toutes natures, passages et séjours d'ennemis, meurtre de J.-P. Blondelle, menaces contre le maire Turquin, etc.. 216

II. — LA PREMIÈRE RESTAURATION.

Le drapeau blanc arboré officiellement à Chalandry. — Liste des militaires pensionnés. — Passages de troupes au départ des Alliés. — Installation du maire Brancourt. — Autre liste de militaires en congé ou sous les drapeaux................ 221

III. — LES CENT-JOURS.

Retour de Napoléon de l'île d'Elbe ; rappel des soldats en congé. — Nouvelle prestation de serment par le conseil municipal. — Passages et réquisitions des troupes françaises. — Waterloo. 225

IV. — DEUXIÈME RESTAURATION.

Nouveaux séjours des Alliés ; réquisitions ; Chalandry pillé par les Cosaques. — Militaires pensionnés..................... 228

V. — DE 1830 A 1870.

Révolution de Juillet et avènement de Louis-Philippe ; la Garde nationale. — Révolution de 1848 ; le suffrage universel; Coup d'Etat du Deux-Décembre. — Le second Empire......... 230

VI. — GUERRE DE 1870-1871.

La Guerre et l'Opinion. — Ouverture des hostilités ; principaux événements. — Proclamation de la troisième République. — Explosion de la Citadelle de Laon. — Noms des soldats ou mobiles de Chalandry ayant pris part à la Guerre. — La Commission municipale avise au paiement puis au remboursement des réquisitions, etc............................. 233

CHAPITRE V

Statistiques

I. POPULATION.— CHEMIN DE FER. — POSTES. — HYGIÈNE.

§ 1er. — Population du village à différentes époques.................. 240

§ 2. — Chemin de fer de la Vallée de la Serre ; sa construction ; vente par la Commune ; inauguration ; localités desservies, etc.. 242

§ 3. — Service des Postes ; téléphone........................... 244

§ 4. — Hygiène et salubrité publiques........................... 244

II. — AGRICULTURE, COMMERCE ET INDUSTRIE.

§ 1er. — Cultures anciennes et modernes ; le Routoir ; les céréales ; anciens moulins. — Assolements........................ 245

§ 2. — Le sol ; fumiers, engrais et amendements................. 248

§ 3. — Machines agricoles, plantes cultivées. — Animaux et insectes utiles ou nuisibles ; ruchers ; syndicats du hannetonnage... 249

§ 4. — La chasse ; société des chasseurs de Chalandry ; « l'Ouverture ». La pêche.. 254

§ 5. — Écoulement des produits. — Comice agricole de Marle, nombreux ouvriers primés ; livret de domestique et usage local. — Situation morale de l'agriculture à la fin du siècle dernier et de nos jours.. 256

§ 6. — Commerce et industrie. — Minoterie de M. J. Poignant....... 265

CHAPITRE VI

Biens Communaux et Œuvres locales

§ 1er. — La Mairie-Ecole. Date de sa construction ; description sommaire. — Montant des budgets communaux. — Liste des maires après 1789...................................... 266

§ 2. — L'École. — Musée et Bibliothèque scolaires.— Liste des instituteurs.. 268

§ 3. — La Compagnie de Sapeurs-Pompiers ; achat d'une pompe à incendie. — Liste des officiers, règlement................ 269

§ 4. — Les pâtures communales ; adjudications d'herbes et de peupliers ; pacage des animaux, règlement.................... 270

§ 5. — La Terrière ; chemins, rues, places et calvaires............. 271

§ 6. — Œuvres de bienfaisance : fondation Placet. Constitution de rente par Mme Turquin-Brucelle. — Abandon de bois mort ; glanage.. 273

CHAPITRE VII

Biens Communaux et Œuvres locales

(SUITE ET FIN)

§ 1er. — L'église neuve : approbation des plan et devis ; adjudication, pose et bénédiction de la première pierre ; réception et évaluation des travaux............................. 275

§ 2. — Bénédiction de l'église ; procès-verbal officiel et compte-rendu de la cérémonie................................. 277

§ 3. — Description du monument...................... 280

§ 4. — Le mobilier de l'église........................ 283

§ 5. — Vitraux ; tableaux ; chemin de croix............. 287

§ 6. — Relique de la sainte Épine, son historique ; deux autres petits reliquaires.................................... 289

§ 7. — La cloche et son inscription ; l'horloge ; le cimetière......... 292

§ 8. — Le presbytère.............................. 293

§ 9. — Ecclésiastiques nés à Chalandry. Notes biographiques sur l'abbé Poquet..................................... 293

§ 10. — Noms des desservants depuis la Révolution............. 298

LIVRE ADDITIONNEL

La Vie Rurale d'autrefois et celle d'aujourd'hui

CHAPITRE I

§ 1er. — Objet du présent chapitre. — La masure et la maison ; les matériaux de construction...................................... 299

§ 2. — Les appartements et le mobilier ; — Inventaires de meubles ; situations de fortune ; disposition intérieure du mobilier ; progrès du confortable au 17e siècle, les meubles sculptés, la vaisselle de faïence ; les vêtements ; l'alimentation ; comparaison entre le passé et le présent................................ 301

§ 3. — Les grands propriétaires fonciers ; nombre des fermiers et importance de leur exploitation. — Situation actuelle...... 310

CHAPITRE II

§ 4. — Le dimanche et les jeux d'autrefois ; fêtes et coutumes religieuses : Noël, (les Brandons), Pâques, etc.; la fête civile ou communale ; la « chanson des pays » ; la fête nationale, la tarte.. 312

§ 5. — Rapport contenant des détails typiques sur les mœurs locales au 18e siècle ; un procès en diffamation ; contrat de mariage d'une rosière de Chalandry en 1751 ; le goût des sentences morales.. 318

§ 6. — Revue rapide de l'état actuel : 1º Idées religieuses, idées politiques, superstitions ; 2º Habitudes et caractères ; 3º Le langage.. 322

II. - TABLE DES GRAVURES

Pl. I. — Vue générale de Chalandry	page 3
II. — Coupe géologique du territoire	11
Coupe géologique de la Grande-Montagne	14
III. — La Tourelle du Château	77
IV. — L'ancienne Église	115
V. — La Fontaine de Saint-Aubin	121
VI. — Rucher de M. E. Brancourt	251
VII. — Le Moulin	263
VIII. — La nouvelle Église	281
IX. — Intérieur de la nouvelle Église	285
La sainte Épine	290
X. — L'abbé Poquet	295

www.ingramcontent.com/pod-product-compliance
Lightning Source LLC
Chambersburg PA
CBHW060058190426
43202CB00030B/2797